初入股市炒股大全

张 浩 著

经济日报出版社

图书在版编目（CIP）数据

初入股市炒股大全／张浩著．-- 修订本．-- 北京：经济日报出版社，2015.9

ISBN 978－7－80257－878－4

Ⅰ.①初…　Ⅱ.①张…　Ⅲ.①股票投资－基本知识　Ⅳ.① F830.91

中国版本图书馆 CIP 数据核字（2015）第 219591 号

初入股市炒股大全（第三次修订）

作　　者	张　浩
责任编辑	高　远
出版发行	经济日报出版社
社　　址	北京市西城区白纸坊东街 2 号 A 座综合楼 710
邮政编码	100054
电　　话	010－63567684（总编室）
	010－63538621　63567692（发行部）
网　　址	www.edpbook.com.cn
E－mail	edpbook@sina.com
经　　销	全国新华书店
印　　刷	北京鑫瑞兴印刷有限公司
开　　本	710×1000 毫米　1/16
印　　张	20.5
字　　数	300 千字
版　　次	2016 年 1 月第三版
印　　次	2019 年 12 月第 27 次印刷
印　　数	164001－167000 册
书　　号	ISBN 978－7－80257－878－4
定　　价	42.00 元

目录
Contents

第一章
Chapter1

新股民怎样做好入市准备

第一节 炒股的心理准备

▲入市前应具备的心理素质

在证券市场中真正的敌人就是投资人自己的心魔。然而，要战胜自己，就必须不断地培养和锻炼自己的心理素质。只有这样，投资者才能在证券市场的风云变幻中稳如泰山，适时作出明智的选择。在投资人所应该具备的心理素质当中，我们认为，以下的几个方面是值得重视的。

1. 自信心

投资者的自信心来自两个方面：一方面，投资者要对自己的判断与决策有信心，要相信自己的分析能力。一旦作出决策，就坚定不移地按照自己的既定目标去办，绝不动摇，也不见异思迁。另一方面，投资者要对证券市场的发展有信心。市场上经常会出现一些反常现象，那是正常的。投资人谁也无法在市场中常胜不衰，千万不要因为暂时的挫折而丧失斗志。

当然，投资者的自信心，是建立在一定投资交易经验和个人的能力基础之上的。只有当一个投资者在操作实践中积累了经验，对市场运作有深刻的理解，能够掌握充分的市场资料，并且具备较高的分析判断能力，自信心才是有意义的。如果投资者只是毫无根据地作出判断、决策，并且固执己见，一意孤行，那意味着蛮干，并不是有自信的表现。

耐心是获利之本。的确，忍耐本身就是一种资本，证券投资的报酬，很大程度上就是忍耐等待的报酬。市场行情的升降起落，并不是一朝一夕就能完成的。多头市场的形成是这样，空头市场的形成也是如此。因此，当一个市场的主要趋势没有形成之前，投资人不可轻举妄动，也不应该为一点点的利润而动心，以避免在杀进杀出中作出冲动性的操作。

耐心是一种忍耐力功夫，在证券市场上，也是小不忍则乱大谋，退一步则海阔天空。

2. 决断力

成功的投资在于决断。在证券交易中，有时候，一个“莽撞”的操作甚至比优柔寡断要好，其道理就在于市场中的机会往往是转瞬即逝的，投资者如果不能及时抓住时机，等待他的不是懊悔，就是亏损。因此，对于决断力这一个心理素质，投资者不可忽视。

通常，当投资者经过对市场行情的仔细研判，能够发现较好的买入或卖出的时机。这时，有没有决断就成为投资成败的关键所在。看准时机果断入市买卖，成功就属于你；反之，虽然发现了极佳的买卖时机却瞻前顾后，犹豫不决，就有可能错过入市良机。特别是一轮刚刚上升的行情中，开始阶段，投资者把握不准，不愿追进，而眼巴巴地看着股票大涨特涨，到了一定地步，终于忍受不住在高位追进，结果被“套牢”；在被某个股票“套牢”之后，有些投资者同样会犯犹豫不决的毛病，迟疑再三，屡屡错失“割肉”良机，最终导致深度“套牢。”

这些都是许多投资者都品尝过的“苦果”。其实，证券投资也和做其他生意的道理一样，特别是在手头存货出现亏损时更应该辨明行情，当断即断，痛下决心，抛出获利无望反而会带来亏损的证券，以避免将来更大的损失。

3. 冷静细心

在证券市场上，投资者必须细心了解有关交易的各个环节，做到有几分力量进行几分投资，宁下小口数，不可超出自己所能承受的财力情况。因为证券投资是一项高风险的事业，一旦超过自己的财力投入交易，无形之中，投资者就会经受着资金方面的压力，患得患失，自然难以冷静作出判断，也难以发挥个人的聪明才智，成功的可能性反而大大降低。

越是有经验的投资者，在进行投资决策时就越谨慎小心，保持一份冷静的头脑。投资决策应该建立在对各种资料、行情走势的客观认识上，经过细心比较、研究，再决定投资对象并且入市操作，既可以避开许多不必要的风险，少作一些错误决策，又能增加投资获利的机会。

冷静是至关重要的。它是正确地认识和分析问题的必要条件。一般投资者最容易犯的错误就是面对逆境或是长期置身于顺境之中就会被周围的气氛所干扰，不能以一个客观而冷静的立场将各种情况与利害关系考虑周全，而一味地钻牛角尖、走极端。因此，冷静细心就是要求投资者遇到市场行情发生变化时，在需要作出决断时，一定要结合客观的形势分析，综合把握各种市场内外的因素，进行周密地思考，既非一味地随波逐流，也能不断地根据市场的变化而修正自己的观点，及时改变自己的投资立场。做到“赚而不骄，赔而不馁”，真正有不论输赢都能谈笑自如的大将风度。

恐惧与贪婪是人性的两个弱点，在证券市场，这两个弱点更是有淋漓尽致的表现。为了克服恐惧心理，投资者需要有信心、决心和忍耐力。为了克服贪心，投资者有必要对自我有一个深刻的了解。在证券市场，表面上看，投资者是在与别人竞争和“作战”，其实，最重要的还是要与自己的贪欲作斗争。

任何事物的发展都有一个限度，物极必反，盛极而衰。市场中我们常常能见到有些证券持有者，在价格持续上涨时仍待价而沽，总盼望能再涨一些，再多赚一点儿；也总有一些投资者，在价格暴跌已成定局时，仍抱有幻想，不肯面对现实。归根结底，这都是一个“贪”字在作怪。

为了克服贪心，投资者可以力劝自己从以下几个方面加以实践：

（1）不贪买卖多种股票。

（2）量力而为，不扩大信用。

（3）行情只赚八分饱。

（4）心中价位到立即到市场中去买卖，不贪一点点差价。

据说，水田有一种鱼叫骷鲍，一看到饵料就跳上去想吃，这次没钓到，下次还会再来，很快就会被人家钓回去煮了。一个追涨的投资者就类似这种鱼，很容易地就会被市场主力把钱钓走。

4. 特立独行

证券投资是一种风险投资，输赢常在一瞬间。而市场是由各式各样的投资大众组成的，他人的言行往往对个人投资者有很大影响。一些刚入市的投资者常常对别人的买卖十分注意，特别是当自己亏损时，看到别人赚钱更是羡慕不已，冲动之下，往往会不考虑当时的行情就跟着买卖，然而，跟着“瞎子”的后面是不会有好结果的。俗话说：别人的补品，往往是自己的毒药。别人再怎么成功、获利，那也是别人的。与其临渊羡鱼，不如退而结网。要想通过证券投资赚钱，投资者需要有一种特立独行的精神。不要过于在意别人的买卖，而应该首先了解如何凭借自己的能力去投资交易。值得汲取的是，在股市中求人不如求己，路总要靠自己去走。

特立独行，就是要求投资者有自己的见解，做别人不敢做的决定，并有一种敢于逆大众而行的勇气。

▲盲目跟风

盲目跟风是最常见的一种股民心态。这是指股民在自己没有分析行情或对自己的分析没有把握时，盲目跟从他人的心理倾向。这种投资者往往是一方面对股价的狂涨狂跌起了推波助澜的作用，另一方面自己也上了那些在股市中兴风作浪的人的当。

人的心理因素在股市操作中起着很大的作用。投资者在入市时要有良好的心理状态，最好不要有大的心理负担，否则会对投资者的成功投资产生不利的影响。因此，当个人或家庭中有不幸事发生、工作或婚姻正处于严重危机中或处在其他较差的心理状态，最好不要入市，或者过一段时间再说。

投资者，特别是新股民在投资过程中极易产生某些可能导致失败的心理状态，这是理智投资者的大忌。

在股市之中时常有风云突变，不时会有虚实参半、令人无可适从的消息传来。这种时候一定要有自主判断、自主决策的能力，避免人买亦买，人亏亦亏。股市中，真理不会因为人们的蜂拥而上就掌握在多数人的手中，因此切忌盲目跟风。

▲举棋不定

具有这种投资心理的投资人，原本在买卖股票之前已制订好了计划，但当他步入股票市场时却一有风吹草动就心猿意马，不能按计划实施自己的方案，不是按兵不动，就是转而跟风。

举棋不定的人太易受环境的左右，朋友的三言两语或是其他股民的不同做法都会使他改变初衷，原本打算抛出的也不敢抛了，原本打算买进的股票也换了一种。如果说自己原来的计划是经过缜密思考的，此时就应当坚持自己的立场，不因现场买卖氛围的压力而抛却自己有理有据的分析。否则不但可能错失发大财的良机，更有可能再次因跟风而蚀本。

▲欲望无止境

投资股市自然都是为了赚钱，但切不可太贪心，否则常常会造成“扭赢为亏”的局面。

股票市场上贪心的人总是不能控制自己的贪欲，每当股票价格上涨时，总不肯果断地抛出自己持有的股票，老是在心里勉励自己：一定要支持到盈利的最后一刻，最终导致错失良机。或是每当股票跌时迟迟不肯买进，总盼望股价能一跌再跌。这种无止境的贪欲，反倒使本来已经到手的获利事实落空。

另外，就是从尽早多赚钱的角度来说，死等一只股票涨到最高点也不可取。首先，谁也不会准确知道到底最高点会在何时出现，而且即使出现，也是转瞬即逝、难以把握的，谁也无法保证你能抢在别人之前把股票抛掉。哪怕是通信过程或操作过程上的一点耽搁都会使你错过这个“黄金点”。其次，从稳健经营的角度来说，如若等这一只股票再涨一点的时间，不如卖掉它赶紧再买一些处于低价位的股票，待其攀升一段后再卖掉。这种做法可以在同样长的时间稳赚两笔。不但保住了可以到手的利润，而且充分利用了时间这一股市中另一可以用金钱来衡量的因素，同时还可能获得更大的利润，总而言之，股市中流行的一句话概括得好：“多头空头都能赚钱，唯有贪心不能赚钱。”

▲把炒股当赌博

从广义上讲，炒股投资有些赌博的成分。只是赌博赢钱并非绝无可能，但输的可能远大于赢的可能。投机者试图利用暂时不为人知或别人不懂的信息牟利，风险极大。炒股投资者则在理性地权衡风险与收益的关系后，牺牲目前的一些利益以期在将来获得更大的利益。有人说投资者是失望的投机家，也不无道理。因为投机要是能一举成功，岂不快哉？有经验的赌客往往稳操胜券，而没有耐心、感情用事的投资者因一时冲动去买卖股票，则与赌博没有什么区别，其结果也和大多数赌徒一样输光了钱袋。因此，我们必须把炒股投资作为一门学科、一门艺术去认真对待。因此，投资的收获是金钱和心理上的双重收获。所有投资决策的作出，都是与决策人精确的分析和全面的研究分不开的。

不少股民都希望一朝发迹，一旦抓住一只股票，总想靠它一本万利，缺乏耐心和自身的判断力。若这一只股票获了利，就会像赌徒一样不断“下注”，把一切资金、希望以致身家性命都押在这一个宝上，直至输得倾家荡产。

其实，股市虽说变化无常，但并非完全没有规律可循，这同赌场中的碰运气不同。见好不收，依靠纯粹由心理支持的价格飞涨的牛市虽可持续一段时间，但终将一泻千里。而这种鲁莽的空中楼阁的缔造者也很少能幸免于难。

▲一味贪买便宜货

高价入市，手接别人的“最后一棒”，当然是投资者都不愿碰到的情况，但一心一意只想购入价格十分低廉的股票也不见得会有好的收益。若低价的股票还有很大的上涨空间，低价位购入自然是最好不过的选择。但若购买股票时一味贪低，不加分析，不去购买勤升的优质股，只购买一些价值不高、波动不大的低价股票，往往会被套牢在这些“垃圾股”中，眼看机会一个个溜走。

▲恐慌

在股市中保持警觉是十分必要的，但这并不意味着听风就是雨。股市中随时传入的消息是很多的，其中良莠不齐，不乏别有用心者造的“假消息”或妄加猜测者搞的“空穴来风”。在这两种情况下大起恐慌，盲目抛售手中股票不啻是一场灾难。在这里强调的是对消息的分析。这个步骤分为两部分：一是核实消息的真实性。二是对消息可能产生的影响加以判断。即使消息是真的，其影响也有暂时的和长久的之分。若只起暂时的影响，也没必要作出什么大的反应。

▲不敢输

在充满竞争的股市中没有常胜将军。许多人又总是敢赢不敢输。如何面对输的事实并尽力把损失减到最小，就是我们在投资过程中要注意的问题。

输这个事实不是不面对就会自动消失的，相反，你越是不敢正视它，后果就会越严重。所以我们应当主动出击，当断则断，把无望回升的股票立即趁早抛掉。大势已去的股票不会因为你的一相情愿地等下去而反弹。这种自欺欺人的做法只会招致更大的损失。

居住在上海市浦东新区的41岁股民康某，就是因为怕输而沉溺于股海中。他曾瞒着妻子，与弟弟合买了107股已涨到了顶点的延中股票，没料到刚入的股票就一跌再跌。本来就不曾有输的心理准备的康某惊慌失措，不知该如何是好，直到股票已跌到很低时才和其弟商议后把股票脱了手。共亏损9453.45元。眼见多年的心血付诸东流，康某一蹶不振，家人百般规劝无效，终于以悬梁自尽结局。所以说不敢输的心理不仅使得投资者失去了东山再起的机会，同时也是入市前心理准备中应注意的大忌。

▲从众效应

在生活中从众心理和模仿心理普遍存在，在股市中也是如此。

从众效应是群体心理中极为常见的一种心理效应，它是指居于群体中的个人往往会受到群体的影响和压力。

股票市场就是由各式各样投资人所组成的一个大众聚集场所，由于股市充满着不确定性，投资人在作出投资决策时常常会以他人的行为作为一种社会参照。这就为从众效应的产生提供了温床。在股市中，投资大众心态与行为往往对投资个体产生影响，有时候，这种影响甚至表现为一种无形的压力。使人不由自主地改变或动摇自己原有的想法与行为，屈从于群体的压力。当股市行情看好时，大家都被“传染”的一片乐观情绪，纷纷抢进筹码；在行情疲软的时候，整个市场又被“传染”成一派悲观气氛，以致引发恐慌性抛售，甚至一些原来不想卖股票的人，由于眼看着电子屏幕上的数字频频下跳，耳听到的是一片卖出的喧嚷声，于是也受了感染，忍不住抛售一空。这正是股市中从众效应的一种表现。

正因为股票市场是一个不确定性很大的市场，因此，其价位的高低往往由人的心理预期决定，而不存在一个能够实现帕累托效益的均衡点。这就使得置身于其中的人们常常会受市场走势的左右，而失去主见。一旦被股市的波动牵着鼻子走，投资人往往会表现为一种从众心理，有些人甚至会盲目肯定要跌，于是盲目跟进，而不以自己的脑子独立思考。

我国深、沪两地的证券交易所，自1990年开市以来，在短短二十几年的发展过程中，几经大起大落，从几次大的牛、熊市转换之中，我们不难发现，从众效应对投资大众所起的作用。造成我国股市中经常发生从众现象的群体行为基础是与中国人的性格以及长期形成的消费观念（习惯）有关的。一方面，在国人的性格中有急功近利的一面，突出表现为社会上群众的集邮热、气功热、君子兰热、呼啦圈热、经商热等，热浪一个接一个。急功近利使得人们只看重眼前利益，不注重明天的收益，在股市投资中就表现重视短期交易，这大概是我国股市投资中，无论机构大户还是散兵游勇大多为“短线客”的一个心理因由。另一方面，从中国人的消费观念与消费行为来看，我们如果把中西方人的消费行为作一番比较，可以说欧美人的消费型成为菱形，即任何一种新的消费方式出台，总是先由少数人发展到多数人，而后又减少为少数人，最后一刀切结束。中国人的消费型则是正方形，即一下子展开，延续一段时间，又一下子结束。也许正是这种正方形消费方式，影响了人们的投资行为。从近年来国内出现的股票热、房地产热、期货热中，人们不难发现，国人一哄而起、一哄而散的消费习性，反映在股市中就是一种从众跟风行为。

▲时狂

由于证券市场所特有的投机性，也由于置身于其中的投资大众为追逐暴利而常常丧失理性，因此证券市场历史发展中可以找到许多典型事例。在投资学上有名的著作，如特列《股市心理学》就以郁金香价格分析广大投资人的心理，他认为正常人都知道以购买一间房屋的价格购买一个球茎是荒唐之举，但参与其事者则完全没有这种感觉，相反，他们预期的是日后卖出球茎所得可购数间房屋。正如著名经济学家凯恩斯所指出的，在股票市场上，真正起作用的并不是人们对股票公司投资前景的展望，而只是他们对股票在下一期出售时能卖出高价钱的短期考虑。这种情况下，股市投机者的行为受投机幻觉的支配。虽然投机幻觉迟早是会破灭的，但是不利用这一幻觉又是愚蠢的。于是，股市上就演出一幕幕从勃然暴富到忽然破产的活剧。后来人们提出的股市投资中“博傻理论”也是从郁金香狂潮等一系列时狂现象中所获得的启示。

▲暗示流言

暗示是社会影响的主要方式之一，它是指人或环境以含蓄、间接的方式向他人发出某种信息，以此对他人的心理和行为产生影响。这种影响具体表现为使人在不知不觉之中毫无抵抗地接受某种意见、观点，从而表现出相应的心理和行为。

股票市场中出现的暗示现象，主要是一种社会暗示，它是在特定的社会环境中，通过人们之间的相互影响实现的。股票市场是一个高风险市场，置身于其中的人们对信息十分敏感，信息在股市中的流动又十分快捷。在这里，每时每刻都会听到各种各样的消息，纷纷扬扬，传入投资者的耳中，从而对投资行为产生影响，这些往往是通过暗示作用实现的。有时候，投资者之间不经意说过的一句话，也有可能对他人产生强烈的暗示作用。这是因为：首先由一些机构主力发布，加上一些股市分析家的大肆鼓吹渲染，经由各种媒介而流传于股市。在沪、深股市中，就有许多这样那样的概念。这些概念常常出现在各种股评文章里，也流行于投资者口头传播之间。这似乎向投资人作出一种暗示，只要投资于蕴涵这些概念的股票，就能抓住市场的炒作热点，从而达到盈利的目的。

流言是社会影响的又一重要形式。作为一种十分普遍的社会心理现象，流言在股票市场中表现得尤为淋漓尽致。它所传播消息的真实性往往难以确定，这使流言在股市这样一个即时波动的风险市场有了广阔的用武之地，其所引起的连锁反应也极为迅速。

一般来说，流言对股市的波动和影响，主要表现为两种情况，即所谓“利多传言”与“利空传言”。由于股市中信息传递具有不对称性的特点，人们获取信息的途径千差万别。某些机构主力为了做行情，有时候也故意会制造一些流言，以达到操纵股市的目的。在股市层出不穷的投机风潮中，流言所扮演的作用是不容忽视的，在同一时刻，传入人们耳中的流言常常是真假莫辨，亦幻亦真，除了极少数了解真相的“内幕人”之外，一般的中小投资人往往会无所适从。

流言在传播过程中其内容会发生变化，甚至歪曲。社会心理学的研究表明：流言的内容在传播过程中，由于经过多次传播之后变得简明扼要，甚至会遗漏许多具体细节，失去一些信息；接受传言的人由于对其中有的内容较易引起注意和兴趣，留下较为深刻的印象，经他再次传播时，就会强调其印象深刻的部分。而且，流言的接受者常常以自己的知识经验、立场态度等主观因素来理解流言的内容，凡是他认为合乎逻辑的部分就接受下来，同时凭自己的想象对它做进一步的加工。因此，流言在传播过程中往往会失真。这种情形在股市中表现得尤甚。本来只是一条小小的消息，一旦成为流言在股民中传播开来，经过多人的“添油加醋”，就可能演变成为一条大消息，成为重大利多或利空。

由于证券市场本身就是对消息极度敏感的场所，常常一有风吹草动，就会引起股民的关注，进而造成股市价格变动。目前，我国沪深股市的投资账户已有1.98亿之多，影响了中国一半多人口，其中既有一些中小型机构投资者，更多是广大中小散户。在股市交易时间，遍布于各大中小城市的证券交易网点里，众多投资人不仅翘首观望股市即时行情，还须耳听八方，及时捕捉来自各方面的消息，判断传闻的真假。

值得注意的是，股票市场对消息甚至对流言的吸收消化，前后并不一致，往往具有超前性，这与流言传播过程中的S形特点是相符的。有关研究表明，流言传播的速度开始时较为缓慢，随后不断加快，当达到高潮时，将近饱和状态——人人皆知时，又变得缓慢起来。这时，它的作用已经不再像初期的那么大，实际上，在股票市场，一条人人皆知的新闻就不再是新闻，当投资大众反应出现钝化，就可能会引起相反的效应。因此实际情况常常是，一旦利好传言得到证实，离下跌也就不远了，而一旦利空传言被大众所了解，也就孕育了上涨的机会。

▲感染效应

心理学上所说的感染效应是指个人情绪反应受到他人或群体的影响，个体对他人或群体的某种心理状态的无意识、不自在的遵从。这也是一个潜移默化的过程。在证券市场，这通常表现为投资大众心理与操纵手法的相互感染。

感染效应在股市中的作用表现出以下几个特征：

其一，这种群体效应的实现并不是一定要使受感染者接受某种信息或行为模式，而是通过传播某种情绪状态来实现的。行情看好时置身于其中的投资者们也会感染为一片乐观情绪，甚至一些原来并不怎么看好的投资人，在看到大家都一致认为看涨之时，也会转而改变自己的观点，而投入到做多行列。同样，当一些投资者由于某处利空传闻作出卖出反应时，恐慌的情绪也会使更多的人相信这个消息的可靠性，结果，难于摆脱大众的恐慌情绪和看法，也加入到抛售的行列。尽管投资立场的转变通常也与个人的人格特征有关，但高场中的情绪感染作用不容忽视。

其二，股票市场中的情绪感染效应源于投资大众心理。由于市场参与者的水平参差不齐、性情各异，但追求利益、避免损失的动机则极为一致。处在市场之中，投资个体经常会体验着来自群体的种种无形影响。自我意识在群体氛围之中趋于淡化。实际上，市场中人们是处在一种极易使人失去个性化的环境之中。在一片人声鼎沸之中，个人的观感常常被群体的影响所淹没，从而失去独立思考和理性判断能力，最终导致盲目的投资行为。因此，感染效应也是一些投资人不由自主地产生“追涨杀跌”的一个重要心理因由。在证券市场的发展历史上，无数次投机狂潮的掀起很大程度上都是受群体感染效应的影响，此处，在感染效应的作用之下，人们相互之间的情感影响会经历着多次的相互强化，这一现象称之为“循环反应”或“链锁反应”。这是一个由他人的情绪在自己身上引发同样情绪的过程。例如，在股市中，一个投资人受其他人的乐观情绪所影响加入到看多的行列，购进股票，而这个行为又会进一步增加市场中其他人的多头气氛，也纷纷买进股票，由此，产生相互感染，相互刺激并相互强化反应，以致多头阵营愈加强大，直至演变出一段上升行情。不过，随着证券市场的发展，投资人日趋成熟，其心理素质、风险意识逐步增强，相应地，抵御群体影响的能力也会提高，因而，对于吸引他们的某些心境或行为的牵制性也就越大，感染效应的作用就会减弱。

其三，感染效应的作用使投资大众在心理上产生一种共同感受，基于心理上的共同感受又进而诱发出广泛的群众性模仿行为。对此，现代大众传媒扮演着重要作用。由于股票市场是在一个对信息极度敏感的地方，有关信息通过现代传媒的渲染，传播既迅速广泛，又更易对投资大众产生影响。因此，感染效应对投资人的影响并不局限于某个地方或某个证券网点，而是对整个投资群体都发挥着作用。

第二节　入市前的资金与知识准备

投资者在入市之前，首先需要冷静地对自己的经济状况进行权衡，看看自己是否有能力投资于股票。特别是那些家庭负担较重、生活之余所剩无几甚至是入不敷出者，以及那些手上虽有几个闲钱，但靠的是平日一点一滴辛苦积攒起来的人们，如果不能承受股市上的风险，还不如将钱存进银行或购买国债，以获取较低风险的稳定收益。

投资者一旦要投身于股市这个竞争激烈的角逐场，就要先做入市前的一系列准备。

▲投资炒股者应具备的条件

喜欢投资的人很多，因为投资可以获利。然而并不是每个人都具备投资的条件，都能炒股赚钱，可以说，大多数人是心有余而力不足。投资者应该具备哪些条件呢？

1. 投资前应该检查一下家庭和个人的经济预算。如果半年内，你要等钱用的话，最好不要投资股票，即使是最佳企业的股票也不宜购买。因为股票的收益率从十年的长期角度来看是可预测的，但是半年内股价是上升还是下降就很难说了，等于是猜谜。只有在你不等钱用的时候，或者万一损失了所投资本，生活也不至于受影响的条件下才能投资。说具体些，投资者应有充分的银行存款足以维持一年半载的生活以及临时急用，然后才可以将多余的钱用来投资。这是因为除了购买国债之类没有风险的投资外，其他的投资活动，特别是股市投资都有风险。股市不要说几个星期或几个月内会发生很大变化，就是在同一天也可能崩盘。

2. 投资者不应在负债的情况下投资。应先将债务还清，或者在按计划偿债的能力绰绰有余时再投资。由于投资的收益没有保障，所以投资者应避免借债投资。

3. 投资之前，投资者要有适当的保险，如人寿保险、健康保险、住宅保险、财产保险等。保险的目的当然不是为了享受保险的实惠，但在心理上多了一层安慰。而心理上的承受能力对投资者来说是十分重要的。如果你损失 20%、30% 甚至更多，你晚上睡得好觉吗？你怕被人讥笑吗？你的正常工作和生活是否会因而受到干扰呢？你心理承受损失的最大限度有多大？这些都需要事前加以考虑。

投资者还能抵抗住人的本性的冲动和直觉的驱策。人是有感情的动物，不纯粹受经济逻辑支配。不少人自以为有本领预测股价，但事实上一次又一次地犯错误，因为人的本性会使投资者犯错误。当市场下跌、经济不景气时投资者会担心，而这种担心又使他对优秀企业的股票望而却步。当股价跌到低于他的本钱时，投资者可能心灰意冷，将股票抛出而带来亏损。当他以高一些的价格购股后，看到股价上升又沾沾自喜，但这时说不定恰恰是应当小心翼翼地、看好即脱手之时。一个年轻、有良好职业、有固定收入、无后顾之忧的人，不必依赖投资的收入，可以作较长期的、风险较大的投资，靠退休金生活的人，靠遗产生活的人都不宜投资股市。退休者所得有限，指望靠投资增加收入，所投资本一旦亏损，无法从其他来源弥补，所以只宜作没有风险或风险极小并投资短期一些的投资。靠遗产生活的固定收入者也是如此。

即使投资者的年龄、经济条件、收入等相似，心理和性格上的差别也影响他承担风险的能力。有的投资者希望作长期投资，不等钱用，不必或不愿经常买卖股票；有的投资者希望经常拿到股息；有的愿意铤而走险以求厚利；有的则宁可获利小些但要安稳。

有的投资者自以为是长期投资者，但只要股价稍稍下跌或稍稍上升就立即出股，从而变成了十足的短期投资者。

有的投资者自以为反潮流，人弃我取。须知真正的反潮流是在市场狂热时及时退场，等待市场狂热过去之后再进场购买那些别人不要的股票，而不是故意逞英雄，做无谓的冒险。

一般来说，如果投资者对投资对象不太了解，又缺乏经验，只期望靠投资增加现时收入而非将来收入，且所投资本一旦亏损而无法从其他来源弥补，比如投资者是退休者，就易犯“投资失眠症”。这类人应做风险较小的投资。

如果投资者对投资具备一定的经验和知识，又有其他经济收入，不必靠投资增加目前的收入，而且投资量占其收入的比例较小，亏本时不致惊慌失措，就可以做风险较大的、较长期的投资。

投资者只有衡量了各种因素之后，才能决定什么样的投资最符合自己的要求。投资者应该有耐心、有韧性、有严格的自律；能忍受痛苦，能坦率承认错误；要思想开通，没有成见；能独立分析、独立思考，不随波逐流，还要有一点超然物外的态度。对过于复杂的投资理论，普通投资者倒不必做精深的研究。

股民的入市资金不宜过低。在精神上新股民也要做好准备。它包括心理上和知识上的准备。从知识上讲，股民要了解起码的股票常识，还要关心国家宏观经济形势和有关证券市场的法令、法规、政策，它们对股市有很重要的影响。从心理上讲，对股市的风险要有一定的认识，要看到伴随着高收益的高风险，不少股民在股市上都是赔钱的，有的股民在股市暴跌时甚至亏损 70% 以上，因此要做好"利益自享、风险自担"的心理准备，在挫折面前，不怨天尤人，不灰心丧气，否则就会影响自己的判断力，作出错误的决定；而如果你能保持冷静，理智地研究行情、分析技术指标，你将能避免不必要的损失，并获得比较丰厚的收益。

总之，做一个成功的股民需要很多条件，首先要学习和了解政府的经济和证券政策，了解《证券法》及其他法规，知法、懂法、守法，并关注国内外形势。其次从知识面讲，需要学会从基本面和技术面来分析股票的走势，通过对决定股票投资价值和价格的基本要素如宏观经济指标、经济政策导向、行业发展状况、公司的经营状况等进行分析，以及通过股票的价格、成交量等的变化，从技术形态和走势上进行分析，评价股票的投资价值，判断股票价格的未来走势，从而能够进行正确的投资操作。第三从本身的素质来讲，必须以良好的投资心态进入股市，不要希望一夜暴富，股市表面看似乎是冒险家的乐园，实际上是智者的投资场所。股民需要的是勇敢、机智、灵活，而不是懦弱、愚笨、固执；要能承受挫折，同时也不能被胜利冲昏头脑；要胜不骄，败不馁，做一个理智的投资者。另外，一个普通股民，要准确地把握股市的脉搏，踏准股市运行的节奏，不是一蹴而就的。需要不断反复摸索和实践，要付出长时间艰辛困苦的努力，要通过不断的学习和经验的积累，才可能成为一个成功的股民。

▲入市前要做哪些资金准备？

资金是炒股的前提，没有资金就不能炒股。投资者在入市时，要先交一笔开户资金。开户资金的多少在不同的证券营业部的不同时间是不一样的。但由于股民在开户后可以用开户资金购买股票再抛出，以将卖股票所得的钱从股市中抽出，所以投资者如果没有足够的开户资金，可以先向别人借，等开户后再将借的钱还上。

虽然投资者开户后可以抽回账户上的部分资金，但投资者仍需在账户上留一笔资金，作为自己在以后购买股票时使用。这一部分资金应该是投资者闲置不用的钱的一部分。如果投资者将全部资金都投入股市甚至借钱炒股，一旦市场朝不利于投资者的方向变动，就会给投资者带来经济上的沉重负担。我国第一位因炒股失败而自杀的上海股民就是因为借钱炒股后遭受亏损而造成的。因此对股民来说应记住：一是炒股不用吃饭钱，二是不借钱炒股。

▲入市前要做哪些知识准备？

新股民入市之前应先掌握股票的基本常识、买卖股票的规则以及买卖股票的技巧等知识，同时了解以下信息：

1. 上市公司的经营管理情况和获利情况。如公司经营地址、经营范围、利润率、市盈率、每股净资产等。

2. 股票市场上的有关情况。如上市股在不同历史时期的开盘价、收盘价、最高价、最低价和成交量等。

3. 和股票市场相平行的其他市场（如期货市场、债券市场）的发展情况。

4. 股票市场运行的宏观环境，如国家货币政策、税收政策、财政政策，等等。

▲入市前要做哪些信息准备？

新股民可以通过以下途径获得以下信息：

1. 从网络或到各证券交易所或电脑联网的证券公司，从交易大厅的电脑显示屏上直接获取有关行情变化的情况。

2. 通过电话或其他方式向各证券经纪人询问行情变化。

3. 通过报纸、杂志、电视、广播等获取有关信息。

股民常看的专业报纸有《中国证券报》《上海证券报》和《证券时报》。此外《金融时报》《中国财经报》《经济日报》《经济参考报》等报纸也有一定篇幅报道股市行情。

有关股市的杂志主要有中国证券市场研究设计中心主办的《证券市场》和上海社会科学院主办的《证券研究》。

另外，电视台和电台也有一些专门栏目播放股市行情和股市评论，供股民收看或收听。

▲怎样确立投资目标?

凡事预则立，不预则废。在证券市场中进行投资或投机，更是如此。因为市场中一切皆相对，几乎没有任何一件事是确定无疑的，从投身市场的那一天起，投资者就有必要不断告诫自己，对任何一起买卖行为都尽可能事先订出计划，避免在市场中受情绪的冲动作出决定。这样做的一个好处在于，当市场的运动方向与个人的预测相反时，也不会埋怨别人，或责怪市场。在制订计划之前，投资人有必要确立自己的目标。如果目标不能确定，投资人的心理就会经受着种种欲望的冲突，在这种心理环境里，其结果就是导致麻痹，因此，不可能获得成功的投资。所以，在我们的交易或投资活动中，必须确定特殊的目标。投资目标的确立也有助于把我们的精力从外部转向自身，这样在投资出现问题时，我们也就不会仅仅从外部寻求原因。例如，如果一个投资者恰好“满仓”，但由于一个突发的消息而使价格大幅下跌，他就可能会责怪市场，其实这是没有足够理由的。因为这种情况是我们个人所无法加以控制的。由于市场永远处在变动之中，这使投资人时时刻刻面临着挑战，通过设定一些现实的目标，能够帮助投资人将这些问题置于更富于洞见的境地，从而有效地应付这些挑战，为成功奠定基础。

第三节　了解股票的分类

▲股票的分类

在股票市场，股份有限公司发行的股票种类很多，名称各异，主要有以下两种分类方法：

按参股的经济成分划分，可分为国家股、法人股和个人股。

国家股，指以国有资产折算的股份和国家投资所持有的股份，也是我国全民所有制企业股份制改造后的主要成分。

法人股，是指具有法人资格的公司、企业、金融机构等单位以自有资金购买的股票。

个人股，是指用为自然人投资认购的股票。

股票按不同的发行对象和上市地区划分，可分为 A 股、B 股、H 股沪港通、港股通股等。

A 股是指供国内投资者用人民币认购和买卖的股票。

B 股是指供境外投资者用外币在国内认购和买卖的股票。

H 股是指国内公司在香港发行和上市的股票。

沪股通是香港投资者可以购买上海交易所的部分股票。

港股通是内地投资者购买香港交易所挂牌的股票。

▲普通股和优先股

1. 普通股

（1）普通股的优点：

①企业没有偿还股本的义务，使企业可获得长期稳定的资本来源。

②企业没有支付普通股息的法定义务，使得企业可以依据具体情况行事，当盈利较多时，就多支付利息；当盈利下降或公司急需资金时，就可以少付或停付股息。

③企业可利用普通股的买进或卖出来临时改变资本结构。

④通过普通股筹资，可以使公司免受债务人及优先股东对经营者施加某些压力和限制。

⑤发行普通股能有效地增加企业的贷款信用和借款能力。

（2）普通股的缺点：

①普通股筹资花费的费用较多。

②向普通股东支付的股息等报酬较高。

③普通股增加发行，往往会使企业原有股东的参与权掺水，可能引起普通股市价下跌。

2. 优先股

优先股按股息是否可以累积分类，分为累积优先股和非累积优先股。

所谓累积优先股，是指公司在某个时期内，如果所获盈利不足以分配规定的股利时，日后优先股对往年未付给的股利，有权要求如数补给的股票。比如，某公司发行累积优先股若干股，规定其年利率为 15%，若在过去的三年中，由于公司营业不佳或是其他原因，获利甚少，只能发给累积优先股 8% 的股利。到了第四年，由于公司经营得当或其他原因，获得巨额利润，这时公司对累积优先股的股东除支付当年的 15% 的股利外，还应补发前三年所欠的全部股利。这种优先股最常见，发行比较广泛。其特点是：股息率固定，且可以累积，持有这种股票可以有一笔稳定的收入，因而对投资者具有较大的吸引力。

所谓非累积优先股，是指公司因经营不当或其他原因，当年获得的盈利不足以按规定的股利分配时，其所欠的部分，股东不能要求公司在以后获利较好的年度予以补发的股票。显而易见，对于投资者来说，非累积优先股不及累积优先股有利，故认购者不多，发行量也很少。

（1）优先股的优点：

①股息率固定，能使公司利用财政杠杆利益。在资本不变的条件下，公司需要从税前收益中支储利息，优先股息和租赁费，是固定不变的。当税前收益（扣除利息）增大时，每一元利润所负担的固定利息和租赁费就会相对减少，这就给每一股普通股带来额外利润，即财务杠杆利益。

②优先股是公司长期、稳定的资金来源，对企业的资金周转有利。

③优先股没有投票权，使企业能够避免优先股股东参与投票而分割企业的支配权。

④优先股转换成普通股或债券，可以免税。

（2）优先股的缺点：

①优先股股息必须从税后净收益中支付，较之公司债券则增加了所得税负担。

②优先股虽然没有届满期，但公司章程中的一系列规定，又实质上规定了届满日期，使公司每年都必须购进一定百分比的优先股。

▲ ST 股

沪、深证券交易所根据股票上市规则，将对财务状况或其他状况出现异常的上市公司的股票上市进行特别处理，由于“特别处理”的英文是 Special Treatment（缩写是“ST”）因此这些股票就简称为 ST 股。

上述财务状况或其他状况出现异常主要是指两种情况。

一是上市公司经审计连续两个会计年度的净利润均为负值。

二是在上市公司最近一个会计年度的每股净资产低于股票面值。

在上市公司的股票交易被实行特别处理期间，其股票交易应遵循下列规则：

1. 股票报价日涨跌幅度限制为5%。

2. 股票名称改为原股票名前加“ST”，例如“ST夏利”。

3. 上市公司的中期报告必须审计。

由于对ST股票实行日涨跌幅度限制为5%，也在一定程度上抑制了庄家的刻意炒作。投资者对于特别处理的股票也要特别对待，具体问题具体分析，有些ST股主要是经营性亏损，那么在短期内很难通过加强管理扭亏为盈。有些ST股是由于特殊原因造成的亏损，或者有些ST股正在进行资产重组，而这些股票往往潜力巨大。

▲混合股

混合股是我国股票发行市场初创时期出现的一种股票形式，从严格意义上说，这类股票对普通股也算作优先股。

混合股的具体特点有：

1. 在股票投资收益方面，采取“保息红利加封顶”的做法。

（1）保息是按一年期居民储蓄存款利率水平来计算股息，并可随利率变动而变动。

（2）分红是在公司的经营有税后盈利时，股东可根据公司的盈利水平参与红利分配。

（3）封顶是规定最高的股票投资收益率，即规定股息和红利的总和一般不能超过投资额的15%，也就是说，股票的收益率不能超过15%。

2. 在股票持有者权利方面，这类混合股的股东权利没有统一的规定，由各股份公司根据自己的情况来确定。有的股份企业规定股东具有选举权、被选举权和投票表决权。

3. 在股票投资的期限方面，采取定期归还或退股自由等做法。有些混合股还明确规定具体的期限，即在一定期限归还投资本金；有些混合股采取退股自由的形式，因而改变了股票投资的无期性特点，使之带有定期债券和定期存款的性质。

▲国有股、法人股、社会公众股

国有股指有权代表国家投资的部门或机构以国有资产向公司投资所形成的股份，包括以公司现在国有资产折算成的股份。由于我国大部分股份制企业都是由原国有大中型企业改制而来的，因此，国有股在公司股权中占有较大的比重。通过改制，多种经济成分可以并存于同一企业，国家则通过控股方式，用较少的资金控制更多的资源，巩固了公有制的主体地位。

法人股指企业法人或具有法人资格的事业单位和社会团体以其依法可以经营的资产向公司非上市流通股权部分投资所形成的股份。目前，在我国上市公司的股权结构中，法人股平均占 20% 左右，根据法人股认购的形象，可将法人股进一步分为境内发起法人股、外资法人股和募集法人股三个部分。

社会公众股是指我国境内个人和机构，以其合法财产向公司上市流通股权部分投资所形成的股份。我们投资者通过 9000 多万股东账户在股票市场买卖的股票都是社会公众股。

▲记名股票和无记名股票

按股票上是否载明股东的姓名，股票可划分为记名股票与无记名股票。

当公司发行股票时，凡在股票上记有股东的姓名，并将其记载于企业股东名册上的股票称作记名股票。凡在股票上不记载股东姓名的股票称为无记名股票。

▲面值股票和无面值股票

按股票票面上是否标明金额数，可分为有面值股票与无面值股票。

凡在票面上标有一定金额，如 1 元，这样的股票称为有面值股票。无面值股票又称为比例股，即不注明金额，只在票面上表明每一股在公司资本中所占比例。这是因为股份公司总在发展，原来标明的票面值无法反映该股票持有人在公司实际资产总额中所占份额，倒不如无面值股票合理。

▲送股与转增股

从我国的实际情况来看，上市公司规模普遍偏小，大多数公司都有扩张股本的强烈愿望，因而上市公司的分红一般采用派发现金、送红股、派现与送股相结合这三种形式，其中又以送红股较为普遍。据统计，1996 年沪、深股市有 40.6% 的上市公司将送红股或送股与派现相结合作为分红形式。此外，公司在推出分红方案时，往往把增资配股、转增股本也列为方案的一部分，前一个时期也受到投资者的认同。

不少投资者把送红股与转增股本混为一谈，其实两者是有区别的。送红股是上市公司将本年的利润留在公司里，发放股票作为红利，从而将利润转化为股本。送红股后，公司的资产、负债、股东权益的总额结构并没有发生改变，但总股本增大了，同时每股净资产降低了。而转增股本则是指公司将资本公积转公为股本，转增股本并没有改变股东的权益，但却增加了股本的规模，因而客观结果与送红股相似。转增股本与送红股的本质区别在于，红股来自公司的年度税后利润，只有公司有盈余的情况下，才能向股东送红股；而转增股本来自于资本公积，它可以不受公司本年度可分配利润的多少及时间的限制，只要将公司账面上的资本公积减一些，增加相应的注册资本金就可以了。因此从严格的意义上来说，转增股本并不是对股东的分红回报。

我国大部分上市公司以送红股的方式对股东进行回报，这在境外成熟股市上是较为少见的。中国投资者非常喜欢上市公司高比例送配股，主力机构也往往利用高送配的题材大肆炒作。而境外投资者更注重现金红利，所以发行 H 股的公司多采取现金分红。

▲配股及转配股

根据中国证监会发布的《关于 1996 年上市公司配股工作的通知》规定，上市公司向股东配股必须符合的条件是：

1. 配股募集资金的用途必须符合国家产业政策的规定。

2. 前一次发行的股份已经募足，并间隔一年以上。

3. 公司在最近三年内净资产税后利润率每年都在 10% 以上，属于能源、原材料、基础设施类的公司可以略低，但不低于 9%。

4. 公司最近三年财务会计文件无虚假记载或重大遗漏。

5. 本次配股募集资金后，公司预测的净资产税后利润就达到同期银行个人定期存款利润率。

6. 公司一次配股发行股份总数不得超过该公司前一次发行并募足股份后其普通股份总数的 30%，如配股募集资金用于国家重点建设项目和技改项目的，在发起人承诺足额认购其可配股份的情况下，可不受 30% 比例的限制。

此外，中国证监会早在《证监会关于上市公司送配股的暂行规定》中强调，配股价格应不低于本次配股前最新公布的该公司财务报告中的每股净资产值。

各上市公司配股价的制定大致围绕这样几方面进行：

（1）配股价不低于本次配股前最新公布的该公司每股净资产值，这是中国证监会的硬性规定。

（2）上市公司股票在二级市场的股价定位对配股价影响很大。

（3）配股资金投资项目的大小也对配股价高低产生影响。

一般而言，上市公司业绩好或成长性高则股价定位也高，从而直接影响到董事会制定配股价的上、下弹性区域。但是值得指出的是，配股价的高低并不表示该上市公司的业绩优劣，一旦行情趋势逆转，高的配股价完全有可能导致无法顺利进行配股，这是值得董事会和投资者注意的问题。

至于配股比例为何 10∶3 居多，跟配股条件中第（6）条规定有关。

投资者在办理配股及转配股认购时应先仔细阅读上市公司的配股说明书及配股提示性公告，以确定配股缴款时间、配股比例、配股数量及配股价格。

第四节　了解股票的发行者

▲股票的发行者

《中华人民共和国公司法》《股票发行与交易管理暂行条例》等一系列法规中对公司的设立、股票的发行等都做了详细而具体的规定。例如公司要有一定的规模、公司开办的时间不能少于一定的年限、公司最近几年内要有一定的效益、公司要有一定的资本、要有合乎要求的章程、成立时还要有一定的审批手续等，只有达到一定规模、已经开办足够长的时间、经营又好的公司才有资格发行股票。那些经营差、入不敷出的公司当然是不许发行股票的。因为这种公司虽然也想发行股票，但有谁会愿意买他们的股票呢？不过当前社会上各种各样的公司和股票多得很，所以，我们在买股票前一定要搞清楚才行，以免失误，造成损失。

当一个公司从普通公司转为上市公司时，发行股票通常是在已有公司的基础上进行改造，将原有公司的资产评估作价入股，原来这些资产是谁的就算谁的股份，另外根据需要再发行一部分股票。如果原来就是上市公司，则发行股票多是采取配股的办法，就是增加一部分公司的股份，将其用比较优惠的价格出售给它的股东。例如一个公司的股票在股市上要 15 元才能买到，而享有配股权的股东却只要出 5 元钱就可以买到配股。假如说该公司的配股权是 10 配 3，即每持有 10 股该股的股票就有权按配股价买进 3 股配股。如果一个股东已拥有 1000 股该公司的股票，那么在配股时，他就可以有权购买 300 股该公司的配股股票，这样他只要交上 5×300=1500 元以后，就可以拥有 1300 股该公司的股票了。

经过股份制改造的公司和以前的公司在所有制上就不一样了，国家有国有企业、集体所有制企业、私营企业等不同所有制的企业，而股份制公司就不是单一所有制了，它是各种所有制的混合体，各自按照其所拥有的股份而占有一定的比例。

过去国有企业、集体所有制企业，虽然说是全民所有、集体所有，但究竟每个人占有多少却说不清楚。股份制企业则不同，每个人在企业中占的份额是根据股份的多少来决定的。例如在股份制公司内一切重大事项都要由股东大会来决定，而在股东大会上不是根据人数的多少，而是根据股票的多少来进行表决的。谁持的股票多，谁就有更多的发言权。所以随着股票的买卖，股权的转移，也就改变了公司的主人。在国外，一些大公司的股权往往是很分散的，所以大财团只要持有一个公司股权的百分之十几或者二十几，就掌握了这个公司的领导权。因为现代大公司的财产可以达到几百、几千亿美元，大资本家也未必有这样多的钱。而且他们并不愿意把所有的钱都放在同一个公司里。通过发行股票，他们可以筹集到更多的资金，这样用同样多的钱就可以掌握更多的公司了。

因为股票和债券不同，不用到期偿还，而且这样筹集来的资金不用付利息，只要根据公司的盈利状况来给股民以回报就可以了。所以许多公司只要有可能，就要向社会上发行股票。

▲股票发行市场

股票发行市场是资金需求者直接获得资金的市场。新公司的成立，老公司的增资或举债，都是通过发行市场，都要借助于发行、销售股票来筹集资金，使资金从供给者手中转入需求者手中，也就是把储蓄转化为投资。

发行市场由三个主体因素相互联结而组成。这三者就是股票发行者、股票承销商和股票投资者。发行者的股票发行规模和投资者的实际投资能力，决定着发行市场的股票容量和发达程度；同时，为了确保发行事务的顺利进行，使发行者和投资者都能顺畅地实现自己的目的，承购和包销股票的中介发行市场，代发行者发行股票，并向发行者收取手续费用。这样，发行市场就以承销商为中心，一手联系发行者，一手联系投资者，开展股票发行活动。

所谓股票市场就是股票发行和交易的场所。从股票市场的参与者角度来看，股票市场主要由市场的主体、交易所、中介机构、自律性组织和监管机构构成。

▲股票交易市场

股票交易市场是已经发行的股票按时价进行转让、买卖和流通的市场，包括交易所市场和场外交易市场两部分。由于它是建立在发行市场基础上的，因此又称作二级市场。相比较而言，股票交易市场的结构和交易活动比发行市场更为复杂，其作用和影响也更大。

股票交易市场的存在和发展为股票发行者创造了有利的筹资环境，投资者可以根据自己的投资计划和市场变动情况，随时买卖股票。由于解除了投资者的后顾之忧，它们可以放心地参加股票发行市场的认购活动，有利于公司筹措长期资金以及股票流通的顺畅，也为股票发行起了积极的推动作用。

对于投资者来说，通过股票交易市场的活动，可以使长期投资短期化，在股票和现金之间随时转换，增强了股票的流动性和安全性。股票交易市场上的价格是反映经济动向的晴雨表，它能灵敏地反映出资金供求状况、市场供求、行业前景和政治形势的变化，是进行经济预测和分析的重要指标。

对于企业来说，股权的转移和股票行市的涨落是其经营状况的指示器，能为企业及时提供大量信息，有助于它们的经营决策和改善经营管理。可见，股票流通市场具有重要的作用。

▲股份有限公司的内部机构

1. 股东大会

股东大会由全体股东组成，它是公司的最高权力机构，有如下三种形式：

（1）法定大会。法定大会一般在公司开业之初召开，主要审查公司董事向股东提出的法定报告。法定报告的主要内容有：

①分配股份总数。

②公司从全部股票中所收到的现金总额。

③收支摘要。

④公司董事及秘书的姓名、住址和概况。

⑤有关公司组成的事项说明等。法定大会的主要目的在于让股东有机会弄清公司的全部概况和是否有条件从事各有关的重要业务。

（2）股东年会。年度大会是每年一次的股东例会，由董事会于每会计年度终结后六个月内召集。

主要议题是：

①改选董事、监事。

②批准公司的利润分配。

③批准公司年度预、决算报告等。

（3）股东临时会。股份公司除了召开股东年会以外，凡遇一些急需讨论的紧迫问题，应召开股东临时会议加以研究解决。我国规定公司如遇下列情况，董事会可召开股东临时会议。

①董事缺额达三分之一时，应召开股东临时会议补选。

②公司累计未弥补亏损达实收股本总额三分之一时，应开会研究对策。

③代表公司股份10%以上（含10%）的2名以上（含2名）股东请求召开股东临时会时。

④董事会或监事会认为必要时。

2. 董事会

董事会是公司的经营决策机构，它由股东大会选出的董事组成，对股东大会负责，行使下列职权：

①负责召集股东大会，并向股东大会报告工作；

②执行股东大会的决议；

③决定公司的经营计划和投资方案；

④制订公司的年度财务预算方案、决算方案；

⑤制订公司的利润分配方案和弥补亏损方案；

⑥制订公司的增加或减少注册资本的方案以及发行公司债券的方案；

⑦拟订公司合并、分立、解散的方案；

⑧决定公司内部管理机构的设置；

⑨聘任或者解聘公司经理，根据经理的提名，聘任或者解聘公司副经理、财务负责人，决定其报酬事项；

⑩制定公司的基本管理制度。

股份公司设经理，由董事会聘任或者解聘，经理对董事会负责，主持公司的日常管理工作，组织实施董事会决议。

3. 监事会

监事会是公司的常设机构，负责对董事会及其成员和经理等管理人员行使监督职能。设立监事会的目的，是为了防止权限日益扩大的董事会滥用职权，危害股东及第三者的合法权益。

监事会的成员不得少于3人（含3人）。监事会的成员一般由股东大会选举和罢免，但我国规定，监事会的成员三分之一以上，二分之一以内由职工代表担任，由公司的职工推举和罢免。监事任期三年，可以连选连任。监事不能由法人出任，其必须是自然人。在公司创办初期，监事由发起人选任。

第五节　了解股票市场的参与者

▲市场主体

市场主体，包括股票发行人和股票投资人。股票发行人指按照《公司法》等国家有关法律规定，具备发行条件公开发行股票的股份有限公司：股票投资者包括个人投资者、企业、各类金融机构、各种社会基金、外国投资等。在我国现今的股市上，个人投资者占有绝对比重，约90%以上；而外国投资人只能投资 B 股——境内外资股。

▲证券登记公司

证券登记公司是证券集中登记过户的服务性公司。它是证券交易活动中不可缺少的中介机构，而且还具有一定的行政管理职能。

证券登记公司的主要业务有经批准公开发行及非公开发行的证券登记；上市及未上市记名证券的转让过户登记；代理有价证券的保管；代理有价证券的还本付息或分红派息；提供证券的印制服务；提供与证券有关的咨询业务，以及与上述业务有关的附带业务等。

▲证券交易所

证券交易所，是提供证券集中竞价交易场所的机构。目前，中国有两个证券交易所，即上海证券交易所和深圳证券交易所。按照《中华人民共和国证券法》的规定，证券交易所是不以营利为目的的法人。

▲证监会

证监会是证券发行管理的监督执行机构。其主要职责是：拟定有关证券市场管理的规则；对证券经营机构从事证券业务，特别是股票自营业务进行监管；依法对有价证券的发行和交易以及对向社会公开发行股票的公司实施监管；对境内企业向境外发行股票实施监管；会同有关部门进行证券统计，研究分析证券市场形势并及时向证券委报告工作、提出建议。

▲证券中介机构

指参与股票发行、交易过程中的有关机构，主要包括：证券承销商和证券经纪商；证券交易所以及证券交易中心；具有证券律师资格的律师事务所；具有证券从业资格的会计师事务所或审计事务所；资产评估机构；证券评级机构；证券投资咨询与服务机构。

▲自律性组织

自律性组织，指按照行业规定，实施自我监管，以保证市场公平、有效组织。一般包括行业协会、证券交易所等，目前我国的自律组织主要有中国证券业协会、上海证券交易所和深圳证券交易所。

▲证券业协会

证券业协会，是由经营证券业务的金融机构自愿组成的行业性自律组织。它的设立是为了加强证券业之间的联系、协调、合作和自我控制，以利于证券市场的健康发展。它执行国家的有关规定以及全体会员讨论通过的协议章程和交易规则，并接受证券主管机关的管理与指导，与证券主管机关保持经常性联系和互通信息。

第六节　了解股票分红和配股

▲股息分红

分红是上市公司对股东的投资回报。一般来说，分红包括股息和红利两种基本形式。股息就是股票的利息，是指公司按照票金额的一个固定比率向股东支付利息，其形式一般包括现金股利、股票股利等。现金股利以货币等形式支付给股东；财产股利以现金以外的其他资产向股东分派，它可以是上市公司持有的有价证券或其他实物；股票股利则是以本公司股票的形式分派的股利；负债股利是通过建立一种负债，上市公司将该种债券或应付票据作为股利分派给股东。

红利虽然也是公司分配给股东的回报，但它与股息的区别在于，股息的利率是固定的，而红利数额通常是不确定的，它随着公司每年可分配盈余的多少而上下浮动。从我国的实际情况来看，经济发展迅速，上市公司规模普遍偏小，大多数公司都有扩张股本的强烈愿望，因而上市公司的分红一般采用派发现金、送红股、派现与送股相结合这三种形式，其中又以送红股较为普遍。

此外，公司在推出分红方案时，往往把增资配股、转增股本也列为方案的一部分，前一个时期也受到投资者的认同。目前我国股票市场分红派息仅有现金股利和股票股利两种形式，上市公司分红派息工作须在结算之后进行。

▲公司盈利分配的顺序

根据《公司法》规定，公司盈利后要按如下顺序进行盈利分配：

1. 缴纳所得税。

2. 提取利润的 10% 列入公司法定公积金。公司法定公积金累计额为公司注册资本的 50% 以上的，可以不再提取。公司的法定公积金不足以弥补以前年度亏损的，在依照前款规定提取法定公积金之前，应当先用当年利润弥补亏损。

3. 公司从税后利润中提取法定公积金后，经股东会或者股东大会决议，还可以从税后利润中提取任意公积金。

4. 公司弥补亏损和提取公积金后所余税后利润，股份有限公司按照股东持有的股份比例分配，但股份有限公司章程规定不按持股比例分配的除外。股东会、股东大会或者董事会违反前款规定，在公司弥补亏损和提取法定公积金之前向股东分配利润的，股东必须将违反规定分配的利润退还公司。

公司持有的本公司股份不得分配利润。

股份有限公司以超过股票面金额的发行价格发行股份所得的溢价款以及国务院财政部门规定列入资本公积金的其他收入，应当列为公司资本公积金。

公司的公积金用于弥补公司的亏损、扩大公司生产经营或者转为增加公司资本。但是，资本公积金不得用于弥补公司的亏损。

法定公积金转为资本时，所留存的该项公积金不得少于转增前公司注册资本的 25%。

第七节　了解股票的交易方式

▲股票的交易方式的分类

转让股票进行买卖的方式和形式称为交易方式，它是股票流通交易的基本环节。现代股票流通市场的买卖交易方式种类繁多，从不同的角度可以分为议价买卖和竞价买卖，直接交易和间接交易，现货交易和期货交易三类。

▲议价买卖和竞价买卖

从买卖双方决定价格的不同，分为议价买卖和竞价买卖。议价买卖就是买方和卖方一对一地面谈，通过讨价还价达成买卖交易。它是场外交易中常用的方式。一般在股票上不了市、交易量少，需要保密或为了节省佣金等情况下采用。竞价买卖是指买卖双方都是由若干人组成的群体，双方公开进行双向竞争的交易，即交易不仅在买卖双方之间有出价和要价的竞争，而且在买者群体和卖者群体内部也存在着激烈的竞争，最后在买方出价最高者和卖方要价最低者之间成交。在这种双方竞争中，买方可以自由地选择卖方，卖方也可以自由地选择买方，使交易比较公平，产生的价格也比较合理。竞价买卖是证券交易所中买卖股票的主要方式。

▲直接交易和间接交易

按达成交易的方式不同，分为直接交易和间接交易。直接交易是买卖双方直接洽谈，股票也由买卖双方自行清算交割，在整个交易过程中不涉及任何中介的交易方式。场外交易绝大部分是直接交易。间接交易是买卖双方不直接见面和联系，而是委托中介人进行股票买卖的交易方式。证券交易所中的经纪人制度，就是典型的间接交易。

▲现货交易和期货交易

按交割期限不同，分为现货交易和期货交易。现货交易是指股票买卖成交以后，马上办理交割清算手续，当场钱货两清；期货交易则是股票成交后按合同中规定的价格、数量，过若干时期再进行交割清算的交易方式。

第八节　了解股票买卖的有关规定

▲证券交易的收费标准

深市证券交易收费标准

A股、债券、基金		
收费项目		收费标准
交易手续费	A股	不高于成交金额的0.3%　起点：人民币5元
	企债	成交金额的0.1%
	国债	成交金额的0.1%
	基金	成交金额的0.3%

续表

印花税	A股：成交金额的0.1%　其他免交
开户费	个人50元，机构500元
转托管费	每户每次收人民币30元
B股	
收费项目	**收费标准**
开户费	个人：港币120元　基金/机构：港币580元
结算费	成交金额0.05%（上限：港币500元）
账户修改、删除	港币10元/户
挂失	港币50元/户
经纪佣金	成交金额的0.3%
印花税	成交金额的0.1%
	境内券商互转：港币100元/每次　境内外券商互转：转入方和转出方每只股票各收取港币50元
	汇入：免费汇出：CHATS汇款港币35元/笔　电汇：港币160元/笔（若结算会员的开户行为渣打银行，则汇入、汇出的免费）

沪市证券交易收费标准

A股		
收费项目		**收费标准**
开户费		个人40元机构400元
佣金		不高于成交金额的0.3%　起点：5元
印花税		成交金额的0.1%
过户费		成交面额的0.1%
转托管费		每户每次收人民币30元
B股		
收费项目		**收费标准**
B股业务（按美元计价）	佣金	不高于成交金额的0.3%　起点1美元
	印花税	成交金额的0.01%
	结算费	成交金额的0.05%
	开户费	个人19美元，机构85美元
债券（国债、企业债券、可转换公司债券等）		
收费项目		**收费标准**
转托管手续费（企业债席位间）		30元/笔
转托管手续费（国债市场间）		面值0.005%单笔（单只）最低费用10元最高费用10000元
佣金		成交金额的0.1%　起点5元
基金		
收费项目		**收费标准**

续表

开户费	每户 5 元
佣金	成交金额的 0.3%
过户费	成交金额的 0.1%

▲暂停交易制度

根据证券交易所的规定，公司股票挂牌交易后，为保证证券市场交易的“公开、公平、公正”，对其披露的重要信息以及证券管理部门对其进行的处罚均以暂停交易方式予以公告。

1. 深圳证券交易所暂停交易办法

深圳证券交易所暂停交易办法

内　容	停牌时间	备　注
公布年度报告	半个工作日	
公布中期报告	半个工作日	
召开股东大会	视情况定	如会议期间与开市时间重叠，自股东大会召开当天起，相关证券停牌，直至其所披露资料在指定报刊上公布的当天下午开市时复牌
公告预分配股方案	半个工作日	
公告重大事件	半个工作日	
引发股价波动的传言	视情况定	停牌后，须待该公司公开澄清后方能复牌
处罚性停牌	视情况定	停牌后，待处理结果公布后方能复牌

2. 上海证券交易所即时停牌办法

上海证券交易所即时停牌办法

内　容	停牌时间	备　注
公布年度报告、中期报告	半个工作日	如逢休市，次交易日补停半天
召开股东大会	一个工作日	如审议非重要事项，则不停
公告分配方案	半个工作日	
公布配股说明书	半个工作日	
公布重大股权变动	半个工作日	
公告重要信息	半个工作日	逢休市，该公司股票次交易日补停半天

3. 上海证券交易所短期停牌办法

上海证券交易所短期停牌办法

内　容	停牌时间	备　注
存在引发股价异常波动的事实	视情况定	须待公司公开澄清事实后方能复牌
证券交易所、证监会认为必要时	视情况定	待处理结果公布后方能复牌

第九节 了解股价指数

▲股价指数

股价指数，又称股票价格指标，是股市中反映各种股票价格变动水平的一种比例数或指标。它是根据十几种或几十种，甚至数百种上市公司的股票价格综合编制而成。股价指数通常以某一段时间或某年某月某日的具体日期为基期，基期的股价指数为一常数，以后各期的股价指数的计算公式为：

$$各期的股价指数=\frac{计算期股价平均值}{基期股价平均值}\times 常数$$

▲上证指数系列

作为国内外普遍采用的衡量中国证券市场表现的权威统计指标，由上海证券交易所编制并发布的上证指数系列是一个包括上证 180 指数、上证 50 指数、上证综合指数、A 股指数、B 股指数、分类指数、债券指数、基金指数等的指数系列，其中最早编制的为上证综合指数。为推动长远的证券市场基础建设和规范化进程，2002 年 6 月，上海证券交易所对原上证 30 指数进行了调整并更名为上证成份指数（简称上证 180 指数）。

▲上证指数和上证 180 指数

上证指数以 1990 年 12 月 19 日为基期，以现有所有上市的股票为样本，以股票发行量为权数进行编制。其计算公式为：

$$今日股价指数=\frac{今日市价总值}{基期市价总值}\times 100$$

但如遇上市股票增资扩股或新增（删除）时，则需要进行修正。其计算公式调整为：

$$本日股价指数=\frac{本日市价总值}{新基准市价总值}\times 100$$

上证 180 指数是上海证券交易所对原上证 30 指数进行了调整并更名而成的。

▲深证指数和深圳成份指数

深证指数是把采样股票（在深圳证券交易所上市的全部股票）的每日收盘价分别乘以其发行量，以求得市价总值，再与基期的市价总值相除乘以100而予以指数化。其公式为：

$$深证指数=\frac{现时采样股票总市值}{基期采样股票总市值}\times 100$$

若采样的股本结构有所变动，则改用变动之日为新基期，并以新基数计算，同时用“连锁”方法将计算得到的指数溯源为基日，以维持指数的连续性。

深圳成份指数是从深圳证券交易所的全部上市股票中挑选出有代表性的40只股票作为样本，取其流通股份加权计算得出的，基期为1994年7月20日，基期指数为1000点。

第十节　了解股市术语

▲股票与股价术语

蓝筹股　特指那些高品质、高价格的股票，这些上市公司一般都是经营和资信均良好的优秀企业，在行业中占有突出的地位，红利稳定而优厚。“蓝筹”一词来源于扑克牌赌博中所用筹码的名称。扑克筹码分蓝、红、白三色，以蓝色代表数值最高。因此，借用来用为最佳股票的代名词。

红筹股　指中资拥有的控股达到或超过30%的、在香港上市公司的股票。

黑马股　指价格脱离业绩而在短期内大幅上涨的股票，一般该股具有可流通股少，而股性活跃的特点。

最高价　在某一段时间内（一天、一周或一年）某股票成交的最高价格。

最低价　在某一段时间内（一天、一周或一年）某股票成交的最低价格。

▲股市及其参与者术语

短多　短线多头交易，长则两三天短则一两天，操作依据是预期股价短期看好。

多头　投资人预期未来的价格上涨，以目前价格买入一定数量的股票等价格上涨后，高价卖出，从而赚取差价利润的交易行为，特点为先买后卖的交易行为。

空头　预期未来行情下跌，将手中股票按目前价格卖出，待行情下跌买进，获得差价利润。其特点为先卖后买的交易行为。

死多　看好股市前景，买进股票，不赚钱不出手的投资者。

牛市　股市前景乐观，股票价格持续上涨的行情。

熊市　前途暗淡，股票普遍持续下跌的行情。

成交量　一定时间内交易所内证券成交数量。成交量采用单向计算法，股票用成交数计算，债券以成交面额计算，成交量是反映市场行情的重要指标。

成交金额　用货币表示的股票成交总量。

最新价　即刚刚成交的那笔股票的价格。

成交手　数从开盘到当前的个股累计成交数量。

委买手数　现在所有个股委托买入上三档的总数量。

委卖手数　现在所有个股委托卖出下三档的总数量。

市盈率　即股票的价格与该股上一年度每股税后利润之比（P/E），该指标为衡量股票投资价值的一种静态指标。

换手率　即某股票成交的股数与其上市流通股总数之比。它说明该股票交易活跃程度，尤其当新股上市时，更应注意这个指标。

填权　股票除权后的除权价不一定等同于除权日的理论开盘价，当股票实际开盘价交易高于这一理论价格时，就是填权。

▲盘口术语

洗盘　是主力操纵股市、哄抬股价的一种手段。具体做法是，在拉高价的过程中，故意制造卖压，迫使低价买进者卖出股票，以减轻拉升压力，通过这种方法可以使股价容易拉高。

平开　某股票的当日开盘价与前一交易日收盘价持平的情况称为开平盘，或平开。

低开　某股票的当日开盘价低于前一交易日收盘价的情况称为低开。

高开　某股票的当日开盘价高于前一交易日收盘价的情况称为高开。

开盘价　证券交易所每个营业日开始，第一笔证券成交价格为该证券的开盘价，如开市后一段时间内（一般为半小时）无成交则以前一营业日的收盘价为当日该证券的开盘价。

收盘价　证券交易所每个营业日闭市前的最后一笔交易价格为该证券收盘价。

空翻　多空头确信股价已跌到尽头，于是大量买入股票而成为多头。

反弹　股票价格在下跌趋势中因下跌过快而回升的价格调整现象。回升幅度一般小于下跌幅度。

▲交易术语

对敲　是股票投机者的一种交易手法。具体操作方法为在多家营业部同时开户，以拉锯方式在各营业部之间报价交易，以达到操纵股价的目的。

套牢　预期股价上涨而买入股票，结果股价下跌，又不甘心将股票卖出，被动等待获利时机的出现。

平仓　投资者在股票市场上卖出股票的行为。

斩仓（割肉）在买入股票后，股票下跌，投资者为避免损失扩大而低价（赔本）卖出股票的行为。

多杀多　普遍认为股价要上涨，于是纷纷买进，然而股价未能如期上涨时，竞相卖出，而造成股价大幅下跌。

利空　对空头有利，能促使股价下跌的因素和信息，如：银根收紧，利率上升，经济衰退，公司经营恶化等。

建仓　建仓就是投资者开始买入看涨的股票。

骗线　指主力机构利用部分散户对股价趋势线的过分依赖，做出假股价。使投资者产生错觉，以利自己出货。

多翻空　多头确信股价已涨到顶峰，因而大批卖出手中股票成为空头。

抬轿　利多消息公布后，认为股价将会大幅上涨，立刻抢买股票的行为。

坐轿　预期利多消息将公布，股价将随之大涨，于是先期买入等待股价大涨后卖出股票获利。

轧空　是股票市场中资金雄厚的多头投资者常用的一种操纵市场获取暴利的手段。基本做法是多头看好某种价格看涨的股票后大量买入。达到一定比例后，大幅拉升股价。使空头不得不离位再次建仓，多头从中获取暴利。

踏空　投资者因看淡后市，卖出股票后，该股价却一路上扬，或未能及时买入，而未能赚得利润。

筹码　投资人手中持有一定数量的股票。

第二章
Chapter2

新股民怎样买卖股票

第一节 开设股票和资金账户

▲开立股票交易账户的规定

欲进入证券市场从事股票买卖的投资者，要做的第一件事就是为自己开立一个股票账户（即股东卡）。股票账户相当于一个“银行户头”，投资者只有开立了股票账户才可进行证券买卖。

当前，如要买卖在上海、深圳两地上市的股票，投资者须分别开设上海证券交易所股票账户和深圳证券交易所股票账户，开设上海、深圳A股股票账户必须到证券登记公司或由其授权的开户代理点办理。如北京证券登记有限公司是北京地区股民办理上海、深圳A股股票账户开户业务的唯一的法定机构。

股票账户有许多不同种类。针对个人投资者如需买卖沪、深股市的A股股票，则需开设A股股票账户；如需买卖沪深两市的B股则需开设B股股票账户。对于法人投资者（机构或公司）则需开设法人股票账户。

▲开立股票交易账户的证件

个人A股股票账户：须持本人身份证原件到各证券公司开户；如委托他人代办，须同时出示受托人的身份证原件。需要注意的是，同一身份证不能在同一交易所重复开户。涂改、仿造及剪角的身份证视为无效，对数字、文字模糊的身份证，证券登记公司有权要求其本人同时出具发证机关证明。

法人A股账户：需出示营业执照原件及复印件（盖公章）、法人代表证明书、法人授权委托书和经办人身份证及身份证复印件。与个人账户A股股票账户一样，法人A股账户也不能重复开户。

B股股票账户：一般须到代理B种股票开户资格的证券商处办理。B股投资者为个人的，须向券商（营业部）提供外籍身份证、定居证、护照或同类有效证件及其复印件一式两份；机构开户者，须向券商提供合资或独资企业营业执照证件及其复印件一式两份。

▲开户的操作步骤

1. 填写申请表并交纳手续费；

2. 持有关证件、申请表及开户手续费收据到证券营业部开户柜台交工作人员；

3. 工作人员核查上述材料无误后，申请人收回有关证件、收据并领取股票账户卡。

开立股票账户是投资者进入股市操作的首要条件，股票账户是股民进行证券投资交易活动的重要依据，投资者必须妥为保管，防止丢失，并注意勿将股东代码泄露给他人，勿与他人合用或借用他人股票账户，以避免将来造成不必要的经济损失和纠纷。

投资者需综合各方面的实际情况对证券营业部进行实地考察，包括路途、投资环境是否安全和舒适、硬件设施是否先进快捷、服务是否具有特色(包括自动委托机、电脑委托中继线、隔日柜台委托、信函通知配股、每月寄送对账单、周末沙龙等)，最终选择一家满意的证券营业部，作为自己股票交易的经纪商。

投资者在选定证券营业部以后，即可在此家营业部开立资金账户。目前许多营业部都有开户起点保证金的规定，高低不等。投资者应了解清楚这些具体规定。

现以中信证券北京地坛营业部为例介绍开立资金账户操作流程：

1. 投资者在资金柜台存入规定的开户保证金；

2. 向开户柜台工作人员索取开户登记表、刷卡委托使用申请表或电话委托使用申请表；

3. 将填写正确的申请表、身份证及股票账户卡交开户柜台工作人员；

4. 投资者在柜台工作人员的提示下输入自己设定的交易密码、电话委托密码、磁卡委托及资金密码，为6位阿拉伯数字（首位不得为零)；

5. 申办人领取资金账户卡、身份证、股票账户卡及收款凭单第三联，同时交纳开户费；

6. 开户操作结束。

第二节 怎样办理委托

▲委托的内容

委托是指投资者决定买卖股票时，通过委托单、电话等形式向证券商发出买卖指令的过程。由于投资者不能直接进入证券交易所进行交易，所有的买卖委托都是通过交易所的会员，也就是证券商来进行的。投资者对证券商发出指令时，应当详细说明买卖方向、证券名称、买卖数量、证券代码以及买卖价格等因素。由于交易技术的进步，投资者的委托方式已从最早的、单一的柜台委托发展到了目前的电话委托以及远程终端委托等自助委托方式，其中网络委托、电话委托被目前国内的大部分证券商所采用。

早期的证券商在接受投资者的委托后，由委托柜台的工作人员将委托指令输入证券商的电脑终端机，而后报单员根据电脑显示的资料对每笔委托指令进行申报，证券商的出市代表，即“红马甲”与报单员通过电话对每一笔委托指令进行校对，核实无误后输入证券交易所的电脑终端机，最后由证券交易所的电脑主机根据输入的委托信息进行竞价处理。由于这种处理方式的中间环节过多，容易造成失误，所以已基本上不被证券商采用。

现在的投资者进行委托时，在其开户的证券商处下达指令后，该指令将被证券商的电脑主机通过无形席位迅速地传送并进入证券交易所的电脑主机，再由其进行竞价处理。这种处理方式与前期的处理方式相比具有高效、安全的优点，而被证券商普遍采用。

▲委托方式的分类

投资者进行委托时，按其申报的买卖价格的确认方式不同，可以将委托方式分为限价委托和市价委托两种形式。限价委托是指投资者规定了最高买入价或最低卖出价。通常情况下，最高买入价会比当时的市场价低，而最低卖出价则会比当时的市场价高。市价委托是指投资者以进行委托时的市场价作为委托价进行申报。两者主要的区别在于：限价委托着重于即得的利益，而市价委托更着重于该委托能够被尽快地成交。

投资者的委托指令一经下达，即开始生效。在其委托未成交之前，投资者如果反悔，可以进行撤单处理，撤单程序与买卖委托的过程基本相同。

第三节　如何竞价成交

▲竞价的方式

目前，我国的上海、深圳证券交易所采用的竞价方式有两种，即集合竞价和连续竞价。

上海、深圳证券交易所的电脑撮合系统在每个交易日的上午 9∶15 至 9∶25 这段时间内，只接受有效委托而不进行撮合处理；在临开盘的一瞬间产生一个开盘参考价，继而以此开盘参考价为成交价对所有有效委托中能成交的委托进行撮合成交，不能成交的委托排队等待成交。这个处理过程，就是我们通常所说的集合竞价。其中，开盘参考价的产生必须符合以下原则：

1. 以此价格成交，能够得到最大成交量。

2. 高于参考价的买入申报和低于参考价的卖出申报必须全部成交。

3. 与参考价相同价位的申报，其中买入申报和卖出申报必须有一方能全部成交。

集合竞价的成交价即开盘价是按以下步骤确定的：

（1）电脑撮合系统对所有的买入有效申报按照委托限价由高到低的顺序排列，限价相同的按进入系统的时间先后排列：所有的卖出申报按照委托限价由低到高的顺序排列，限价相同的按进入系统的时间先后排列。

（2）按照上述的三条原则产生开盘参考价。

（3）继而以该参考价为成交价逐步对排在前面的买入申报和卖出申报进行撮合成交，一直到不能成交为止。

（4）未能成交的委托申报排队等待成交。

电脑撮合系统经过集合竞价处理后，即进入连续竞价阶段。在集合竞价这段时间以后进入电脑撮合系统的委托以及在集合竞价中未成交的委托将按以下步骤来确定成交价：（1）对新进入系统的买入申报，若能成交，则与卖出申报队列顺序成交；若不能成交，则进入买入申报队伍等待成交。（2）新进入的卖出申报，若能成交，则与买入申报队列顺序成交；若不能成交，则进入卖出申报队列等待成交。这样循环，直到收市。

连续竞价从每天 9：30 开始，电脑撮合系统经过集合竞价处理后，即进入连续竞价阶段。在集合竞价这段时间以后进入电脑撮合系统的委托以及在集合竞价中未成交的委托将按以下步骤来确定成交价。

1. 对新进入系统的买入申报，若能成交，则与卖出申报队列顺序成交；若不能成交，则进入买入申报队列等待成交。

2. 新进入的卖出申报，若能成交，则与买入申报队列顺序成交；若不能成交，则进入卖出申报队列等待成交。这样循环，直到收市。

在连续竞价阶段，证券交易所的计算机开始对每一种股票，“价格优先、时间优先和数量优选”的成交原则，竞价成交。价格优先是指在买的一方谁出的价格高就先卖给谁，在卖的一方谁的价格低就先让谁的卖掉；时间优先是指在同是买或同是卖的时候，在出的价格高低又一样的情况下，谁先来就先让谁成交；就买卖双方来说，买方出价在前，就按买方的价格成交，卖方出价在前，就按卖方的价格成交；数量优先是指在价格和时间一样的情况下，谁的买卖数量大，就让谁先成交。

根据以上原则，投资者如果要买入某种股票，在竞价时一般应选择略高于当量最高卖出申报价的价位；当投资者需要卖出某种股票的时候，在竞价时应申报略低于当时最低买入价的价位，这样可以确保买入或卖出的实现。

从以上我们可以看出，无论是集合竞价，还是连续竞价，竞价成交都是遵循着“价格优先、时间优先和数量优先”的原则来进行的。

▲竞价成交的原则

无论是集合竞价，还是连续竞价，竞价成交是遵循着“价格优先、时间优先”的原则来进行的。具体可理解为：高价买入申报优先于低价买入申报，低价卖出申报优先于高价卖出申报；同等价位的买入或卖出申报，以先进入交易所电脑撮合系统的申报优先。

第四节 清算交割与过户

▲股票清算交割的情况

股票的清算交割是指买卖股票的双方在证券交易所竞价成交后，通过证券交易所将证券商之间买入卖出股票的数量和价款分别予以扎抵，其应收、应付股票和应付金额在事先约定的时间内进行收付了结的行为。通过将应收、应付股票和金额相抵，实际交割的只是其应收应付股票或价款的净差额，从而避免了逐笔交割的麻烦，节省了大量的人力、物力、财力。清算交割实际上包含两种情况。其一为证券商与交易所之间清算交割。证券商一般都必须在证交所所属的清算公司或其委托银行处开设专门清算账户，由清算公司集中清算，并以内部划账、转账等方式交割净余额股票或价额。其二为委托人与证券商之间的清算交割，即买者支付现金而获得股票，卖者交付股票而取得现金。由于委托人已在证券商处开设证券账户与现金账户，故这种清算交割不必由当事人出面进行实物交割，而是由电脑自动完成。

按交割日期不同，交割又分为四种：一是当日交割，又称 T+0 交割。即买卖双方在成交当天完成付款交券手续，这种方式可以使买卖双方较快得到股票或现金。在 T+0 交割方式下，投资者买进股票成交后，可以马上卖出；卖出股票成交后，可以马上买进。二是次日交割，也称 T+1 交割。即在成交后的下一个营业日才能办理成交的交割手续。三是例行交割，即买卖双方在成交之后，按照证券交易所的规定或惯例履行付款交券。四是选择交割，即买卖双方自己选择交割日期，通常在场外交易中使用。

我国目前实行 T+1 的交割制度，股民所查询到的账户上的资金余额及股票余额均为可用数，不包括因委托买入而冻结的现金余额、因委托卖出而冻结的股票数量和当日买入成交的股票数量。但股票卖出成交后的资金会及时存入资金所在的余额中，这部分资金可于当日使用。即当日买进不能当日卖出；当日卖出后资金当日到账，可于当日再次买进，从差价中获取利润。

▲股票的过户

过户是指投资者买进记名股票后，持所买股票到发行公司办理变更股东名册登记的手续。股票交易成交后，股票原持有者应在股票背面的背书栏内签名盖章，以证明该股票已成为可转让过户的股票。买入股票者在卖出者转让背书后，应持身份证、印鉴、证券交易所的成交单及其他有关转让证明向股票发行公司或委托的代理机构提出办理过户申请，并填写股票过户申请书，发行公司或委托的代理机构查验过户手续齐全后，即可注销原持有人的户头，为新股东重新立户。过户后，新股东即可享有发行公司的一切股东权益，记名股票的委托交易过程至此才算终结。但现在由于证券交易所实行证券集中保管和无纸化交易，股票的过户手续在交易成交的同时就已经由电脑自动完成，无须专门办理股票过户手续。

第三章
Chapter3

怎样选股和选时

第一节　选股技巧

▲激进型投资者怎样选股？

若投资组合中高风险证券所占比重较大，说明投资者的投资姿态是激进型的。激进型投资者的目标是尽量在最短的时间内使其投资组合的价值达到最大。因此，其投资对象主要是振荡幅度较大的股票。

在选择激进型股票时，投资者通常都运用技术分析法，认真分析市场多空双方的对比关系、均衡状态等情况，而不太注意公司基本面的因素，并以此为依据作出预测，选择有上升空间的股票。一般而言，激进型股票的选择有以下几条标准可作为参考：

1. 以往表现较为活跃；
2. 最好有市场主力介入；
3. 有炒作题材配合；
4. 量价关系配合良好；
5. 技术指标发出较为明显的信号。

激进型投资的优点是重视技术分析的运用，往往能在短期内取得较大的收益，缺点是忽略了基本分析，是一种不全面的分析方法，因此预测结果通常不会很高，风险系数较大。

▲稳健型投资者怎样选股？

如果投资组合中无风险或低风险证券的比重较大，那么投资者的投资姿态是稳健型的。

稳健型的投资者都很强调本期收入的稳定性和规则性，因此，通常都选择信用等级较高的债券和红利高而且安全的股票。所以，选股时应把安全性当做首要的参考指标。具体可注意以下几个方面：

1. 公司盈利能力较为稳定；

2. 股票市盈率较低；

3. 红利水平较高；

4. 股本较大，一般不会有市场主力光顾。

为了兼顾本期收入的最大化，稳健型投资者可将股票、基金和债券融合在一起，共同组成股资组合。另外，证券投资基金作为一种由专家管理的金融工具，也不失为一种较好的投资对象。

▲进取型投资者怎样选股？

进取型是介于激进型和稳健型之间的一种投资心态，通俗地讲，就是要在风险尽可能小的前提下，使利润达到最大化。当然，其风险系数要高于稳健型投资，而低于激进型投资者。

进取型的投资者在选择股票时，可以采用基本分析法，深入了解各公司的产品经营特点、需求状况、竞争地位以及管理水平等情况，并以此对各公司的盈利和红利作出预测，从而根据各股票的内在价值与市场价格的对比，选择价格被低估的股票。可参考以下几点进行分析：

1. 盈利和红利的增长潜力大；

2. 红利水平较低；

3. 预期收益率较高；

4. 盈利增长率较高。

进取型投资最大的优点在于其基本分析，投资者通过对基本资料和国家政策的分析，往往能预测出市场行情的变化。如果投资者预测经济将由危机转为复苏，就应加在高风险证券在投资组合中的比重上，也就是说转成激进型投资者；若投资者预测经济将由繁荣走向衰退，则应提高低风险证券在投资组合中的比重而转为稳健型投资者。

由于股票市场是一个高风险的市场，投资者往往追求高收益而忽略其风险因素，所以我国的大部分投资者都是激进型和进取型的投资者。

▲怎样选择买点？

如何确定买进股票的时机，对于很多投资者来说都是一个不好回答的问题。有的人完全是靠看行情的变化，一旦发现某只股票开始上涨，就不问青红皂白地追进去，甚至连这家公司的基本情况都不了解。下面结合几种K线形态，向投资者介绍一下选择股票买入点的技巧。

如果对于众多K线形态难以掌握：如底部三角形、头肩底、V形反转、岛形反转等，那么这里将介绍一种非常简便的方法，只用几项指标就可加以判断：K线、5日、10日、20日等短期均线以及成交量。一只股票如果长时间下跌或保持长时间的振荡整理，这本身已预示着底部的出现，具体买点可视底部突破逆势收出长阳线，且成交量明显放大，这种放大的标准应是第一个长阳的交易日的成交量比前一交易日放大一倍，第二个交易日又比第一个交易日放大一倍，这样呈现逐步放大的趋势。而日K线组合可以是连续的阳线，也可以是阴阳结合。这时，我们就应当关注最重要的指标——短期均线系统。这时，如果5日线向上穿过10日均线形成交叉，而后这两条均线再向上穿过20日均线开成第二个交叉，这三条均线如果能构成一个三角形，并形成向上发散之状，同时又有成交量的配合，那么，几乎无一例外地都会掀起一波炒作行情，这种例子比比皆是，不胜枚举。

▲怎样选择卖点?

关于股票卖点的选择，目前的说法不一，如果像前边我们介绍过的买点选择，稍加变动就可以确定为一种同样简便易行的卖点选择方式。

这种方法使用的指标同样是K线、成交量与短期均线系统。当股价在高位首次收阴时，结合成交量观察，如果没有明显的放量迹象，而是呈现缩量之势，那么对后市的行情还不足为惧，仍可继续持有。此时如果5日均线调头向下穿过10日均线，而20日均线支撑未破，那么也同样还没有打破上行趋势特征，这时也不必急于出货。

如果股价在高位带量向下并收出阴影，或收阳线而缩量，那么这时就应当多加留意了，如果接下来，不光是5日线调头向下穿过10日线形成死叉，同时这两条均线均向下行，并不穿20日线形成第二个死叉，这时就应当注意及时减仓，因为指标体系已发出了中线向下调整的信号。同时，沪市大盘也就相应地展开发一波中级调整行情。

这个方法虽然简便易学，但也有它的弊端。有时大盘已经展开明显的调整趋势，向下三角形滞后出现，很容易错过最佳的卖出机会，它一般适用于中级操作的投资者。下面介绍几种K线组合形态，有助于把握最佳卖点。

在上涨的过程中或行情结束的前夕，由于某日拉出一根带上影线的阳线，而次日所形成的小阳线或小阴线又被前一日K线的上影线全部吞没，则此时应视为最佳卖点。

另外一种情况是当股价维持上涨趋势，最终拉出带量长阳，而第二个交易日股价呈现高开低走的阴线，由相反的方向切入前一交易日的阳线之内，此种图形即发出卖出信号，此时是最佳的卖点。而阴线切入阳线的部分越多，则卖出信号就越强烈。如阴线切入阳线实体的二分之一处，应坚决减仓出局。

还有一种走势是行情经过一段时间的强势上涨之后，由于连日的跳空上扬，跳空缺口连续出现，而股价却在某一日高开后逐渐下滑，尾盘再度拉高收盘。虽然这种形态表面上非常强劲，而通过事物的表面，实际主力却在拉高收货，这种形态实际上也是一种卖出信号，见此形态就应及时减仓出局。

▲怎样选择“黑马”？

所谓的“黑马”是指价格可能会与以往的业绩脱钩而在短期内大幅上涨的股票。由于这些股票可以给投资者在短期内带来丰厚的收益，通常成为短线投资者追逐的对象。

“黑马”股形成的原因是多方面的，根据历年来的市场表现，最常见的原因可归纳为以下几个方面：

1. 市场的一些主力机构，集中资金优势和持股优势，选择个人股进行疯狂的炒作。主要表现为股价已明显偏高的时候，仍然有大笔买单不断买进，使股价继续一路上扬远远脱离其投资价值区域。一旦这些机构的操盘手停止操作或获利出局的话，股价将会出现大幅度的下跌。

2. 由资产重组而形成的业绩改善或产业置换也可能引发行情。有些上市公司由于市场竞争能力较差、业绩不理想，以进行资产重组或注入优良资产的方式来改变上市公司产业结构和经营业绩。这些公司通过资产重组使本公司从绩差股一跃成为绩优股，或通过调整产业结构变成高科技概念股，从而使其具备了炒作的题材和空间。这种股票的价格在经过炒高之后，会有一定幅度的下跌，但在其投资价值区域内往往能企稳，形成平台运作，等待下一轮的炒作。

3. 其他的一些利好题材也会使股价出现飙升的情况。

▲什么样的股票才能成为“黑马”？

选“黑马”是多年来证券市场议论最多的焦点之一，那么什么样的股票才可能成为黑马呢？一般来说，能成为黑马的股票必须符合这几个条件：

1. 公司的流通股本较小，最好在5000万股以内。主力机构要想对某只股票进行炒作的话，必须投入大量的资金，如果流通盘过大，这些机构往往会放弃对该股的炒作；流通盘较小的话，被选中的机会会更大。

2. 从以往市场表现来看，股票的股性比较活跃。股性越活跃，表明该股长期市场为主力所关注，因而进场炒作的可能性也就越大。

3. 该股近期的走势表现为低位振荡格局，以箱形振荡最为常见。因为，主力要进行炒作，必须持有大量的廉价筹码。主力建仓的手法较多，在振荡、洗盘以及初步拉升过程中都可以得到大量的筹码。当主力所持的筹码累计到一定份额时，便会对股价进行拉升。

在整个炒作过程的初期，主力可能对股价进行试探性的抬升。对该股各价位上的阻力进行确认，从而制订投资计划。也就是说，在出现股价飚升的阶段之前，该股可能会对前期的阻力位形成几次假突破。总的来说，上市公司的基本面、财务状况、机构主力的操盘手法等因素也在很大程度上决定着股票的走势，投资者面对不同的个股，应区别对待，把握盈利机会。

▲怎样选择“白马”？

白马股是和黑马股相对的一个概念，指的是业绩优良、成交活跃、红利优厚而且在股票市场上的走势能对某一板块甚至大盘起到领涨作用的大公司股票。从某一方面来看，白马股有点类似于海外市场的蓝筹股，但是，由于我国的股票市场比较年轻，白马股在股本规模及市场表现上与蓝筹股还存在着很大的差距。

通常白马股形成的概率较黑马股更低，这是由于产生白马股的原因较为单一。一般情况下，股市的运动周期较经济周期会提前半年出现。如果国家的宏观经济形势开始好转，股市就会有反转走强的要求。这时，为达到激活市场人气，吸收场外资金的目的，市场便会形成白马股。白马股实际上是大盘形成牛市行情的一种工具。当然，在一些中级的强势行情中，也有可能产生白马股。

▲什么样的股票才能成为“白马”？

由于上述原因，投资者在选择白马股时须注意以下因素：

1. 白马股应当有较好的历史表现，换句话说就是其股性比较活跃。

2. 上市公司应有较大的股本规模，否则难以聚集市场人气。

3. 公司业绩最好能保持稳定的增长势头，而且有较好的分配方案。

4. 一些本身业绩优良的公司通过资产重组实现“强强联合”，从而使其业绩更上一个台阶，这些股票也有可能成为白马。

5. 白马股通常都是在同行业的上市公司股票中具有领涨地位的股票。

6. 通常，指标股成为白马股的概率要高一点。

由于白马股的形成与大盘的牛市行情存在密切的联系，所以白马股的行情通常也会存在一年到两年的时间，甚至可能会更长。投资者一旦在合适的价位上买进了白马股，就不宜进行短线操作，而应将其作为中长线投资的对象。只要在大盘的一轮牛市行情结束之前将其抛出即可获得丰厚的收益。长期投资于此类股票，即使不考虑股价变化，单单就分红配股，往往也能获得可观的收益。所以在一轮牛市行情中，对于那些缺乏投资手段而且愿意作中长线投资的投资者来说，投资于白马股也不失为一种理想的选择。

▲什么是申购规则？

一个账户不能重复申购；必须以100股整数倍申购，即申购时只能是100股、200股等以百股为单位，不能有150股等类似的非百股整数倍出现；不能突破申购规定的上限；记住申购时间及申购代码。若违反以上规则，视为无效申购，你将丧失一次机会。

▲怎样进行个股买卖？

个股买卖策略是投资者买卖个别股票的方法和技巧。从事股票投资，对于买卖时机的掌握，除了要看准大势外，还必须对个别股票的“买进时点”和“卖出时点”进行最优先的选择。

一般来讲，对个别股票的买卖应掌握以下要点：

1. 当公司方面大笔转出股票给市场主力时，宜买进。因为转进股票的市场主力，大多会操纵股价向上调整。

2. 公司若要现金增资，在除权认股前，宜买进。尤其是价位徘徊在面额边缘的股票宜买进。

3. 董事股权不足，又舍不得卸任，而必须在市场补货时，宜买进，因为这时股票价格亦较低廉。

4. 股价远低于其他同类股票，而业绩又不差者，可买进。因为乏人炒作而价位又太低的股票，只要耐心等待，总会出现市场主力介入而使股价拉升的时机。

5. 董监争夺股权结束后，宜卖出。因为不再争夺股权，就缺少强劲接手，很可能先前吃进的股票还会吐出来，这样就必然使股价出现下滑。

6. 当利多出现且价位已高时，宜卖出。因利多出现时，也是在较高价偿还上最好脱手的时机。

▲怎样进行分段买高?

分段买高，是投资者为了减少风险而分段逐步买进某种不涨股票的投资策略。

股票价格波动很快，其行情走势对于一般投资者也很难准确把握，如果投资者将全部资金投入买进某种不涨股票，该股票又确实能大幅度上涨时，投资者通过抛出变现后，就能获得十分丰厚的利润；但一旦预测失误，股价不是上涨而是反转下跌时投资者就会蒙受较大的损失。

由于一次投入存在较大的风险，所以不少投资者往往在股价上涨的过程中，将资金分次分段逐步投入市场。这样一旦行情出现反跌，投资者立即停止投入，以减少损失。例如，某投资者预计某种每股 20 元的股票的价格会上涨，但又怕承担过大风险，而不敢将全部资金 1 万元全部投入，故而采用了分段买高法的投资策略。即先用 2000 元买进第一批 100 股，等到股价涨到每股 22 元时，买进第二批 100 股，当上涨到每股 24 元时再买进第三个 100 股……在此过程中，一旦股价出现跌势，以补偿或部分被补偿因股价下跌而带来的损失。假如投资者在买进第三个 100 股后，股票价格呈现跌势，此时投资者应立即停止投入，不再购入第四批。同时，还要根据股价下跌的态势来决定是否出售已购股票。如果当股价下跌到每股 22 元且股价仍趋向下跌时，投资者则考虑抛出全部已购股票。这样，购买第三批股票上的损失可以用第一批股票的盈利来弥补，保证 1 万元本金不受损失或少受损失。

分段买高法的优点是能有效地降低风险和减少投资损失，但同时也存在着减少投资收益的缺陷。如果市场行情是一直看涨，采取一次投入的方法就会比分段买高法获取更多的收益。

分段买高法比较适合进行中、长线的股票投资。

▲怎样进行分批买卖?

分批买卖指的是当股价下跌到一定程度后，投资者开始进入股市分批购进；而当股价上扬到一定高度后，则开始将持有股票予以分批售出。

分批买卖法是基于克服人性的优柔寡断弱点而应运而生的一种投资方法。股票投资者的良好愿望是能够在最低价买进和最高价售出。但真正能在市场上如愿以偿的投资者却为数不多。通常发生的情形，在股价下跌到可以入市购进时，许多投资者认为股价会继续下跌，仍然持币待购，而等股价强劲反弹上来时，又后悔莫及坐失入市良机。另外，当股价上涨到应该脱手时，还认为股价会继续上扬，而等股价下跌时，不仅卖不出好价钱，有时甚至还难以脱手。

分批买卖法克服了上述只选择一个时点进行买进和卖出的缺陷。由于分批买卖法进行的是多次买进和多次卖出，故而当股价下跌到某一低点时，投资者就可以毫不犹豫地予以买进，即使是买后股价继续下跌，投资者仍可继续予以购买。同样，当股价涨至某一高点时，投资者也不会因贪心而舍不得卖出，因为即使股价继续上涨，投资者仍能通过不断卖出而获利，故而不会错失良机。

至于如何分批买卖，投资者最好根据一些技术分析的手段来予以确定。通常的确定方法是，当一种股票的相对强弱指标低于 20 时表示该种股票价格已经较低，其反弹的可能性很大，此时宜入市分批买进；而当相对强弱指标达 80 以上时，表明该股票的价格已处高位，其下跌可能性极大，此时应毫不犹豫地将所持股票分批卖出。

▲怎样进行交叉买卖?

交叉买卖是证券公司在交易所市场同时办理同一种股票的买入和卖出业务的交易方法。

交叉买卖是适应股市上的巨额交易而产生的。一般来讲，当某种股票的市场上以数百万以上的数量买进或卖出时，容易引起股价发生大幅度波动，股票交易价格脱离正常轨道，从而给股市发展带来一定的负效应。如果证券公司买进或卖出大宗股票时，采用交叉买法，事先找好适当的卖主（或买主），然后将买卖双方同时推上市场，这样既能完成巨额交易，又不会引起股价的大幅波动。

交叉交易法的另一个好处是，它可成为某些公司实现规定目的手段。这主要表现在，当经济处于不景气时期，财务状况恶化的某些公司，在出现既不想失去手持股票又不得不出售股票以填补亏损和补充周转资金的同时，又用信用交易予以补进。这样，就可把售股收入与信用交易所耗资金的差额作公司所需的资金。

此外，有的公司为使其新上市的股票提高知名度和流动性，也委托证券公司采取交叉买卖的方法有意买进和卖出，以造成该种股票在市场上的热络气氛。

▲怎样进行金字塔形买卖?

金字塔形买卖法是股票投资的一种操作方法，是分批买卖法的变种。此种是针对股价价位的高低，以简单的三角形（即金字塔形）作为买卖的准则，来适当调整和决定股票买卖数量的一种方法。

金字塔形买卖法分为金字塔买入法和倒金字塔形卖出法两种。

金字塔形买入法认为，正金字塔形（即正三角型）的下方基底较宽广且愈往上愈小，宽广的部分显示股价价位低时，买进的数量较大，当股票价位逐渐上升时，买进的数量应逐渐减少，从而降低投资风险。

金字塔形买卖法的另一种形式是倒金字塔卖出法。与正金字塔相反，倒金字塔是下方较尖小，而愈往上则愈宽广。倒金字塔形卖出法要求，当股票价位不断升高时，卖出的数量应效仿倒三角型的形状而逐渐扩大，以赚取更多的差价收益。如以投资者出售股票为例，假定当价格上涨到每股市价30元时，投资者认为价格在上涨一段时间后会出现下跌，因此，就采取倒金字塔式卖出法出售 100 股，当股价升至 35 元时，又出售更多的部分（比如 500 股），又过了几天，股价涨至 37 元时，则全部售出。

倒金字塔形卖出法的优点是能在人气旺盛的时候售出股票，股票出手容易，既能获得较好的差价，又能减少风险。

▲有两个账户的股民怎样申购?

有的股民开两个资金账户，这样在申购新股时最好两个磁卡紧接着申购，使你的两个账户配号易连续中签。

▲怎样在连续暴跌或空头市场中选股?

在股市连连上涨、人气一片欢腾、多头气氛浓重时，好股票的价格通常不低，甚至被市场严重高估，已显示不出“好”。唯有在空头市场中，在连续暴跌中，在波段底部区域时，人人都害怕大盘还要跌，还有最后一跌，遂往往在低位还出现恐慌性的杀跌。经验丰富的投资者通常是在此时去选择严重超跌的有价值的股票。即便在超低价埋伏，竟然也有人会把筹码“杀”给你。因为此时，许多原本是“精品商厦价格”的股票，会在猛然间，变成了“地摊价格”的股票，并且还可拣到足够数量的筹码。一旦见底回升，“地摊价”又变成了“精品商厦价”。可见，在大众都感到恐慌时，不是你卖出的时机，而是拣便宜货的时机，是赚大钱的时机。但是，其前提必须是：你在波段顶部、市场一片看好时，能功成身退。这样，才能在底部时拥有足够的抄底板价的资金，并且有极好的耐心，相信它今后一定能涨上去。

第二节　选时技巧

▲选时有什么技巧?

在股市中，大盘就好像波涛汹涌的大海，在不停地进行涨跌运动，而个股只是其中的一个又一个暗潮，如何在不断变幻的潮起潮落中把握好机会，是每一个投资者最为关心的问题。

中国股市经过了二十几年的风风雨雨，已有了它的自身规律。如果从大行情的角度分析，一般是牛市一年至两年时间，而熊市却要维持三年左右。

可以说市场行情变幻莫测，有的投资者在行情走好时一路追高买进，而在行情下跌时又拼命杀跌。其实，在股票下跌的时候，股价越跌，也就越是买入的时机。在股票投资的具体操作中，应注意反其道而行之，即当绝大部分投资者都看淡，且纷纷割肉离场的时候，场内呈现一片弱势气氛时，此时正是我们出击建仓的大好时机。如结合K线图来观察，股票的供需双方发生变化并打破平衡趋势时，如市场供给大于需求，且表现为价格下跌，卖方力量持续，K线图以收阴线为主，并且形成循环卖压，阴线连续增加，而成交量在刚开始的下跌时是以逐步放大的情况出现，而到达底部时量能却萎缩起来，这时表明卖压已有所减轻，并将逐步演变到衰竭。K线图则表现为阴线的实体缩小，底部不断出现了影线，此时就是我们盼望已久的底部区域了。

在投资于股票市场的时候，投资者应注重两大因素：价格与成交量，相对低的价位是介入股票的基础，而成交量是真实反映股票供需关系的关键因素。股市上有句俗语，叫做“只有成交量是无法骗人的”。的确，如果作为一名涉“市”不深的股票投资者尚无法分清庄家的意图，那么留意成交量的变化将有助于你分清主力的动向，是震仓洗筹，还是跳水出货……

▲牛市守仓有哪些技巧？

守仓要选择适当的时机，选择适当的品种。

1. 守仓要选择时机。在确认股市已进入牛市时，才能守仓。牛市守仓，是最佳的投资策略。

2. 守仓要找准市场的热点。回顾近几年股市的走势，前几年的浦东板块、绩优股板块等，都是市场热点，坚持守仓，获利颇丰。

3. 守仓要用投资的眼光。中长期守仓要用投资的眼光去选择股票，只有选择具有投资价值的股票，守仓心里才能踏实，才会有长远守仓的准备。如果选择一种投机股票，股价会随时回落，便没有守仓的价值。

4. 守仓要有坚定的信念，即使是牛市，股价也不会一涨到顶，中间会出现回调，如果市场稍一振荡，就被抖落下来了，就会失去机会。

5. 守仓要有良好的心态，市场总是在变化的，如果一有风吹草动，就改变主意，这很难守住仓。投资者要有我行我素的心态，直到获利为止。

▲盘局入市有哪些技巧?

机构大户会在盘局中暗中吸纳或逐渐出货，以免在涨跌到来时措手不及。

对于中小投资者来说，盘局入市也是一个很好的机会，切不可观望等待。因为暴涨时追涨，充满了风险，随时都有高位套牢的可能；而暴跌对股市的人气是一种致命的打击，很容易使股市长期不振，所以大涨大跌并非是最佳投资时机。而股市的盘局有很充足的时间，放弃盘局入市就等于放弃低风险下的高收益。

股市在盘局时，因盘整时间较长，振幅区间虽然不大，但容易掌握好进出的时机，而且低吸高抛也较容易把握。对于经验丰富的投资者来说，每次盘局做上几个来回，收益也相当不错。投资者在确认一个盘整区间后，也可以在箱底吸纳，箱顶出货，在一个盘整区域做二三个回合，即可获利。即使在最后一个回合操作失误（即在箱顶卖出后继续上涨，或在箱底买进后继续下跌），也可以用下次的成功来弥补。如果踏空，可以等待下一个盘整区域，再重复该箱形的操作策略；如果是套牢，等下一个箱形确定后，可在箱顶卖出，因为在股市下跌时，下一轮的箱顶就是上一轮的箱底，只要在下一轮的箱顶卖出，是不会有很大损失的。

▲判断股价探底有什么方法?

1. 股价的跌幅已深，股价已呈难以再跌的横盘局面。

2. 股价下跌，成交量持续萎缩；股价稍涨，成交量即告稳步增加。

3. 利空消息虽仍持续，但公布时跌幅已小，或甚至已经不跌反涨。

4. 政府公债成交的数量增加较平时为多。

5. 房地产价格下跌，但却少有成交。

6. 商业萧条的现象更加普遍，地摊小贩大为增加。

7. 厂商竞争虽然仍很激烈，利润很低甚至大多无利可图，但存货已大为减少。

8. 银根持续紧缩已久，报纸杂志对该种紧缩的情形，已常以较大的篇幅分析和报道。

9. 投资大众都预测股价仍将继续下跌，甚少人愿意买进长期投资：一些不做空头的散户，亦逐渐对做空产生兴趣，并偶尔融券卖空操作。

▲回调行情入市有什么技巧?

在股价快速拉升后，经常会出现一定程度的回调。回调的力度在强势中常为3/3，而弱市中为2/3。此种现象的存在为投资者短线操作提供了绝佳的获利机会。不仅为持有者提供了高位套现的机会，而且还能为踏空者提供搭乘末班车的可能。此种行情的出现主要由如下几种因素造成：首先股价上涨一段时间后，在底部跟进的持股者已经获得了较为可观的收益，必然有一种落袋为安的心理，此种获利盘造成了股价进一步上涨的卖压，此外前期套牢盘在经过漫长的等待此时也有解套离场的可能，从而进一步加重了卖盘压力。股票本身的投资价值随着股价的上升也呈现递减，投资者买进兴趣有所减弱。综上所述，多空力量在短期出现了逆转，构成股价回调的客观依据。鉴于行情在上涨过程中，经常出现一段回调整理期，所以投资者可根据此规律，对股市回调进行预期，以达到回调前出货和回调后及时跟进的获利目的。

▲弱市行情入市有什么技巧?

炒股票自然是越热闹越好，这可能是大多数投资者所持有的一种普遍的观点。这一观点虽然不能说错，但却不尽完善。首先对于持股者在人气鼎沸的牛市之中看到手中的股票不断升值，自然会高兴至极。但如果在此过程中你属于踏空一族，则牛市行情对你来说更加难受，即便能够追高跟入，但能否获利还在两可之间。因此对于长期投资者选择在弱市之中入市未必不是个明智的选择。由于此时建仓的成本非常低廉，能够保障将来取得超额的收益，弱市之中虽然是长线投资者建仓的绝好时机，但却并不意味着在弱市形成之初就可以入市买进，一般来讲只有在弱市的末期才是最佳的买入时机。但苦于没有人能够确切地知道到底什么时候才能进入弱市行情的尾声。所以在实际操作中可以选择逐次向下买进的方法，即先买进二分之一，此后待形势明朗之后再买进剩余的二分之一，这样既保证了在弱市中入场的良机，又可起到降低风险、摊平成本的效果。

▲派息行情入市有什么技巧?

深、沪两地股市上市公司均处于高速发展阶段，需要大量资金投入，所以在每年一度的分红派息的政策上多采取分配红股的方法，而将资金留在企业内部用于公司进一步的扩大再生产，这样在每年带给股民分红喜悦的同时也形成了一种独特的派息行情，并时常还伴随有填权现象的出现，为投资者提供了多样的获利形式。

在此种行情中由于派息前后走势往往有较大的变化，所以应加以分别对待。由于并非每次分红派息都会引发一轮可观的行情，所以在选择派息行情入市之前应该先对国内经济形势有一个较为全面的了解。宏观经济状况良好对股市必定有积极影响。另外还要区分当前是多头市场还是空头市场，如果是多头市场的初期或空头市场的末期，则可大胆跟进；而如果是多头市场末期或空头市场初期则不可涉足。在派股能否很快填权，二三线股是否有向上比价的趋向，成交量是否能够进一步扩大等方面的因素来决定是否依然介入该行情。

▲消息行情入市有什么技巧?

近年来消息在中国股市中的作用越来越被广大投资者所认可。如果市场传出某某股票将有某某利好出台之时，不论该股的前期表现是如何的冷漠，也不管当前大盘是如何的低迷，具有消息题材的股票往往会扶摇直上，其灵敏度之高、反应之迅速，令人叹为观止。反之如果遇到利空消息的出台，则股价又会急速下跌，甚至出现股价的大幅跳水。此时往往令投资者所掌握的大量技术手段失去了作用，处于一种无所适从的迷惘状态。

在此种行情中投资者不应再使用公司业绩和技术指标等方法来研判后市的变化，而是应当及时套现，将资金落袋为安，以便用一种局外者的眼光静观后市的变化，待形势明朗之后再择机而入，以免走进庄家用散布消息布成的陷阱之中。

▲怎样买涨与买未涨?

买涨与买未涨是两种截然相反的股票买进的时机选择策略。

买涨策略通常指的是投资者顺势而为，见涨抢进，且大多有追涨卖跌的习惯。这种买涨的做法，在大势反转向上及多头市场时，大多能轻易获得利润；如遇有主力介入操纵投机股票时，而手续费和税金的支出较高，一旦抢到最高价而不能出手，就会出现亏损累累的局面，因而风险也就较大。

买未涨的策略则是指投资者将购进股票的时机选择在股价处于尚未涨阶段的策略。这种投资者除了精于计算投资报酬率之外，更注意发行公司的业绩展望。这种做法大多对个股进行过分析比较，由于股市大多有轮番涨跌的习性可寻，故其选择那些处于尚未上涨的成长股作为投资对象，除了风险较小之外，通常也有利可获。如果是买到最低价，有时获利甚至能多达数倍以上。

上述两种方法各有利弊，买涨策略着眼于短期利润，较具投机性，适合于一般的中短线操作；买未涨策略着眼于长期利润，适合于较为稳健的投资者进行中长线投资。这两种不同的买进时机选择策略，可供不同个性的投资者选用。

▲怎样进行换手策略?

换手策略是投资者在股价轮番上涨的过程中，将持有的已上涨股票脱手变现，转而购进涨幅较小或尚未上涨股票的投资策略。

国内外股市运作经验表明，股票市场在结束熊市而进入牛市的初始阶段，经常由于有心人的介入炒作而使股价出现轮番上涨的情形，投资者如能把握市场行情，进行不断地“换手”，即不断地抛出涨幅较大的股票，以腾出资金购进价格较为平稳的股票，就能在股市的轮番上涨期间不断地获利。

投资者进行换手的时机通常应选择在成交量值增高、交易非常热络时进行，因为在交易非常热络之时，才会有较多的投资者承接补进，才能使股票顺利实现易主。

但换手策略也有缺陷，如果在股票换手后，所抛出的股票仍在继续涨升，而所承接的股票的价格仍维持原状，甚至出现下滑，就会使换手者徒具损失。如果在换手后，抛出的股票和承接的股票都以同等的幅度出现涨跌，则会使投资者加大投资成本，白白多支出一些交易的费税。

换手投资策略只适合有经验的股市老手采用。

▲个股行情怎样换股?

股市如战场，即使大盘相对平静，个股行情也会层出不穷。如果已骑上了“黑马”，正确认清利多消息的实质，在上升浪的次高点果断出货，可换取更多数量的同一板块、股价未升的股票。经过一段时间的炒作后，这两只股票的差价缩小时，又可换回原来的股票，这样一出一进，赚了股票又不误大盘行情。股市大部分时间处在盘整状态，但个股和板块却此起彼伏，除了要有追逐热点追逐“黑马”的勇气，还要学会把握题材的实质，要掂量题材的分量，既不放弃重大利多题材，也不去为小道消息而疯狂。每一轮行情总有其产生的条件，做好题材分析，及早介入即将形成热点的个股之中。

▲业绩浪时怎样换股?

股市每年一般都有两次业绩炒作浪，牛市时会掀起惊涛骇浪，而熊市就是显得迟钝些。上市公司业绩的保密工作并不一定做得好，相反大部分上市公司是特别喜欢出风头的，这些公司在各地都是一些著名企业，稍有心计的投资者可以从管理层的言行和社会上的蛛丝马迹中捕捉信息，而且新闻媒体或多或少有所透露。另外，绩优股一般完成预测利润的把握大，而垃圾股极少完成此项指标。投资者把握了这一点，在业绩浪展开之前选择绩优股，业绩公告时出货，可在业绩浪中换股两次，全年四次，平均每次获利 10% 计，盈利约 40%。

▲牛市或熊市怎样换股?

股市处在阶段性底部，在实质性利好政策激发下可以确认将展开一轮牛市，第一阶段涨势最凶的是龙头股，第二阶段投资者开始认识到绩优股才是股市的主流，绩优股因被投资者看好，股价已高，此时投资者把眼光盯上了二线股，二线股将全面启动，此时应该换持二线股；最后，在这轮行情下一些涨幅最小的股票被挖掘出来，可能要补涨一下，投资者可以选择这些被市场遗忘的股票，等待补涨行情。而在熊市时，如确认人气低迷，换持绩优股为上，等待牛市启动。

▲人人弃之的股票可以买吗?

一窝蜂似的买股票，十有九亏。最好的办法是充分发挥智慧和勇气，在大家猛抛之际，去拣未来有价值的股票。

尤其是问题股，或因巨额亏损，或因报表公布，令人们大失所望。或 ST 板块，在其消息公开前，多数已在走势上提前反映，见报时只是最后一跌，当人人都“用脚投票”，退避三舍时，其价格必然是超跌，风险已大部释放。而亏损劣绩股票又是资产重组的重点，受到政策倾斜，一旦有主力入驻，其绝对价格看起来上涨不多，但相对涨幅却相当惊人。

▲跌 1 ~ 2 元的股票可以买吗?

许多人仅仅靠市场传闻，或靠个人的揣测某股会涨，就买进这种股票，结果被套。不仅失去了很多的机会和成本，而且频繁进出，还付出了佣金、印花税和低抛高追的损失。美国股王巴菲特说得没错：“在买进股票时，要假设股市关闭十年，而你还能乐于抱牢的股票，才是理想之举。”这一点，一般人很难做到。但至少应考虑到，当你买进某只股票，即使下跌1～2元，你也感到高枕无忧。这说明，你已事先充分考虑到该股业绩的成长性和股本的扩张性。就是说，你买该股不是出于投机，而是出于投资；不是做短线，而是做中线。因此，不到中线题材到位，决不轻易抛出。

▲目前看起来便宜的股票可以买吗？

当你感到市面上各种股票的价格都不便宜而无从下手时，说明大盘正处高位，买气正旺，股价已急剧上涨。此时，你应缩手观望。真正能买到理想的股票，应该在眼下各种股票都很便宜时。例如，大盘连连下挫，技术指标处低位，指数与各均线是空头发散型排列，成交量极度萎缩时。你之所以会感到便宜，说明它的泡沫较少，价值凸显，买进的便是“全国最低价”“地摊价”，未来的增值潜力较大。一旦行情爆发，便可用“精品商厦价”卖出。投资此类股，赢多输少。

▲有弹性的股票可以买吗？

真正的操盘老手不愿把一只股票炒得老高。尤其是在强调法制化、规范化的今天，主力总是竭力避免让一只股票走单边上升市，而是惯于做来回。根据曲线比直线长的原理，做来回的实际的涨幅，不亚于直线飙升。因此，选股应选弹性好、振幅大的股票，认准箱形，高抛低吸，踏准波段。再好的股票，当舆论一片叫好时，就应阶段性地卖空。当其被市场冷落时，再买多。经几个来回后，成本降低，就敢于捂它一段，日后倒真的成为一匹黑马。

▲为什么要按价值取向选强势股？

买股票不能光凭消息、凭兴趣、凭运气，为买而买，而应首先考虑其价值取向。一是指业绩优，价位远远低于价值；二是指含权，具备比例送股能力。若配股，只有对高价股来说才算是利好（且配股价要低），而低价股配股，并不是好消息；三是指含金量高，如拥有雄厚的公积金，未分配利润，找到了新的经济增长点。这些多半只有次新股才具备。反映在盘面上，就是要选能跑赢大盘的、抗跌性很强的强势股。

第四章
Chapter4

股票投资的基本分析方法

第一节 宏观经济指标分析

▲宏观经济分析的内容

宏观经济分析要从总供给和总需求两方面入手。

在进行总供给形势分析时，人们会考虑全国完成工业增加值和这一数值的同比增长情况。进一步细分，人们会区别所有制分析国有及国有控股企业、集体企业、股份制企业、“三资”企业等不同类型的公司增长情况。重工业增长与轻工业增长的比较也十分重要。重工业增长快于轻工业，反映出政府投资拉动的力度和消费低迷的状况。成品钢材、铜材、铝材、水泥、化肥、化学农药等主要原材料的产量，耐用消费品及信息通信产品生产情况，以及全国发电量、运输量增长情况均能反映总供给状况。不过，在分析基础产品增长的时候，应当意识到基础产品对经济增长的决定作用正在逐渐发生变化。例如，发电量的多少，在以往一直作为经济发展的指标之一。但现在由于许多行业从高能耗变为低能耗，因此即使发电量增长相对缓慢也不能像以前那样用比例推断经济增长速度减慢了。

总需求分析一般从投资需求、内需和外贸三方面入手。

固定资产投资是增是减，反映出投资需求整体情况。不过对于不同经济类型的固定资产投资应进行具体分析。如果国有单位固定资产增加较多，那么可以推断政府的调控力度较大。技术更新改造投资体现了企业对未来的预期。对未来预期好，就会在技术更新上投入更多的资金。

外贸需求用出口减去进口的净出口数值来表示。

内需以社会消费品零售总额来表示。

物价是反映消费状况的一个重要指标。一般使用消费者物价指数和零售物价指数来反映物价整体水平。如果物价指数持续下跌，对消费者和投资者的信心有较大负面影响，大家会认为今天消费不如明天消费，企业也因为市场对产品的需求不旺而缺乏资金进行生产。

物价指数的涨跌在很大程度上取决于一些基本产品的价格。例如当粮食和生猪产量大丰收的时候，与粮食和猪肉相关的商品价格均会下调，带动物价整体下滑。

宏观经济分析还需要关注财政和金融运行状况。财政收支情况，尤其是税收政策变化，主要税种的征收情况以及国家的国债政策对宏观经济具有很大的影响。货币供应量增幅大小反映出国家宏观金融的调节力度。

▲宏观经济形势分析的主要指标

一个国家和地区的宏观经济运行的目标包括经济稳定增长、较少的失业、平稳的物价水平和平衡的外贸收支。相应地，证券分析人士在考察宏观经济状况时经常用的指标包括国民生产总值、就业率、失业率、反映通货膨胀情况的物价指数和反映国际收支平衡的进出口总额以及汇率等。

国民生产总值指一国在一定时期内所生产的最终产品的货币总值。这一数值只反映经济增长情况。因此我们可以采用国民生产总值的增长率来衡量经济增长速度。经济增长速度的高低正负，反映出经济发展在一轮周期中所处的位置。我们可以根据经济增长速度的快慢来判断证券市场发展的基础是否厚实，经济增长速度快，股市发展的基础也就厚实。

就业与失业情况反映出经济生活中的一个重要资源——劳动力的利用情况。在一个高失业的社会，人力资源浪费的情况就比较严重。如果存在较高的失业率，而生产目标又是既定的，资本的需求就会增加。失业率大小反映出经济运行健康与否。由于我国下岗工人与隐形失业的存在，就业问题已成为全社会包括证券市场都普遍关注的问题。失业人数的增加必然会危及股市的长期稳定发展。

通货膨胀一般用消费物价指数或零售物价指数表示。由于食品在物价指数中所占的比重较大，因此一般人们把粮食价格称为“百价之首”。当一个地区出现粮食丰收，而地区内外对这一地区生产的粮食的需求又保持不变时，粮食价格会相应下降，物价指数也会回落。物价水平涨落的结果是对社会财富的再分配。通货膨胀不利于经济健康发展，同样，通货紧缩也有害于经济增长。因此，既要扼制通货膨胀，也要防止通货紧缩。

外汇收支情况反映出一个国家或地区与其他国家或地区在交换商品与劳务方面的结果。进出口大致平衡是一个理想的目标，通常人们遇见的是贸易顺差或逆差。贸易顺差，意味着一国出口大于进口，外汇储备会增加。贸易逆差意味着一国外汇储备会逐渐减少。从经济资源优化配置的角度来看，顺差多了，不一定就是好事；出现了逆差，也不一定说明经济发展得很糟糕。

▲物价变动

普通商品价格变动对股票市场有重要影响。具体来说，物价上涨，股价上涨；物价下跌，股价也下跌。具体分析商品价格对股票市场价格的影响，主要表现在四个方面。

1. 商品价格出现缓慢上涨，且幅度不是太大，但物价上涨率大于借贷利率的上涨率时，这时，公司库存商品的价值上升，由于产品价格上涨的幅度高于借贷成本的上涨幅度，于是公司利润会上升，股票价格也会因此而上升。

2. 商品价格上涨幅度过大，股价没有相应上升，反而可能下降。这是因为，物价上涨引起公司生产成本上升，而上升的成本又无法通过商品销售而完全转嫁出去，从而使公司的利润降低，股价也随之降低。

3. 物价上涨，商品市场的交易呈现繁荣兴旺时，有时是股份正陷于低沉的时候，人们热衷于即期消费，使股价下跌；当商品市场上涨回跌时，反而成了投资股票的最好时机，从而引起股价上涨。

4. 物价持续上涨，引起股票投资者的保值意识的作用增加，因此使投资者从股市中抽出来。转而投向动产或不动产，如房地产、贵重金属等保值强的物品上，带来股票需求量降低，因而使股价下跌。

▲通货膨胀

通货膨胀是影响股票市场价格的一个重要宏观经济因素。这一因素对股票市场趋势影响比较复杂，它既有刺激股票市场的作用，又有压抑股票市场的作用。通货膨胀主要是由于过多地增加货币供应量造成的。货币供应量与股票价格一般呈正比关系，即货币供给量增大使股票价格上升，反之，货币供给量缩小则使股票价格下降，但在特殊情况下又有相反的趋势。

货币供给量对股票价格的正比关系，有三种表现：

1. 货币供给量增加，一方面可以支持生产扶持物价，阻止利润下降；另一方面对股票的需求增加，又成为股价止跌回升的重要因素。

2. 货币供给量增加引起社会商品的价格上涨，股份公司的销售相应增加，从而使得以货币数量表现的股利（即股票的名义收益）在一定幅度的上升，使股票需求增加，从而股票价格也相应增加。

3. 货币供给量的递增引起通货膨胀，通货膨胀带来的往往是虚假的市场繁荣，最终出现企业利润上升的假象，保值意识使人们倾向于将货币投向贵重金属、不动产的短期证券上；股票需求量也会增加，从而使股票价格相应增加。

由上述可见，货币供给量的增减，是影响股价的重要原因之一，货币供给量增加，扩大的社会购买力就会投资于股票上，从而把股价抬高。反之，如果货币供给量少，社会购买力降低，投资就会减少，失业就会增加，因而股价也必定会受影响。这是问题主要的一方面。

但是，通货膨胀到一定程度，甚至超过了两位数，将会推动利率上涨，从而使股票下跌，这又是其对股价作用的另一方面。

总之，当刺激作用大时，股票市场的趋势与通货膨胀的趋势一致，当压抑作用大时，股票市场的趋势与通货膨胀趋势相反。

▲利率变动

利率的升降与股价的变化呈反向运动的关系。这种影响主要有三个原因：

1. 利率的上升，不仅会增加公司的借款成本，而且还会使公司难以获得必需的资金。这样，公司就不得不削减生产规模，而生产规模的缩小又势必会减少公司的未来利润。因此，股票价格就会下跌，反之，股票价格就会上涨。

2. 利率上升时，投资者评估股票价值所用的折现率也会上升，股票值因此会下降，从而，也会使股票价格相应下降；反之，利率下降股票价格则会上升。

3. 利率上升时，一部分资金从投向股市转向银行储蓄和购买债券，从而会减少市场上的股票需求，使股票价格出现下跌。反之，利率下降时，储蓄的获利能力降低，一部分资金又可能从银行和债券市场流向股市，从而增大股票需求，使股票价格上升。

既然利率与股价运动呈反方向变化是一种一般情形，那么投资者就应密切关注利率的升降，并对利率的走向进行必要的预测，以便在利率变动之前，抢先一步就对股票买卖进行决策。

对利率的升降走向进行预测，在我国应侧重注意如下几个因素的变化情况：

（1）贷款利率的变化情况。由于贷款的资金是由存款来供应的，因此，根据贷款利率的下调可以推测出存款利率必将出现下降。

（2）市场的景气动向。如果市场兴旺，物价上涨。国家就有可能采取措施来提高利率水准，以吸引居民存款的方式来减轻市场压力。相反的，如果市场疲软，国家就有可能用降低利率水准的方法启动市场。

（3）资金市场的银根松紧状况和国际金融市场的利率水准。国际金融市场的利率水准，往往也能影响国内率利水准的升降和股市行情的涨跌。在一个开放的市场体系中，金钱是没有国界的，如果海外利率水准低，一方面会对国内的利率水准产生影响，另一方面，也会引致海外资金进入国内股市，拉动股票价格上扬。反之，如果海外利率水准上升，则会发生与上述相反的情形。

▲汇率变动

外汇行情与股票价格有密切的联系。一般来说，如果一国的货币是实行升值的基本方针，股价便会上涨，一旦其货币贬值，股价即随之下跌。所以外汇的行情会带给股市以很大的影响。

在当前国际贸易迅速发展的潮流中，汇率对一国经济的影响越来越大。任何一国的经济都在不同的程度上受汇率变动的影响，而且，汇率变动对一国经济的影响程度取决于该国的对外开放度，随着各国开放度的不断提高，股市受汇率的影响也日益扩大。但最直接的进出口贸易，本国货币升值受益的多半是进口业，亦即依赖海外给原料的企业；相反，出口业由于竞争力降低，而导致亏损。可是当本国货币贬值时，情形恰恰相反。但不论是升值或是贬值，对公司业绩以及经济局势的影响，都各有利弊，所以，不能单凭汇率的升降而买入或卖出股票，这样做就会过于简单化。

利率变动对股价的影响，最直接的是那些从事进出口贸易的股票。它通过对公司营业及利润的影响，进而反映在股价上，其主要表现是：

1. 若公司的产品相当部分面向海外市场销售，当汇率提高，则产品在海外市场的竞争力受到削弱，公司盈利情况下降，股票价格下跌。

2. 若公司的某些原料依赖进口，产品主要在国外销售，那么汇率提高，使公司进口原料成本降低，盈利上升，从而使公司的股价趋于上涨。

3. 如果预测到某国汇率将要上涨，那么货币资金就会向上升转移，而其中部分资金将进入股市，股票行情也可能因此而上涨。

因此，投资者可根据汇率变动对股价的上述一般影响，并参考其他因素的变化进行正确的投资选择。

第二节　宏观经济政策和其他因素的影响

▲财政政策

财政是国家为实现其职能的需要对一部分社会产品进行的分配活动，它体现着国家与其有关各方面发生的经济关系。国家财政资金的来源，主要来自于企业的纯收入。其大小取决于物质生产部门以及其他事业的发展状况、经济结构的优化、经济效益的高低，以及财政政策的正确与否。财政支出主要用于经济建设、公共事业、教育、国防以及社会福利，国家合理的预算收支及措施会促使股价上扬，重点使用的方向也会影响到股价。财政规模为满足国内需求而增加，虽然要受到一些因素的制约，但仍不得不积极地展开财政计划。股票具有先见性，假如财政规模扩大，只要国家采取积极的财政方针，股价就会上涨；相反，国家财政规模缩小，或者显示将紧缩财政的预兆，则投资者会预测未来景气不好而减少投资，因而股价就会下降。虽然股价反映的程度会依当时的股价水准而有所不同，但投资视财政规模的增减，仍应作为辨认股价转变的根据之一。

财政投资的重点，对企业业绩的好坏，也有很大影响。如果政府采取产业倾斜政策，重点向交通、能源、基础产业投资，则这类产业的股票价格，就会受到影响。财政支出的增减，直接受到影响的是与财政有关的工业，比如与电气通信、房地产有关的产业。因此，每个投资者应了解财政实施的重点。股价发生变化的时点，通常在政府的预算原则和重点施政还未发表前，或者是在预算公布之后的初始阶段。因此，投资者对国家的财政政策的变化，也必然给予密切的关注，关键在财政政策变动的初始阶段，适时作出买入和卖出的决策。

▲经济周期变动与股价的关联性

在影响股价变动的市场因素中，经济周期变动，或称影响期的变动，是最重要的因素之一，它对企业营运及股价的影响极大，是股市的大行情。因此对经济周期与股价的关联性是投资者不能忽略的。

经济周期的衰退、危机、复苏和繁荣四个阶段，一般说来，在衰退时期，股票价格逐渐下跌，到危机时，股价跌至最低点，在经济复苏开始时，股价又逐步上升，到繁荣时，股价上涨至最高点。这种变动的具体原因是，当经济开始衰退之后，公司的产品滞销，促使公司生产少，利润相应减少，从而导致股息、红利分配也随之不断下降，持股股东因收益下降纷纷抛售，使股票价格下跌。当经济衰退已经到达经济危机时，整个经济生产处于瘫痪状况，公司纷纷倒闭，股票持有者由于对形势的悲观而纷纷卖出手中的股票，从而使整个股市价格大跌，市场处于萧条和混乱之中。经济经过最低谷又出现复苏的势头慢慢回升。产品随之会有一定的销售量，这时又能给股东分发一些股息红利，股东慢慢觉得持有这种股票会有收益，于是纷纷购买，使股价回升。当经济由复苏达到繁荣阶段时，工业生产大增，产品畅销，公司盈利大增，股息、红利增高，股票价格上涨至最高点，投资者在此阶段多采取持有现金（储蓄存款）和短期款证券等形式，目的是避免衰退期的投资损失，待经济复苏时再适时进入股市。而在经济繁荣期，大部分产业及公司经营状况改善和盈利增加时，即使是不懂股市分析而盲目跟进的散户，往往也能从股票投资中赚钱。

当然还会有例外现象不时发生，例如，一般情况是企业收益有希望增加或由于企业扩大规模而希望增资的景气时期，资金会大量流入股市，但却出现有萧条时期资金不是从股市流走，而是流进股市，尤其在此期间，政府为了促进景气而扩大财政支付，公司则因为设备过剩，不会进行新的投资，因而拥有大量的闲置货币资本，一旦这些资本流入股市，则股市的买卖和价格上升就与企业收益无关，而是带有一定的投资性。此外，投资股票除了要洞悉整个大市场趋势外，还要了解不同类的股票在不同的市况的表现，有的股票在上涨趋势初期有优异的表现。如能源、设备等股票；有的却能在下跌趋势的末期发挥较强的抗跌能力，如公用事业股、消费弹性较小的日常消费品部门的股票。投资者可以根据不同股票的特性，在不同的市况下作出选择。

▲政治因素

政治因素泛指那些对股票价格具有一定影响力的国际政治活动、重大经济政策的发展计划以及政府的法令、政治措施等。政治形势的变化，对股票价格也产生了越来越敏感的影响。其主要表现在：

1. 国际形势的变化。如外交关系的改善会使在跨国公司的股价上升。投资者应在外交关系改善时，不失时机地购进相关跨国公司的股票。

2. 战争的影响。战争使各国政治经济不稳定，人心动荡，股价下跌，这是战争造成的广泛影响。但是战争对不同行业的股票价格影响又不同，比如战争使军需工业兴旺、繁盛，那么凡是与军需工业有关的公司的股票价格必然上涨。因此，投资者应适时购进军需及其相关的工业的股票，售出容易在战争中受损的股票。

3. 国内重大政治事件，如政治风波等也会对股票产生影响。会对股票投资者的心理产生影响，从而间接地影响股价水准。

4. 国家的重大经济政策，如产业政策、税收政策、货币政策。国家重点扶持、发展的产业，其股票价格会被推高，而国家强制发展的产业，股票价格会受到不利影响，例如政治对社会公用事业的产品和劳务时行限价，包括交通运输、煤气、水电等，这样就会直接影响公用事业的盈利水准，导致公用事业公司股价下跌；货币政策的改变，会引起市场利率发生变化，从而引起股价变化；税收政策方面，能够享受国家减税、免税优惠的股份公司，其股票价格会出现上升趋势，而调高个人所得税，则会影响社会消费水准下跌，引起商品的滞销，从而对公司生产规模造成影响，导致盈利下降，股价下跌。这些政治因素对股票市场本身产生的影响，即通过公司盈利和市场利率产生一定的影响，进而引起股票价格的变动。

▲人为操纵因素

股票价格脱离实际经济因素的剧烈涨跌，除了受心理因素影响外，还可能存在某些人或机构在背后人为的操纵价格的因素。那么操纵的内涵是什么？怎样才能操纵？如何制止操纵？这些都是作为一个投资者所必须了解和防范的。

一般说，在正常的股票市场上，能操纵股价的往往不是个人，而是一个大集团，如某些金融巨头运用手头的财势，在市场上兴风作浪，推波助澜，促使某些股票在市场上时而狂涨，时而暴跌，从而使他们在股价的剧烈波动中大发横财，而使一些中、小股东在这场恶战中倾家荡产。

在股票市场中，操纵股价的方法是多种多样的，其中最常见最普遍的办法，就是金融集团利用股市在疲软之时，低价大量买进，然后设法哄抬价格，以便低进高出。一般在哄抬股价的过程中，仍要不断买进，并散发各种似是而非的谣言，以引诱散户跟进，从而使股市形成一种“利多”气氛效应，待股价达到相当高峰时，再不声不响地将低价购进的股票卖出，这样大进大出就赚取了巨额暴利。相反，某集团也可以在股价高峰，不断卖出，并设法压低行情，造成一种股价下跌的气氛，等股价低到某一价位时，再把高价卖出的股票全部买回，以达到高出低进的目的，这一出一进就可使操纵者获取暴利。

这种办法，主要是通过哄抬股价或压低股价来达到目的。但不论哄抬或压低行情，都必须造成有利于诱惑散户盲目跟进的市场环境才行，其最终获利的是操纵者，而吃亏的是盲目跟进的中、小股民。所以，每个投资者要善于观风向，提高识别陷阱的能力，在股市交易场所中保持清醒头脑和警惕性。

投资者对待人为操纵的最好方法是不要盲目跟进，认真地研究股市大势，做到任凭风浪起，稳坐钓鱼台。

第三节　行业分析

▲公司所属行业的性质

公司的成长受制于其所属产业或行业兴衰的约束，如企业属于电子工业、精细化工产业，则属成长型产业，其发展前景比较好，对投资者的吸引力就大；反之，如果公司属于煤炭与棉纺业，则属夕阳产业，其发展前景欠佳，投资收益率就相应要低。因此，公司所属行业的性质对股价影响极大，必须对公司所属的行业性质进行分析。其具体的分析应从以下三个方面进行：

1. 从商品形态上分析公司产品是生产资源还是消费资源。前者是满足人们生产需要，后者则是直接满足人们的生活需要，二者经济环境的影响不同。一般情况下，生产资源受景气影响较消费资源大，即当经济好转时，生产资源的生产增加比消费资源快；反之，生产资源的生产萎缩也快。在消费资源中，还应分析公司的产品是必需品，还是奢侈品，因为不同的产品性质，对市场需求、公司经营和市场价格变化都将产生不同的影响。

2. 从需求形态上分析公司产品的销售对象及销售范围。如公司主品是以内销为主，还是外销为主，内销易受国内政治、经济因素的影响，外销则易受国际经济、贸易气候的左右。同时还必须调查分析企业商品对不同需求对象的满足程度，不同的需要对象对商品的性能、品质也有不同的要求，公司以需求定产，否则，必然影响公司的产品销售，从而影响盈利水准，使投资收益降低，股价下跌。

3. 从生产形态上分析公司是劳动密集型，还是资本密集型或是知识技术密集型。以资本投入为主则为资本密集型，以知识技术投入为主则为知识技术密集型。资本和技术的诸因素中，以劳动投入为主的属劳动密集型。在经济不发达国家或地区往往劳动密集型企业比重大，在经济发达国家或地区资本密集型企业往往占优势。在当代随着新技术革命的发展，技术密集型已逐步取代资本密集型。此外，不同类型的公司，劳动生产率和竞争力不同，也会影响到企业产品的销售及盈利水准，使投资收益发生差异。

▲行业生命周期不同阶段的分析

任何一个行业一般都有其存在的生命周期。由于行业生命周期的存在，使行业内各公司的股票价格深受行业发展阶段的影响。

1. 成长期

行业在这个阶段，技术进步非常迅速，利润极为可观，但风险也最大，因此股价往往会出现大起大落的现象。

2. 扩张期

在这一阶段，虽然技术更新仍在继续，但相对来说表现得较为平缓，不如创业初期主要依靠技术的改进，因此利润增长显得比较平稳。

3. 停滞期

在这一阶段，该行业的股票行市表现平淡或出现下跌。有些行业甚至因为产品过时而遭淘汰，而对股价造成更加严重的影响。

▲行业有关政策

当政府作出决定鼓励某一行业发展的决策，就会相应增加该行业的优惠贷款量，限制该行业国外产品的进口，降低该行业的所得税，结果这些措施对刺激该行业的股价上升起到了很好的效果。相反，如果政府要限制某一行业的发展，就会对该行业的融资进行限制，提高该行业的税收，并允许国外同类产品进入，结果该行业的股票价格便会下降。

▲相关行业变动因素的分析

1. 如果相关行业的产品是该行业生产的投入，那么相关行业产品价格上升，就会造成该行业的生产成本提高，利润下降，从而股价会出现下降趋势。相反的情况在此也成立。

2. 如果相关行业的产品是该行业产品的替代产品，那么若相关行业产品价格上涨，就会提高对该行业产品的市场需求，从而使市场销售量增加，公司盈利也因此提高，股价上升。反之亦然。

3. 如果相关行业的产品与该行业生产的产品是互补关系，那么相关行业产品价格上升，对该行业内部的公司股票价格将产生不好的反应。

第四节　公司财务分析

▲公司财务分析的基本依据

公司财务分析的基本依据就是财务报表。财务报表主要包括资产负债表、利润及利润分配表。

1. 资产负债表

资产负债表是反映股票发行公司在某一特定日期的财务状况。它是依据“资产＝负债＋股东权益”这个基本平衡公式编制而成的。它主要包括三方面内容：

（1）公司在某一时点所拥有的资产总额；

（2）公司在某一时点的负债总额；

（3）股东权益。

2. 损益表及利润分配表

损益表是反映公司在一定时期内经营成果的动态报表。它是依据“收入－费用＝利润”这一平衡关系编制而成的。它主要包括销售收入、销售成本、销售毛利、营业外收入及支出、税前及税后盈利等科目及金额。

利润分配表反映公司税后盈利的分配情况以及公积金与未分配利润的增减变动的原因。

▲公司财务分析的主要内容

1. 收益性分析

也就是对公司获利能力的分析。一个公司当前投入的资本如何运用，获利状况如何，是衡量公司有无活力、经济效益优劣的标志，也是投资者选择公司或证券的主要依据。因为决定股息多少及股价走势的根本因素就是公司利润的高低和利润额的大小。作为证券投资者，当然应该选择利润丰厚、投资回报率高的公司进行投资；而那些利润率低甚至亏损，或者投资利润率不断下降的公司股票则成为市场抛售对象。

2. 安全性分析

也就是对公司偿债能力的分析。证券投资者在追求高收益的同时，应注意防范风险，以确保投资的安全。在某一时点上，公司的获利能力与偿债能力并不完全成正比。有的公司当前盈利不错，但资金结构不合理，偿债能力差，这样的公司就潜藏着极大的风险。当公司因资不抵债宣告破产之日，也就是投资者血本无归之时。因此，投资者应加强对公司流动性状况及资本结构的分析，如出现偿债能力下降因素，投资者应及时决策以转移风险。

3. 成长性分析

也就是对公司扩展经营能力的分析。证券投资是现在投入一笔资金以求未来收回更多的资金。因此，证券投资者就不能只看到公司的当前效益或者短期效益，而应注重公司的未来的发展前景和发展能力。一个公司当前盈利虽低，或者因把大部分盈利转化为投资而目前分红派息少，但成长速度快、潜力大，则该公司股价升值速度比也会很快，就值得投资。相反，有些公司当前盈利虽多，但分光吃完，不搞什么积累和扩大再生产，则股价上升必受不利影响。

4. 周转性分析

也就是对公司经营效率的分析。一个公司经营效率的高低可通过分析财务报表中各项资金周转速度快慢而反映出来。如资金周转速度快，说明资金利用效率高，公司经营活动畅顺，结构协调，管理得法，购买该公司股票将有利可图；反之，则说明公司营运效率低，缺乏活力。

▲财务分析中的比较分析法

1. 横向比较

是根据一个公司连续数期的财务报表，就其中的同一项目或同一比率进行数值比较，以判断公司未来经营状况的发展变化趋势。这种比较既可以是同一项目绝对数值的比较，也可以是增长率的比较。

2. 纵向比较

是指将财务表中各个具体项目数据与一个基本项目数据进行比较，算出百分比，并就不同时期或时点的数值进行对比，以判断某一具体项目与基本项目的关系、某一具体项目在表中的地位以及这种地位增强或减弱的趋势。这种分析也称共同比表分析。

3. 标准比较

是将公司各个会计项目数据与一个设定的标准数据进行比较，以考察上市公司各项指标是否达到或超过社会平均经营水平。标准比较的关键是确定反映社会平均经营水平的标准数据。这一般可通过大量经验数据统计而得到，其中有些是国际或国内公认的既定标准。如国际公认的流动比率正常标准为2∶1，速动比率为1∶1；我国公认的资本利润率平均水平为10%等。此外，还应将公司的有关数据指标与公司所在行业的平均值或最佳值进行比较，以判断公司的有关指标在同行业中处于何种水平。当然，在做这种比较时，应具体情况具体分析，不能生搬硬套。

第五节　公司一般状况分析

▲公司盈利增减对股价的影响

股票发行公司的盈利水准是影响股票市场价格的主要因素之一。由于股票价值是未来各期股息收益的折现值，而股息又来自公司利润，因此，利润的增减变动就成为影响股票价值以及股票价格的最本质因素。在一般情况下，公司的盈利水准上升，其所发行的股票的市场价格也将上升，反之公司的盈利水平下降，其股票的市场价格也将下跌。因此，现在欧美的证券市场，多以盈利为标准衡量高低。

通常的情况是，股票价格的变化往往是在公司盈利的变动之前发生，其变动的幅度也大于公司盈利的变动幅度，原因是在于股票投资者的心理预期。由于投资者非常关注股票的预期收益，而股票发行公司盈利水准的上升或下降往往事前会有一些征兆，故一旦公司具有盈利下降的迹象，投资者就会出售股票，造成股票市场价格下降，反过来，如果迹象显示公司盈利将会上升，势必有更多的投资者购买股票，使股票价格上升。因此，投资者必须关心公司的盈利，并对公司有关盈利的情况进行分析，其具体分析可从以下三个方面展开：

①由于公司的盈利额是收入减去支出总额而得出的。在核算公司的盈利时，要把那些一次性影响盈利增减的因素除去，对于使盈利额临时增加或减少的部分进行调整，以便正确地估计公司的正常盈利。

②对公司的盈利能力，可以从各个不同的角度进行衡量。如在销售上，计算业务经营上获得盈利能力；在资产的使用上，计算资产产生收入的能力；在投入的资本上，计算资本的净盈利能力；此外，还应与其他公司，特别是领先的公司进行比较，以准确地评定公司盈利能力的强弱。

③要对公司未来的盈利进行预测。盈利的多寡，是表现一个公司经营好坏的主要标志，但过去的盈利额只能表现公司过去的经营成果，不能说明公司将来盈利的情况。因此，应进一步对公司今后盈利的变动趋势进行预测。

预测未来盈利的一般方法是根据过去的资料来推算未来的增长，或根据过去销售额与盈利之间的关联进行推测，或根据利润和预测的销售额进行计算。

▲公司股息政策及盈利对股价的影响

股份公司的股息派发政策对股票价格的影响最直接。通常情况是，股利高，股价涨；股利低，股价降。但是，公司盈利的增加并不一定就意味着股利同时能够增加，盈利的增加只是提供了增加股利派发的可能性。公司盈利增加后，可能不增加股利而是用于扩大再生产使其利润资本化，也可能在盈利增加后增加股利派发，这取决于公司实行的股利政策。

不同的股利政策对股票价格产生不同的影响，而且股利政策比公司盈利股价的影响更为直接和迅速。一般的情况是，公司宣布增加股利时，股价上升；减少股利，则股价下降。如果是不增不减，则对股票的价格不会产生太大影响。

另外，公司有时采用股票分割政策，也会刺激股票价格上升。虽然股票分割后股票持有者保持的股权份额没有发生变化，但却能够给股票持有人带来更高收益的希望，故股票分割政策往往比公司宣布增加股利派发更具吸引力。

▲公司经营业绩的分析

从表面上看，似乎股价与效率、业绩之间没有直接关系，但从长远的眼光来看，公司的经营效率、业绩提高，可以带动股价上涨，效率低、业绩不振，股价也跟着下跌。“股票随业绩调整”是股市不变的原则。有行情下跌与业绩脱离关系，只是偶然现象，不管股价怎样千变万化，最后还是脱离不了业绩，时间能证明，只有业绩才是股价最强烈的支持力量。因为，公司经营效率和业绩的高低，直接影响到公司盈利和获利能力。它可从各种方面来估量，如利润率，盈利能力，每股盈利比例，投入产出比例，每个工作人员的产值，每个设备的产值，设备能力的利率，以及收回成本的时间。所以，利益成长与否，成为判断股价动向的一个关键。

利益持续成长的公司，股价高，更具体说，预期利益会成长的公司，股价会上扬，反之，预测利益会降低的公司，股价则滑落；公司的利益增加，则股利会提高，购置该公司股票的人就会越来越多；公司利益减少，投资者就会纷纷售出所持股票，从而使股价随之下跌。

但也要注意，效益、业绩与股价之间有时会出现时间性偏差，即有时股价的变动会先于利益的增长，有时又会随着利益的增加而发生变动。长期投资者只要把握了股价与业绩的这种相互关系，就会在股票投资中稳操胜券。

▲公司经营管理能力的分析与评估

一个公司具备经营管理能力对公司的存在、发展以及日后的成功非常重要。一个规模较大的公司，其管理人员有：决策管理人员，如以董事长为首的董事会成员；上层管理人员，如总经理及其主要负责人员。投资者较为注意的是决策层和上层人员的工作及其成效。决策层制定的各项重要决策，如经营方向、集资方式、组织制度、管理原则、对公司的前途起决定性作用。投资者所须判断的是这些决策的指导思想是属于保守的、有进取精神的还是只想保持现状的，等等。投资者经过缜密分析，可以概括出一个主要特征，这是一个积极开拓的公司；反之，是消极保守型的公司，甚至乃是一个无所作为、前景暗淡的公司。投资者对某些公司有一个比较明晰的概念，对于向哪一个公司投资，自然就可以做到心中有数了。

对上层管理人员工作评估的方法和内容有：第一，主要看其对决策的贯彻、目标和计划的完成、工作之间的协调情况和各工作的效率高低以及解决内外纠纷的能力。概括来说，是查看公司各部、各项工作是否能按时、按质、按量完成计划或按规定认真做好。第二，要看公司决策层和上层管理人员的稳定性，这些人员变动过繁，可能造成公司的方针决策多变，工作成败的责任难以分清，工作经常脱节，效率可能受到影响，促使投资者又得重新观察分析；第三，公司管理工作是一种人类智能的无形发挥和反映，看不见，摸不着，要考查其综合的品质高低，最终还是由财务效果如销售量和盈利额等数量指标综合地表现出来。

公司经营管理作为一个总体，应具备的能力主要有：

1. 解决内部问题的能力。包括：维持利润的能力；保持高效率的生产能力；适当安排财务的能力；业务发展的能力；应用当代先进的科学管理方法的能力；解决好劳资纠纷和处理好工会、职工关系的能力等。

2. 处理外部事务的能力，大致有：对同行业其他公司在市场上竞争的能力；对外宣传、推销、联系的能力；对外单位进行协商、谈判及处理有关法律事务的能力。

3. 进行调查研究和开发新产品的能力以及吸收、培养和训练新的管理人员的能力。

第五章
Chapter5

股票投资的技术分析方法

第一节 股市技术分析概述

▲技术分析的背景和作用

股市在世界各国已有很长的历史，所以就有很多人将过去的经验加以总结，试图找出其规律。所用的方法有数学的、有图表的，比较著名的方法已有数十种。通常我们称之为技术分析。这些方法各有优劣和不同的适用范围，这里只选择最常用的几种方法，做一些简单的介绍，想要更深入了解的读者可以找有关的书籍来阅读。不过对于大多数人来说，也不需要了解和掌握太多的方法，找几种自己较熟悉并在经验中认为有效的方法，长期坚持去做，经过一段时间后就可以摸索出其中的规律，就可能取得较大的收益。

技术分析的基本用意是总结历史经验，根据过去股市上曾经多次出现过的情况，来比较和分析当前的股市，从而找出其可能的趋势倾向，以此决定操作方法。既然是和历史类比，当然难免有错误。特别是在当前大家都有计算机的情况下，可以很快地进行分析，所以也就出现了反技术操作方法，即在某些时候，庄家故意按照技术分析方法所得的结果往相反的方向去做。不过因为同是股市，所以必定有很多地方是相近的，因为客观规律是无法违反的。如果我们掌握了技术分析的工具，就可以避免很多错误，找到正常的方向。

当然，尽信书不如无书，对技术分析同样也要一分为二，不可不信，也不可全信。关键的地方以及大势上，用技术分析的方法往往可以得到很好的结果，而在细节上则不一定那么准确。最重要的是我们应该把技术分析的方法当成一门科学，而不是作为教条生搬硬套。因为无论是多么好的技术分析方法，也只能给我们指明可能发展的方向，而并非必然。这有些像给人看病，好的医生会从病人的症状中判断出得的是什么病，找出治疗的方法。但同样的症状可能起因并不相同。在具体应用时，我们一定还要结合基本分析等，进行独立思考，从而决定自己的操作方法。

▲进行技术分析的重要性

股票技术分析是股市投资过程中不可或缺的一个组成部分，在投资过程中占有极其重要的地位。相信任何人投资期间所追求的目标都是为了赚钱。要想在股市这样一个高风险、高投机的市场获取较高的回报，只顾拉车不看路的老黄牛精神肯定行不通。所以说，在股市想获得利益，不仅要有勇，还得有谋。

技术分析的目的是回避风险。股民选择了股票，目的是获得预期回报，而且这种回报是以投资者承担了相应的风险为代价的。投资者在持有股票期间，会获得与其承担的风险相对应的回报，预期回报率与风险之间是一种正向的互动关系。预期回报率越高，投资者所要承担的风险也就越大；预期回报率越低，投资者所要承担的风险也就越小。而每一种证券都有自己的风险——回报率特征，这种特征又处于各相关因素的作用之下，随着各相关条件的变化而变化。通过分析每一种股票的风险——报酬特征，投资者就可以确定哪些股票的风险大，哪些股票的风险小，从而可以选择那些报酬高风险小的股票，避开报酬低风险大的股票。不进行股票分析，不问青红皂白地胡乱买卖一气，根本就无法分清哪里是金矿，哪里是陷阱，想要取得好成绩是难以想象的。

股市风险预测，进行技术分析是非常重要的。股市中有成千上万的投资者，有的投入股市的资金上亿元人民币，有的只是万儿八千的在那里穷折腾。有的是天天在叫“要那么多钱干什么”的超级大腕，比较普遍的是赚了千八百就高兴得要请客吃饭的下岗工人。不同的股民由于资金拥有量和其他条件不同，会拥有不同的风险容忍度、不同的风险——报酬率态度和不同的投资持有周期；还有，每一只股票的风险——报酬率特性由于受到各种相关因素的作用，并不是一成不变的。某一时期风险相对较高的股票，过了一段时间，其风险可能会有所下降；而某一时期风险相对较低的证券，在一段时间以后，其风险可能会有所上升。股票的风险报酬率也是如此。另外，股票的风险可以通过股票的流通换手而产生转移。所以，在准备买入或打算继续持有某只股票之前，必须明确该股票在风险性、收益性、流动性和时间性方面的特点。只有这样，投资者在选股时才能选到在风险性、流动性、收益性和时间性方面同自己的要求相匹配的、合乎自身资金实力和风险偏好程度的个股及其组合。

▲技术分析的原则

技术分析注重市场行为，注重机构投资者的选择方向，而基本分析研究市场价格移动的动因。技术分析好比猎枪，一旦开枪并不一定会直击目标，有时反而会误伤自己。因此，进行技术分析一定要具有实战经验，技术分析应掌握以下原则：

1. 股价的涨跌情况呈现一种不规则的变化，但整个走势却有明显的趋势，也就是说，虽然在图表上看不出第二天或下周的股价是涨是跌，但在整个长期的趋势上，有明显的轨迹可循。

2. 一旦一种趋势开始后，即难以制止或转变。根据中国股市特色，此条不适用于重大消息面变化时。

3. 除非有确定的技术确认指标出现，否则仍是应该认为原来的趋势会持续发展。

4. 未来的趋势可由线本身推论出来。基于这个原则我们可在线路图上依整个头部的延伸线明确画出往后行情可能发展的趋势。

5. 任何特定方向的主要趋势经常遭到方向力量阻挡而改变，但 1/3 或 2/3 幅度的波动对整个延伸趋势的预测影响不会太大。

6. 股价横向发展数天甚至数周时，可能有效地抵消反方向的力量。

7. 趋势线的背离现象伴随线路的正式反转而产生，但这并不具有必然性。

8. 依据道氏理论的推断，股价趋势产生关键性变化之前，必然有可资辨认的 K 线形态出现。

9. 在线路产生变化的关键时刻，个别股票的成交量必定有特定的意义。

10. 市场上的强势股票有可能有持续的优良表现，而弱势股票的疲态也可能持续一段时间。

11. 在个别股票的日线图或周线图中，可清楚分辨出支撑区及主力区。

▲技术分析的关键要素

投资者在进行技术分析时遇到的最大的麻烦就是图表信号的有效性。假如某只个股向上突破了某个阻力位，技术上发生了入市买进的信号，要不要跟进？此时，对于股民们来说就要分析成交量是否配合了价位的突破。如果无理突破，很可能是个多头陷阱；如果放量突破，则说明有效突破的可能性相当大。从而我们认识到：在技术分析时，必须将价位和成交量结合为投资者策略。

▲看待技术分析的意义

在运用技术分析进行股票投资分析时，常常会遇到技术分析失准的问题，于是常常出现一些相反的意见。听得比较多的有“预言自我应验”。还有“到底能不能用过去的价格走势资料来预测未来的走势方向”等等。对技术分析持相反意见的人常常强调“技术图表记录了市场的过去，却说不出它的未来”。很显然，如果对技术分析缺乏研究，看不懂价格走势图，当然从图上看不出什么门道来。中国有句话叫做“外行看热闹，内行看门道”。另外还有“随机漫步理论”，认为价格毫无趋势可言，言下之意就是什么样的分析技术都比不上“购买然后持有”这一简单的招数来得高明。图表对价格形态的揭示是比较客观的，而对图表进行研读则是门相当深奥的艺术。技术分析的经典方法也不是一种两种，因而对市场的价格走势几乎从来就没有让经验老到的分析师的意见达成一致的时候。技术分析方法的多样性也让市场人士仁者见仁，智者见智。

即使是在多数的分析师和交易者对市场的预测基本上一致，他们也不可能在同一时间以同样的方式介入市场交易。对图表出现的入市交易信号，有的交易者会先下手为强，果断入市，而有的交易者则会先观察一阵才决定是否入市，可见“预言自我应验”的是微乎其微的。要知道市场的涨跌自有其内在规律，即使在短时期内由于人为原因价格被扭曲，但从长期观察，唯有市场的内在规律才决定了牛市或熊市的发生与发展。

技术分析用走势图表对价格数据资料进行了直观的描述，可以纳入描述统计学的范畴；针对价格图表进行的技术分析则可以看做是推导统计学。因而技术分析以过去的价格数据预测市场的未来走势，有充分的统计学根据，如果要执意怀疑技术分析这个方面的合理性，就有可能把所有依据过去预测未来的技术手段都否定掉，甚至连基本因素分析也变得没有立足的基础了。

股票市场虽说有一定的随机性，但不能据此认为股票市场所有的价格变化都是随机的不可预测的。“不可预测论”其实只是对市场价格走势缺乏分析能力的代名词。许多的交易者（甚至包括一些分析师）没有能揭示价格的走势形态，但这并不能证明价格的走势形态就不存在。恰恰相反，投资者们在股票市场中经常可以看到一个长达数年的上涨或下跌趋势，而个股也是满目都是相当鲜明的趋势。否认市场的趋势性，实际上就证明没有什么分析工具是靠得住的，最终导致了“不可知论”。

对于那些不懂技术分析的人来说，随着分析能力的逐步提高，随机的错觉就会逐渐消失。相信读者在逐步深入了解本书各章节的过程中，会亲身体验这种现象，趋势的概念将会像一幅寻宝图一样清晰可辨。

在许多种预测股票市场价格变动趋势的分析方法之中，技术分析自有其独到的长处。既然基本因素分析方法由于对市场的滞后反应而难以驾驭，技术分析法就成了各种风格的股票投资者和证券分析师测市的主要工具。当然，技术分析也有其不足之处，也有令人产生怀疑甚至动摇的不成熟之处，但它经历了股票市场百年历史的考验，为几代证券分析师奉为圭臬，想必有其独特的魅力。对于中国股市的投资者和研究人员来说，抛开技术分析去谈市场就显得不够成熟。

▲技术分析应注意的问题

任何分析方法都有它的优点和缺点，技术分析同样也有它的缺点，因此在使用技术分析时，应注意如下问题：

1. 技术分析是根据统计学原理而得来的，因此它得到的是概率情况，并不是百分之百，会有一定的失误率。

2. 技术分析的一些指标是根据常态情况下统计而成的，因此在常态情况下，准确性非常高，但是在非常态情况下，如使用常态标准，将会大错特错。这就如同水有三种形态：液态、固态和气态。水的常态是液态，那么它有从高向低流的特性；但到摄氏 0 度时，水就要结冰，出现固态，固态是一种非常态，它一凝固也就不具备从高向低流的特性；当达到摄氏 100 度时，水将变成蒸汽，此时水不但不往低处流，反而向上挥发。因此技术分析也有常态标准和非常态标准，有些人士只懂常态标准，不懂非常态标准，结果在非常态的情况下，还使用常态标准去操作，结果“赔了夫人又折兵”。

3. 技术分析的种类非常多，有些时候会相互出现矛盾，投资者不知道到底谁对谁错。在这种情况下，投资者可以采用两种方式，一种是根据多数指标指导的方向去做，二是看不懂时不操作，什么时候看懂了，什么时候操作，市场机会有的是。

4. 有一些技术分析方法有测市功能，如道氏理论、波浪理论和江恩理论，以及其他计算方法。投资者如果不是有很丰富的实战经验，要特别谨慎小心，因为任何一种预测在没有实现之前都只是可能，而不是必然。因此在实践中，必须配有一套止损措施。

5. 市场经常在常态和非常态情况下互相转换，而技术分析指标有些是专在常态情况下使用的，有些专门对付非常态情况，因此投资者要学会当市场进入非常态时，要放弃使用常态指标；当大势恢复常态时，再继续使用常态指标。

第二节　K 线图分析

▲ K 线图形分析的内容

K 线又被称为蜡烛图或阴阳线，是 18 世纪一个叫本间宗久的日本米商发明的。由于他在大米的生意中使用阴阳烛，分析交易行情，成功地把握了市场机会，积累了巨大的财富，并有过连续 100 笔盈利交易的惊人纪录，因此，使阴阳烛技术广为流传。

K 线是用开盘价、收盘价、最高价和最低价绘制而成，上涨为阳，下跌为阴。通过一组 K 线的连续排列，反映买卖双方的供求关系、多空力量的实力对比和股价的波动情况，进而反映股价处于上涨、下跌、盘头、筑底情况。K 线是一种特殊的语言，一组密码，将市场的综合信息通过一种特殊的形式表达出来，一旦投资者破译了这组密码，读懂了这种语言，将对投资活动有不可估量的帮助。

K 线可以分为日 K 线、周 K 线、月 K 线、年 K 线，也可以细分为小时 K 线和 5 分钟、10 分钟、30 分钟 K 线等。所谓日 K 线是每天画一根 K 线，周K线是每周画一根K线，然后将它们按时间的先后排列起来，这便形成了一条轨迹，来反映股价的情况和上下波动趋势。

K线的画法：

画K线时我们通常将开盘价和收盘价间的价位用一段矩形表示，组成K线的实体。若收盘价比开盘价高，实体为阳线，表现为白色空心实体，在电脑上一般用红色表示；若收盘价比开盘价低，实体为阴线，表现为黑色实心体，在电脑上可以用蓝色、绿色或其他冷颜色表示；若最高价高于开盘价和收盘价，用一条细线将开盘价或收盘价与最高价连接，称为上影线，表示最高曾达到的价位；若最低价比开盘价和收盘价低，也用一条细线将开盘价或收盘价与最低价连接，称为下影线，表示最低曾达到的价位。

▲ K线的分类

K线有时是阳线，有时是阴线，有时带上影线，有时带下影线，有时是十字星。不同形态的K线代表不同的意义，反映出多空双方争斗的结果，是多方打败空方，或空方打败多方，还是多空双方势均力敌，都可以在K线形态中得到表现。

K线可以分为如下种类：

1. 光头光脚小阳线。此形态表示最低价与开盘价相同，最高价与收盘价相同，上下价位窄幅波动，表示买方力量逐步增加，买卖双方多头力量暂时略占优势。此形态常在上涨初期、回调结束或盘整的时候出现。

2. 光头光脚小阴线。此形态表示开盘价就是最高价，收盘价就是最低价，价格波动幅度有限，表示卖方力量有所增加，买卖双方空方力量暂时占优势。此形态在下跌初期、横盘整理或反弹结束时出现。

3. 光头光脚长阳线。没有上下影线，表示多方走势强劲，买方占绝对优势，空方毫无抵抗。经常出现在脱离底部的初期，回调结束后的再次上涨，及高位的拉升阶段，有时也在严重的超跌后的大力度反弹中出现。

4. 光头光脚长阴线。没有上下影线，表示空方走势强劲，卖方占绝对优势，多方毫无抵抗，经常出现在头部开始下跌的初期，反弹结束后的打压过程中。

5. 带上影线的阳线。这是上升抵抗型，表示多方在上攻途中遇到了阻力，此形态常出现上涨途中、上涨末期或股价从底位启动遇到密集成交区，上影线和实体的比例可以反映多方遇阻的程度。上影线越长，表示压力越大，阳实体的长度越长，表示多方的力量越强。

6. 带上影线的阴线。表示股价先涨后跌，庄家拉高出货常会出现此种形态。黑色实体越长，表示卖方实力越强。上影线实体小的形态，常出现在阶段性的头部和震仓洗盘中。

7. 带下影线的阳线。这是先跌后涨型，反映股价在低位获得买方支撑，卖方受挫，常出现在市场底部或市场调整完毕。

8. 带下影线的阴线。这是下跌抵抗型，表示空方力量强大，但在下跌途中一定程度上受到买方的抵抗，常出现在下跌途中、市场顶部或振荡行情中。

9. 带上下影线的阳线。表示下有支撑，上有压力，总体买主占优，常出现在市场的底部，上升途中。上影线长，说明上方压力大；下影线长，说明下档支撑强；实体越长，说明多方实力强。

10. 带下影的阴线。表示上有压力，下有支撑，总体空方占优，阴线实体越长，表明空方做的力量越大。常出现在市场顶部，或下跌途中。

11. 十字星图形。表示开盘价和收盘价相同，多空力量暂时处于平衡。

12.“T”字形。表示开盘价和收盘价相同，下影线表示下方有一定支撑。“T”字形常出现在市场的底部或顶部。

13. ⊥字形。表示开盘价和收盘价相同，上影线表示上方有一定的压力，常出现在市场的顶部或横盘整理中。

14. “一”字形。此种形态常出现在股价涨停板或跌停板的时候，表示多方或空方绝对占优，被封至涨停或跌停的位置。

▲ K 线分析的意义

K 线分析是将一段时间的 K 线按时间顺序进行排列。如：日 K 线是将每日的日 K 线按时间顺序排列起来，便形成了一张 K 线图表，这张图表记录了股票的历史走势，投资者对这张 K 线图表进行分析，可以判断股市的未来趋势。

每日的 K 线都含有开盘价、收盘价、最高价、最低价四个要素。这四个时间要素包含了当日的综合信息和多空力量的实力对比；而一段时间的数根 K 线组合起来，便反映这一段时间的综合信息和多空力量的实力对比。

K 线是一种特殊语言，是一种超级密码，应去发现它们的规律，指导实战的操作。

K线有其规律性：一些典型的K线或K线组合，会不断地重复出现，表达同一种语言提前作出提示。如果掌握了这些规律，将在很大程度上提高胜算。底部组合出现时，说明股价很快就会上升，要赶快建仓；顶部组合出现时，告诉你风险已大，要及时获利了结。

K线有其复杂性：对于不懂K线语言的投资者，K线就像一本天书，使你看不懂，无法破译。一些初学者学到了一些K线知识，但没有掌握其实质，也容易作出错误的判断。一般认为K线的下影长表示下档有支撑，但K线在不同的价位、不同的时间，K线的下影线长，表达的信息是不同的。在低位，下影线长可以认为下档有支撑，但在较高的位置，还认为下档有支撑就可能大错特错，因为这可能是主力提前出货，试盘或者骗钱（制造假K线形态）。不同的人看到同一根K线会得出不同的结论，要抓核心，不能只抓表面，只有真正心领神会读懂的人，才能把握胜算。

▲ K线特殊图形的分析

K线图有以下特殊形态。

1. 大阳线

大阳线表示买盘相当有劲，后市看涨，但在不同时期，应区别对待。

（1）在低价区，突然出现大阳线，应该买进。

（2）长期盘整之后出现大阳线，可闭眼跟进。

（3）高价区出现大阳线时，应谨慎对待，持币观望为佳。

2. 大阴线

大阴线表示卖盘强盛，后市看跌，在不同的阶段，应区别对待。

（1）在高价区出现大阴线时，是股价反转之兆，股民应卖出股票，走为上策。

（2）在盘局之后，出现大阴线，表示多数投资者看淡后市，此时投资者应卖出股票。

（3）在低价区出现大阴线时，市场的卖压并非较大，投资者可持观望态度。

3. 开盘秃阳线

开盘秃阳线表示开盘后，买方发动较强的攻势，卖方难以阻挡，股价一路上升，但在收盘前，股价受卖方打压，价格回落。

4. 收盘秃阳线

收盘秃阳线表示开盘后，卖方力量较强，股价下挫，当跌幅较深时，抛盘减轻，股价回升，不断上涨，最终以最高价报收。

在低价区出现收盘秃阳线时，投资者可买入。

5. 开盘秃阴线

开盘秃阴线表示开盘后，卖方力量大于买方力量，股价大幅度下跌。当跌幅较深时，部分投资者不愿忍痛斩仓，低位抛压逐渐减轻，股价反弹。

6. 收盘秃阴线

收盘秃阴线表示开盘后，买方力量较强，股价上涨。当涨幅较大后，卖方力量越来越强，股价继续下跌，并以最低价收盘，后市看跌。

▲ K 线的基本图形结构

K 线的基本图形结构由“实体”“上影线”“下影线”三部分组成。

1. 实体

实体用来表示开盘价与收盘价之间的价格差距。如果开盘价高于收盘价，则实体为黑色（或实心实体），称之为阴线；如果开盘价低于收盘价，则实体为红色（或空心实体），并称之为阳线。

2. 上影线

上影线表示最高价与开盘价或收盘价格之间的差距。但如果最高价同当天的开盘或收盘价相同时，则上影线不存在，并称之为光头 K 线。

3. 下影线

下影线表示最低价与开盘价或收盘价格之间的差距。但如果最低价同当天的开盘或收盘价相同时，则下影线不存在，并称之为光脚 K 线。

▲如何分析 K 线形态

1. 上升行情的 K 线形态

上升行情的 K 线形态，可由一组 K 线组合表示，比较典型的有：

（1）三个白武士

三个白武士是由三根短小的连续上升的阳 K 线组成，K 线收盘价一日比一日高，表示武士勇敢前进，基础扎实，后势涨幅将加大。

（2）两阳夹一阴

两阳夹一阴的K线组合是一根小阴线夹在两根阳线中间，在实战中是一组非常实用的K线组合，这个组合出现后，股价继续上涨的概率极大。

（3）上升三部曲

这种K线组合出现在上升途中，由一根较大阳线接三根较小阴线，再接一根较大阳线组合，预示后市将继续上涨。

2. 下跌行情的K线形态

（1）三只黑乌鸦

由三个短小的连续下跌的小阴线实体组成，K线收盘一日比一日低，表示空方力量在逐步加强，后市看淡，下跌速度将加快。

（2）两阴夹一阳

两阴夹一阳的K线组合是一根阳线夹在两根阴线中间，这常是一个下跌途中的形态。表示股价下跌，中间遇到小阳线的抵缺，但还是挡不住卖方的力量，股价将继续走下跌行情。

（3）下跌三部曲

一根长阴线后跟三根连续小幅上涨的小阳线，随后又是一根大阴线，反映市场极度虚弱，小涨大跌空方绝对占优的情况。

3. 振荡整理行情的K线形态

振荡整理的K态形成分为：在底部区域的振荡整理形态和上升途中的振荡整理形态。

（1）底部区域的振荡整理形态

①当股价经过了较长时间的下跌，开始横盘整理，此时会出现数根小阴线和小阳线横排并行，上下空间不大，这是一种小幅振荡筑底形态。

②双针探底是由两个带一定下影线的锤，中间隔有数根K线组成。反映是主力在低位两次刻意打压振荡，吓出恐慌盘，随后又有惊无险筑成底部。双针探可以是一个锤头和一个十字星组成。

（2）上升途中的振荡整理形态

上升中继十字星：股价在上涨过程中，由于庄家要震仓洗盘，便会采用打压股价、上下振荡的做法，但庄家是假出货、真进货，盘中显示的是阴线，使投资者不看好后市，但尾市要把出去的筹码收回来，这便形成了上涨途中的中继十字星。

第三节　趋势线分析

▲股市趋势的含义及分类

在技术分析这种市场分析方法中，趋势是绝对的核心内容。我们运用各种技术分析的手段，从K线理论到价格形态，从波浪理论到指标分析，唯一的目的就是帮助我们认识市场的趋势，从而顺应趋势的方向买卖股票，或者识别既有趋势的转折信号，让我们把握最佳的买点和卖点。

趋势就是市场运动的方向。在股票市场，我们已经看到，市场并不是一条直线地上涨或者下跌，像胡同里赶猪——直来直去，市场运动的特征就是前进中的曲折迂回，它的运动轨迹就像一系列前赴后继的波浪，会出现明显的波峰与浪谷。如果要给趋势下一个简单而直观的定义，可以说趋势是由一系列的波峰与浪谷依次上升或下降连绵不断地构成的。我们把一系列依次上升的峰和谷定义为上升趋势；而把一系列依次下降的峰和谷定义下降趋势；把一系列波峰和浪谷依次横向排列的情形称为盘整趋势。

上升趋势中，市场的高峰和浪谷依次抬高，表现为一系列依次抬高的底部和逐步上升的顶部。它说明股价波动的总体走势是向上的，在上升趋势中，每一次回调整理都是进货时机。下降趋势中，市场的高峰—低谷依次下降，表现为一系列逐步降低顶部和不断创新低位的低谷。它说明股价运动的总体走势是下降的，在下降趋势中，每一次抢反弹就有可能被套。

盘整趋势常被人忽略，因为市场呈现没有趋势的状态，高峰与低谷依次往水平方向伸展，并在横向方向形成平衡区域。正由于在水平趋势中，峰顶和谷底的高度不大，因此在盘整趋势中投资者是很难赚到钱的。

根据发展方向的不同可以分为上升、下降及横盘趋势；同时按照持续时间长短或重要程度还可分为三大类型：主要趋势、次要趋势、短期趋势。在实战中，这几种趋势相互交织在一起，需要综合考察。

主要趋势一般指长达一年或一年以上的大趋势；次要趋势一般可以定义为一个月左右的趋势；而短期趋势则可以以日作为考察对象，通常指在2～3个交易周中形成的趋势。但实际上每个趋势都是更长期趋势的一个有机的组成部分，同时它也是更短期趋势构成的。在股市实战中要根据不同的趋势形态选择不同的投资策略，以达到最佳的投资效果。

一个趋势一旦形成之后，股价将继续保持同样的方向和速率运动。趋势线不仅可以显示市场调整阶段的极限位置，更重要的是可以描绘出原有趋势在当前发生的变化，因为一般来说股价基本上都将沿着趋势线进行变化。

▲如何画趋势线

趋势线在技术分析中占有很重要的位置，如何画趋势线呢？

在画趋势线时，可以将相继出现调整低点连接而成一条直线，即构成上升趋势线，它位于相应的价格曲线的下部；将相继出现的明显波峰连接而成一条直线，就是市场的下降趋势线，它一般位于相应的价格曲线的上侧。

正确地画出走势曲线的趋势是门学问。通常，为了发现符合逻辑的趋势线，我们有必要尝试着去画好几条直线。有时，某条看起来正确，但实际上经不起推敲的趋势线让我们不得不擦去重画。要正确地画出趋势线，有必要领悟以下要领：

1. 必须找出现有的市场趋势。如果我们观察到市场依次出现的峰和谷高于前一个峰和谷，那么市场正处于上升趋势无疑。

2. 找出两个明显的低点（谷底），连成一条向上倾斜的直线。如果该直线不能包含某一趋势段中的所有价位，那么有必要再去寻找低点来尝试，直到包含了所有价位为止。

3. 最好用第三个低点来验证它的有效性。如果随后出现的调整低点出现在该趋势线的上方，则说明该趋势的有效性得到印证。

下降趋势线的画法与上升趋势线刚好相反，它寻找的是两个明显的高点（波峰），其趋势线是向下倾斜的。

▲如何利用通道线把握市场趋势？

一般来说，当价格一直不敢试探通道线时，可以判断为既有趋势的力度在减弱。在上升趋势中，当价格在远离通道线时便形成转折，那么应该警觉有的上升趋势可能发生改变。在价格无力抵达通道的上轨，那么下轨被突破的可能性开始加大；当价格拒绝向下轨靠拢，那么上轨被突破的可能性正在加大。

如果市场无力抵达上侧的通道线，则经济构成警示信号，说明下侧的直线将被跌破。随后，在跌破了基本的上升趋势线，一个持续了较长时间的上升趋势就此发生了转折。

▲如何运用趋势线确定买卖时机

趋势分析是掌握股价走势的一条直线。但在股市中，股价的变动往往不是直线，而是弯弯曲曲、上下起伏的曲线。这种曲线表面看起来不规则，实际也可以分为上升趋势和下降趋势两种。

当股价下跌时，连接两个反转的顶点，画出一直线，即为下跌趋势线。

当股价下跌时，连接两个反转的底点，画出一条线，即为上升趋势线。

当股价处于上升行情时，除了连接股价波动的低点的直线外，我们还可以把股价的波动高点也连成一条线，叫上升概略线。于是股价的波动，就可以看做是在趋势线与概略线之间振荡起伏的。

同理，当股价处于下跌行情时，除了连接股价波动的最高点的直线外，也可以把股价最低点连成一条直线，叫下跌概略线。于是，股价的波动便可以看做是在趋势线与概略线之间振荡起伏的。

我们可以把上升概略线叫做压力线或高价支撑线，将下跌概略线称为支撑线或低价制约线。对于短期投资者来说，无论股价处于上升趋势还是下降趋势，当股价触及上方压力线时，就是卖出的时机。当股价触及下方支撑线时，就是买进的时机。

▲如何确定趋势线的有效性

经过反复试验之后，我们会得到一条有效趋势线，分为上轨线和下轨线，并且在今后的行情之中进一步去验证这条趋势线的有效性。

我们知道，技术分析的一个重要前提是：价格是沿趋势运动的。那么通过一条重要的趋势线，我们就可以认为市场将会沿趋势线做惯性运行。趋势线可以确定市场调整阶段的谷底极限位置，同时可以显示在何种情况下原有趋势正在发生改变。懂得这个道理对我们是大有帮助的。

在上升趋势中，常常可以碰到调整性的下跌，这种调整的最大限度应该是触及或非常接近上升趋势线的下轨位置。对于打算顺势买进该只股票的投资者来说，这真是个不可多得绝佳机会。

上升趋势线还有一个用途，当投资者买入股票后，若市场跌破了这条重要的趋势线下轨，即发出了止损平仓的信号，投资者可以在，反弹到这条下降趋势线的部位，又是一个天赐良机，正好可以胜利大逃亡。

对于股民们来说，应该密切注意趋势线的有效性问题和突破问题。一般而言，趋势线不是一成不变的，对不同的投资者来说，由于观察的角度不同，对同一时期的同一种股票可以画出不同的趋势线，因此，为了正确把握股票价格的趋势，在画趋势线时，应该多画几条趋势线，随着时间推移，后触及的次数越多的趋势线越有效。

▲支撑和阻力是股价的突破点

涉足股市的投资者大都会发现，股票的价格有时在一定的幅度内来回盘旋，这是因为当股价上升到一定的价位时，会遇上某种阻力，使价格冲不上去。当股价跌到一定程度时，遇上了支撑，使股价再也跌不下去。这种支撑和阻力在投资学上称之为抵抗力。这种抵抗力反映到股价趋势线上，便产生了支撑线和阻力线。

当股票的价格上升到一定的位置时，遇到了大量的卖出压力，使涨势受阻不前。当股价下跌到某个水准以后，遇到了强劲的买进力量，使跌势受阻不下。那么如何来确定支撑与阻力的位置呢？股市专家多采用密集地带分析法。即如果股价在比较小的幅度内盘旋而此时却有大量的成交量，这便可能出现支撑或阻力的信号，当然，也不能一概而论，因为，有时在成交量急剧减少的地带，也会出现支撑或阻力。

另外，在正常的经济环境下，企业的经营业绩一如既往，这些股票可能会在以往曾经出现过的支撑或阻力的价位附近，再现支撑或阻力。

西方的投资专家还总结出了所谓“百分之五十的投资原则”。他们认为，当股价强劲上涨时，投资者往往会自觉不自觉地去寻找“技术性反弹点”，一些人很迅速地趁高抛出：而当股价下跌到一定程度，一些人又会快速吃进。所以，当股价恢复原来的涨势或跌势时，在原有幅度的一半范围内，也常会出现支撑线和阻力线。

支撑与阻力有时有互换的特性。前面的特点一旦被超越时，会变成下一回下跌趋势的底部线。老的底部线一旦被突破时，会变成下一个上升趋势的顶线。也就是说，阻力变支撑，支撑变阻力。

对支撑与阻力潜力的评定，可以成交量、股价差距之大小、时间间隔的远近作为评定的依据。

1. 股价上升时，若碰到成交量较大的底部线。那么，上升的阻力就大。

2. 股价差距愈大，阻力也就愈大。例如，以 18 元开始升到 20 元应当比较容易，而从 12 元升到 20 元，则非常困难，阻力也就大了。相反若从 20 元跌到 18 元则比较容易，而要一下子跌 12 元，则困难重重，因为会碰到强力的支撑。

3. 时间间隔距离愈久，则支撑与阻力的作用愈弱，时间距离愈近，支撑与阻力就较强。

较具威力的支撑与阻力带有如下几点：

（1）当股价处在密集形态中，有大成交量出现的地方。成交量剧降的地方，便是具有威力的支撑阻力带。

（2）当股价强力上升之后回档 1/3 或 1/2 是比较常见的，回升 1/3 或 1/2 也是比较常见的，所以在该处有较强的阻力。

（3）以往的股价一再重复出现的地带。

因此，投资者应在股价突破阻力线时买进，跌破支撑线时卖出。

▲如何确定股价变化的趋势线

趋势线包括下跌趋势线和上升趋势线两种。

在确定股价变化的趋势线时，如果股价暂时跌破原有的趋势线，就必须将早期的底（或顶）和新近的底（或顶）连在一起，作成新的趋势线。

由于投资者要依靠趋势线进行投资，因此趋势线的准确与否关系投资人在股市上的赚与赔。投资者要用以下三项标准来判断趋势线的可靠性。

①趋势线被触及的次数越多，说明趋势线越可靠。

②趋势线的倾斜度越大，说明市场交易价变动越大，其可靠性越低。

③趋势线所跨越的时间越长，其可靠性越高。

▲如何判断趋势线的有效突破

正确判断趋势线的有效突破，有助于投资者进行正确的投资。当判明股价涨破阻力趋势线后应及时买入，当股价跌破支撑线后应及时抛出。如果投资者对趋势线的突破判断错误，将会带来投资上的损失。因此正确判断趋势线的有效突破十分重要。一般来说，下列突破都是有效突破：

1. 收盘价突破趋势线通常是有效的突破，而市价曾突破趋势线但收盘价未突破趋势线的突破是无效的突破。

2. 连续两天以上的突破是较有效的突破。

3. 连续两天以上创新价的突破是有效的突破。

4. 股价突破趋势线后，成交量上升或保持不变的突破是有效的突破。

5. 股价突破趋势线后，持续的时间越长，突破越有效。

第四节　股市常用技术分析指标

▲技术指标的含义

所谓技术指标，是指根据股市的历史数据，经过一定的计算统计方法整理得出的指标参数。这些指标参数因为包含股市中的各种综合信息以及历史上的各种成功经验，所以对于后市股价的操作具有重要的指导意义。

投资者无论是使用此种方法还是使用前面讲述的直接技术方法，都要保持良好的心态，并逐步培养适合于自己的投资理念，只有做到这一点然后有效地结合各种技术手段，才能真正成为股市的赢家。

▲移动平均线

移动平均线是将股价的过去变动的平均值描绘成曲线，并借以判断股价变化趋势的技术分析方法。

1. 移动平均线的种类

移动平均线按其计算方法来分可分为简单移动平均线和加权移动平均线。

简单移动平均线将每日价格同等看待，以 10 日简单移动平均线为例，将最近 10 日的收市价相加后除以 10 得到一个数据，随新的交易日的更迭，得到一组平均数据，将其标于坐标纸上，相连所得之线即为 10 日简单移动平均线。加权移动平均线则不同，该计算方法认为某些天的价格变化影响大，有些 1 天的价格变化影响小，因而每天的价格以不同的权重来加以平衡计算，由此所得的一组数据描绘出的线为加权移动平均线。

移动平均线按时间长短可以分为长期移动平均线、中期移动平均线和短期移动平均线。短期移动平均线如 MA（5）是将短期（5 天）内股票的收市价进行平均；长期移动平均线如 MA（250）是将长期（250 天）的股票收市价进行平均。

在上升市场中，行情价格，短期移动平均线，中期移动平均线，长期移动平均线的排列顺序是从上到下排列，反之，在下跌市场中，它们的排列顺序正好相反。

2. 如何利用移动平均线判定买卖时机

（1）如何利用不同时间的移动平均线判定买卖时机

在股市上，当较短期的移动平均线向上穿越较长期的移动平均线时，表明市场看涨，很可能为买入时机；当较短期的移动平均线向下穿越较长期的移动平均线时，表明市场看跌，很可能为卖出时机。

（2）格兰维尔八大买卖法则

美国著名股票分析家格兰维尔根据 200 天移动平均线与每日股价的关系提出了如下的 8 条法则：

①当平均线从下降逐渐转为水平，而股价从平均线的下方向上移动并突破平均线时宜买进。这是因为，移动平均线止跌转平，表示股价将转为上升趋势，而此时股价再突破平均线而向上延升，则表示当天股价已经突破卖方压力，买方已处于相对优势地位。

②股价一时跌破平均线，但平均线短期内依然继续上升时，宜买进。这是因为，当移动平均线持续上升时，若股价急速跌入平均线之下，在多数情况下，这种下跌只是一种假象，几天后，股价又回升至移动平均线之上，故也是一种买进时机。

③当股价连续上升远离平均线之上时突然下跌，但未跌破平均线便又上升时，宜买进。因为这往往表明投资者获利回吐，但由于承接能力较强，股价在短期内经过整理后，又会强劲上升，因而是买进时机。

④股价跌破平均线后突然连连暴跌，远离平均线，属于超卖现象，如果这时股价开始回升，宜买进。因为股价过分降低，极有可能反弹至移动平均线附近。

⑤当平均线走势由上升逐渐走平转弯下跌，而股价从平均线上方向下跌破平均线时，是重要的卖出信号。

⑥股价虽然向上突破平均线，但又立刻跌到平均线之下，而这时的平

均线仍在继续下走，为卖出信号。

⑦股价跌落于平均线之下，然后向平均线弹升，但未突破平均线即又告回落，也是卖出信号。

⑧股价急速上升，在平均线上方移动且距平均线越来越远，上涨幅度相当可观时是卖出信号。因为这说明近期内买股者均已获利，随时会产生回吐压力。

3. 运用移动平均线的优缺点

优点：

（1）利用移动平均线可观察股价总的走势，不考虑股价的偶然变动，这样可自动选择出入市的时机。

（2）平均线能显示“出入货”的信号，将风险水平降低。无论平均线变化怎样，但反映买或卖信号的途径则一样。即是，若股价（一定要用收市价）向下穿破移动平均线，便是沽货信号；反之，若股价向上冲破移动平均线，便是入货信号。利用移动平均线，作为入货或沽货信号，通常获得颇为可观的回报率，尤其是当股价刚开始上升或下降时。

（3）移动平均线分析比较简单，使投资者能清楚了解当前价格动向。

缺点：

（1）移动平均线变动缓慢，不易把握股价趋势的高峰与低谷。

（2）在价格波幅不大的牛皮期间，平均线折中于价格之中，出现上下交错型的出入货信号，使分析者无法定论。

（3）平均线的日数没有一定标准和规定，常根据股市的特性不同发展阶段，分析者的思维定性而各有不同。投资者在拟定计算移动平均线的日子前，必须先清楚了解自己的投资目标。若是短线投资者，一般应选用 10 天移动平均线，中线投资者应选用 90 天移动平均线，长线投资者则应选用 250 天移动平均线。很多投资者用 250 天移动平均线之下，则是熊市；相反，若股价在 250 天移动平均线之上，则是牛市。

为了避免平均线的局限性，更有效的掌握买卖时机，充分发挥移动平均线的功能，一般将不同期间的平均线予以组合运用。目前市场上常用的平均线组合有“6、12、24、72、200 日平均线”组合，“10、25、73、146、292 日平均线”组合等，组合内移动平均线的相交与同时上升排列或下跌排列均为趋势确认的信号。

▲腾落指数（ADL）

腾落指数（ADL），是以股票每天上涨或下跌之家数作为计算与观察的对象，以了解股票市场人气的盛衰，探测大势内在的动量是强势还是弱势，用以研判股市未来动向的技术性指标。

将每天收盘价上涨股票家数减去收盘价下跌的股票家数（无涨跌不计）后进行累加：

$$ADL(t)=\sum_{i=1}^{t}(\text{上涨家数}-\text{下跌家数})$$

起始日期为 ADL（1），目前日期为 ADL（t）。

1. 运用腾落指数的技巧

腾落指数与股价指数比较类似，两者均为反映大势的动向与趋势而不对个股的涨跌提供信号。但由于股价指数在一定情况下受制于权值大的个股，当这些股票发生暴涨或暴跌时，股价指数有可能反应过度，从而给投资者提供虚假信息。腾落指数则可以弥补这一缺点，并且由于腾落指数与股价指数的关系比较密切，观图时应将两者联系起来共同分析。一般情况下，股价指数和腾落指数同升同跌时，可以对升势或跌势进行确认。如股价指数大幅振动而腾落指数横盘整理或两者反方向波动，说明大势不稳，不可贸然入市。对后市的变化可以通过如下规则进行研判：

（1）股价指数持续上涨，腾落指数亦上升，股价可能仍将继续上升。

（2）股价指数持续下跌，腾落指数亦下降，股价可能仍将继续下跌。

（3）股价指数上涨，而腾落指数下降，股价可能回跌。

（4）股价指数下跌，而腾落指数上升，股价可能回升。

（5）股市处于多头市场时，腾落指数呈上升趋势，其间如果突然出现急速下跌现象，接着又立即扭头向上，创下新高点，则表示行情可能再创新高。

（6）股市处于空头市场时，ADL 呈现下降趋势，其间如果突然出现上升现象，接着又回头，下跌突破原先所创低点，则表示另一段新的下跌趋势产生。

股价指数与腾落指数之所以具有上述关系，股价源于指数是以股价和股本加以计算的，这样使得高股价与大股本额股票升跌在指数运算中所占比例重大，而腾落指数则把每只股票都作为股市一个分子，两者的结合分析，可有效的看出股市的走势。ADL 走势与指数走势多数有类似效果，因而也可用趋势线和形态研判。

分析 ADL 时要把握几个要点：

（1）必须配合其他走势图共同分析，避免单独分析 ADL 以陷入误区。

（2）注意多空市场的换位期。当股市从多头市场转向空头市场初期时，卖单开始增多，买单缩小。表现在股市上肯定是跌数多于涨数，腾落指数负值累计增大。但随之市场进入盘整阶段，投资者不宜加入空头市场，应观望待机，经过一段盘整后，空头市场力量会减弱，多方力量增大，买单渐增，股指新点不断刷新，腾落指数也会由负值转为正值。投资者可适当卖出股票，赚取一定差价。但要注意，多头市场一来临，又意味着新一轮空头市场的逼近，所以，腾落指数或许再度转化。因此，投资者要把握时机，研制各种走势图，以有备无患。

（3）ADL 的优点是计算方便，配合其他走势图，可以领略股势的走向。但它反映大体的趋向，信息内涵比较弱，对个别股和具体的买卖时机没有准确的反映。因而，投资者要辅之其他工具参考。

ADL 在上证指数中的运用。上证指数从 A 开始的下跌过程，ADL 处于同步跟随的状态，说明该股下跌属于一个中期趋势，市场难以在短期见底。但 ADL 在低位形成了一个“双重底”形态，当 ADL 值突破阻力线时，该双底完成，市场反转向上的规模相当大。在指数高位盘旋的一段时间，ADL 曲线形成了一个“头肩顶”的顶部反转形态，当颈线被击穿后，市场便跟随破位下跌，呈现出趋势反转的顶部特征。

▲涨跌比率

运用涨跌比率指标的技巧如下：

1. 当涨跌比率（R）大于 1.5 时，表示股价长期上涨，有超买过度的现象，股价可能要回跌。

2. 当涨跌比率（R）小于 0.5 时，表示股价长期下跌，有超卖过度的现象，股价可能出现反弹或回升。

3. 当涨跌比率（R）在 1.5 与 0.5 之间上下跳动时表示股价处于正常的涨跌状况中，没有特殊的超买或超卖现象。

4. 当涨跌比率（R）出现 2 以上或 0.3 以下时，表示股市处于大多头市场或大空头市场的末期，有严重超买或超卖现象。

5. 除了股价进入大多头市场，或展开第二段上升行情之初期，涨跌比率有机会出现 2.0 以上的绝对买卖数字外，其余次级上升行情超过 1.5 即是卖点，且多头市场低于 0.5 元现象极少，是极佳之买点。

6. 涨跌比率如果不断下降，低于 0.75，通常显示短线买进机会。在空头市场初期，如果降至 0.75 以下，通常暗示中级反弹机会，而在空头市场末期，10 日涨跌比率降至 0.5 以下时，是买进时机。

7. 对大势而言，涨跌比率有先行示警作用，尤其是在短期反弹或回档方面，更能比图形领先出现征兆。若图形与涨跌比率成背驰现象，则大势即将反转。

ADR 的运用。上证指数的走势曲线和 ADR 曲线。ADR 的曲线大部分位于 0.5 ~ 1.5 间，这就是市场多空双方的平稳区域，只有当市场价格运动过于激烈时，ADR 才处于极端状态。当指数在点 A 创下新低 1043.02 时，对应的 ADR 值 A 便处于 0.5 线下，说明市场的下跌走过了头，可能会转折向上。更重要的是，ADR 在此处与指数的走势发生背离，显示了重要的买入信号。例如 1999 年 6 月份的 ADR 值，远远超越了 1.5 的极值位置，显示了市场所表现的罕见强度，说明指数上涨已经走过了头，有回调的强烈要求。

▲人气指标（OBV）

所谓人气，指投资者活跃在股市上的程度。如果买卖双方交易的情绪高，股价、股票成交量就上升，股市气氛则热烈，俗称人气旺。如果人气不旺，股价、股票成交量就下跌。可见，人气兴衰影响股价和股票成交量，而股价和股票成交量多少又可以反映人气溢衰的程度。

因此，利用股价和股票成交量的指标来反映人气的兴衰，就形成了指标 OBV。该指标的发明人是美国股票专家葛林维尔（Granvile）。

OBV 的计算公式很特殊，纯属是人为地规定将成交量分为正、负值来勾描人气兴衰，即：每天将股市收盘价与昨日股市收盘价相比，如今天收盘价高于昨日收盘价，则将今日成交量列为正值，反之列为负值。经过一段时间的累计正负值，则形成了 OBV 值。

现以深市 1995 年 4 月 25 日至 5 月 3 日为例，计算 OBV 值。

日期	收盘价	成交额（亿元）	OBV（累计成交额亿元）
4.25	127.76	2.16	2.16
4.26	123.11	–2.97	–0.18
4.27	118.26	–5.09	–5.9
4.28	121.27	+3.15	–2.75
5.2	119.87	–1.65	–4.4
5.3	118.85	–1.56	–5.96

以成交量为计算对象也可以。现以沪市 1995 年 4 月 24 日至 4 月 28 日为例计算 OBV，见表。

日期	收盘价	成交量（亿股）	OBV（累计成交量亿股）
4.24	610.73	0.98	0.98
4.25	619.84	+0.16	1.59
4.26	610.83	–0.94	0.65
4.27	573.31	–1.19	–1.26
4.28	579.93	+0.94	–0.32

从上面的两表可看出，人气对量价的影响很大。如 4 月 27 日，深市收盘价为 118.26，比昨日下挫了 4.85 点，沪市 27 日比 26 日下挫了 28 点。所以，人气滑落，OBV 成交量价都呈负值。第二天人气又渐恢复，所以，沪市股指较前日有所上升，OBV 负值也缩小。

OBV 是技术指标人为化的人气指标，因此，非常需要配合其他技术指标共同分析研判股市走势。

一般情况下，OBV 线下滑，而股价上升，说明买方力量薄弱，投资者应考虑卖出股票；如果 OBV 线上升，而股价下跌，表明逢低有人接盘，可以适当买进；如果 OBV 累计值由正值转为负值时，表明股市整体走势直滑，应卖出股票，反之则相反。如果 OBV 正负值转换频率高，投资者应注意观察股市此时的盘整行情，择机而动。

OBV 体现出了人气动向，可变量很大，人气难以维持很长的一段周期，因此，短期投资者应主要参考该指标，长期投资者不宜受 OBV 指标影响。

OBV 的运用。深股科技 A（0021）的价格走势曲线、成交量和 OBV 曲线。由于 OBV 的使用需要结合其他工具，我们给价格曲线加上 MA（5）、MA（10）和 MA（30）。注意在 1999 年 5 月份出现的上升趋势，该股票在创下 14.55 元的新低之后，反转向上，MA（5）和 MA（10）相继上穿 MA

（30），在 MA 的交叉方面构成了买入信号。在股价直冲 42.81 元近年新高之前的这段涨势中，OBV 曲线呈相应的上升势头，说明成交量支持该上升趋势的演绎，股价具有充足的上升动能。而在 42.81 元之后的价格运动中，OBV 呈现明显的回落势头。价格盘整的几个月时间里，OBV 曲线亦呈牛皮胶着状态，验证了市场暂时无明确方向感。

▲意愿指标（BR）

股市买卖气势是一个曲折的过程，不仅当日的最高股指、最低股指、开盘股指之间的差异比值重要，而且昨日的收盘股指与当日的最高股指、最低股指之间的差异比值也很重要。BR 指标走势，从而反映股指意愿。

$$BR=\frac{\sum(\text{今日最高股指}-\text{昨日收盘股指})}{\sum(\text{昨日收盘股指}-\text{今日最低股指})}\times 100\%$$

一般取 14 日或 26 日；

∑代表 14 天或 26 天内股指之差的总和。

现以沪市 1995 年 3 月 24 日至 4 月 28 日数字为例计算。现取 26 天股指，由上面的公式可得：

$$BR(26)=\frac{176.21}{237.46}\times 100\%=74.21\%$$

运用意愿指标的方法如下：

（1）必须配合其他技术指标共同分析股市走势。

（2）BR 指标如在 70% ~ 150% 范围内波动，表明股市处于调整期，此时投资者应以观望为主。

（3）BR 值趋近 300% 时，特别注意股价将反跌。投资者不可再追涨。BR 值低于 50% 时，股市反弹的可能性很大，投资者可逢低吸纳部分股票。

（4）BR 特别注意应和 AR 结合使用。如 BR、AR 均急跌，表明股价已提高到顶，反跌在即，投资者尽快出货。BR 比 AR 低，AR 小于 50，表明股价已跌到底部，投资者可吸纳低股。BR 急速高升，而 AR 处在盘整或小跌时，表明股价正在上升，投资者应尽快出货以获利。BR 大于 AR，又转为 BR 小于 AR 时，也可买进。如 BR 攀至高峰又以 50% 的跌幅出现时，投资者也可低价进货，待股价升高时再卖出。

BR 与 AR 结合使用的运用。深股茂化实华（0637）的日线图和 BR、

AR 走势曲线。当 AR 与 BR 同步走高时，对应的股价处于波峰位置点 A，由于 BR 值受到 150 度线附近的压力而高位钝化，显示涨势后劲不足。股价跌至点 B 处，相应的 AR 与 BR 值处于 70 度线平稳区下边沿，且 BR 下穿 AR，构成逢低买进的信号；当股价创新高至 C 时，BR 上穿 AR 急剧上升，AR 未能配合，说明涨势难以持久，后市果然回落；股价再次创新高（点 D）时，对应的 BR 与 AR 出现背离情形，并且各自达到 150 ~ 70 度线边缘，说明股价上升到点 D 之后上升趋势难以持久，股价随时有掉下来的可能。

▲乖离率（BIAS）

（1）乖离率分正乖离和负乖离。当股价在移动平均线之上时，其乖离率为正，反之则为负，当股价与移动平均线一致时，乖离率为 0。

（2）在弱势市场上，股价与 5 日移动平均线的乖离率达到 +6% 以上时，为超买现象，是卖出时机；当其达到 –6% 以下时为超卖现象，是买入时机。而在强势市场上，股价与 5 日平均线乖离率达 +8% 以上时为超买现象，是卖出时机；当其达到 –3% 以下时为超卖现象，是买入时机。

（3）在弱势市场上，股价与 10 日移动平均线的乖离率达到 +5% 以上时为超买现象，是卖出时机，当其达到 –5% 以下时为超卖现象，是买入时机。而在强势市场上，股价与 10 日移动平均线的乖离率达到 +6% 以上时为超买现象，是卖出时机，当其达到 –4% 以下时为超卖现象，是买入时机。

（4）对于个别股票，由于受多空双方激战的影响，股价和各种平均线的乖离率容易偏高，因此运用中要随之而变。

（5）当股价与平均线之间的乖离率达到最大百分比时，就会向零值逼近，有时也会低于零或高于零，这都属于正常现象。

（6）多头市场的暴涨和空头市场的暴跌，都会使乖离率达到意想不到的百分比值，但出现的次数极少，而且持续时间也很短，因此可以将其看做一种例外情形。

（7）在大势上涨的行情中，如果出现负乖离率，就可以在股价下跌时买进，此时损失的风险较小。

（8）在大势下跌的行情下，如果出现正乖离率，可以在股价上升时脱手卖出。

在分析和预测股价走势时，只用单一乖离率作为研判依据，有时会出现偏差。尤其是在极端行情中，乖离率所给出的逆势操作信号可能会出现一定的偏差。

▲顺势指标（CCI）

顺势指标专门测量股价是否已超出常态分布范围，属于超买超卖类指标中较特殊的一种，波动于正无限大和负无限小之间，但是，又不需要以0为中轴线，这一点也和波动于正无限大和负无限小的指标不同。

所谓超买超卖指标，顾名思义，“超买”，就是已经超出买方的能力，买进股价的人数超过了一定比例，那么这时候应该反向卖出股票。“超卖”则代表卖方卖股票卖过了头，卖股票的人数超过一定比例时，反而应该买进股票。这是一般常态行情，但是，如果行情是超乎寻常的强势，则超买超卖指标会突然间失去方向，行情不停地持续前进，投资者似乎失去了控制，对于股价这种脱轨的行为，CCI 指标提供了不同角度的看法。

有些投资者想在最安全的范围内买卖股票，但是对于部分富于冒险性、赌性投资者而言，他们宁可选择在高风险的环境下介入速度快、利润大的市场。CCI 正是根据这样需求而设计，专门对付极端的行情，而对于温和性的行情应避免使用此指标。

（1）CCI 从 +100 至 –100 的常态区，由下往上突破 +100 天线时，为买进时机。

（2）CCI 从 +100 天线之上，由上往下跌破天线时，为加速卖出时机。

（3）CCI 在常态区时，可参考其他指标决策，但 CCI 跌破 –100 时应坚决卖出。

▲逆势操作指标（CDP）

逆势操作指标属于一种极短线的操作方法，即当日内同时买进卖出。

其计算方法为：

1. 先计算 CDP 值（需求值）

$$CDP=(H+L+2C)\div 4$$

H 为前一日最高价、L 为前一日最低价、C 为前一日收市价。

2. 计算 AH、NH、NL、AL

AH（最高值）=CDP+（H–L）NH（近高值）=CDP × 2–L

AL（最低值）=CDP–（L–L）NL（近低值）=CD–P × 2–H

则此五个数值的排列顺序为（从最高到最低）：AH、NH、CDP、NL、AL。

找出这五个数值之后，即用前一天的行情波动来将今日的未来行情做一个高低等级的划分，分析者可利用这个高低区来判断当日的走势。研判的关键是开市价在 CDP 五个数值的哪个位置，因开市价通常由市场买卖双方心理预期合理价的折中后形成的，影响当天的走势。

1. 在波动并不很大的情况下，即开市价处近高值与近低值之间，通常交易者可以近低值的价位买进，而在近高值的价位卖出；或在近高值的价位卖出，近低值的价位买进。

2. 在波动较大的情况下，即开市价开在最高值或最低值附近时，意味着跳空开高或跳空开低，是一个大行情的发动开始，因此交易者可在最高值的价位去追买，最低值的价位去追卖。通常一个跳空，意味着一个强烈的涨跌，应有相当的利润。

3. 对于大涨大跌的行情，尤其是冲破阻力价和支撑位时，为避免轧空或横压，需设停损点，防止突发性利多或利空的影响。

4.CDP 最适合于上下振荡的盘局行情，选择高卖低买的区间赚取短线利润。

▲动向指标

动向指标分析中，最主要的目的是在于分析“上升方向线”“下跌方向线”和“动向平均线”等三条线之间的关系找出买卖信号，其主要的研判方法有以下几条：

1. 动向指数在应用时，主要是分析上升指标 +DI，下降指标 –DI 和平均动向指数 ADX 三条曲线的关系，其中 +DI 和 –DI 两条曲线的走势关系是判断出入市的信号，ADX 则是对行情趋势的判断信号。

2. 当图形上 +DI 从下向上递增，突破 –DI 时，表明市场上有新的多头进入，愿意以较高的价格买进，因此这种情形为买进信号。反之，当 –DI 从下向上突破 +DI 时，表明市场上有新的空头进入，因此这种情形为卖出信号了。但当走势出现牛皮盘档时，+DI 和 –DI 发出的买卖信号可视为无效。

3. 利用动向平均线值（ADX）分析行情趋势。当市场行情走势朝向单一方向发展时，不论是上升还是下跌，ADX 值都会逐渐地增加。也就是说，当 ADX 只持续上升时，我们可以判定此时的市场行情，维持在一个固定方向的变动趋势。特别是当 +DI 与 ADX 同向上升，或 –DI 与 ADX 同向上升时，表示当前趋势十分强劲。

4. 当走势呈牛皮状态，股价新高及新低频繁出现，+DI 和 –DI 愈走愈近反复交叉，ADX 也会出现递减。当 ADX 值降低至 20 天以下，且出现横向移动时，可以断定市场为牛皮市。此时趋势无一定动向，此时投资者应立即出场观望，不要再用“趋向指标”作为买卖交易的根据。

5. 利用 ADX 来研判行情是否到顶或到底。当 ADX 值从上涨高点转跌时，显示原有趋势和即将反转，如当前处于涨势，表示跌势临近，如当前处于跌势，则表示涨势临近。此时 ±DI 有逐渐靠拢或交叉之表现。ADX 在高点反转数值无一定标准，一般以高度在 50 以上转跌较为有效。观察时，ADX 调头向下，即为大势到顶或到底之信号。

6. 在动向指标中增添 ADXR 指标，能够扩充动向的指数的功能。ADXR 是 ADX 的“评估数值”，其计算方法是将当日的 ADX 值与 14 日前的 ADX 值相加后除以 2 得出。ADXR 的波动一般较 ADX 平缓，当 ±DI 相交发出买卖信号后，ADXR 又与 ADX 相交，则是最后的出入市机会，随后而来的行情较急，因此应立即采取行动。ADXR 还是市场的评估指标，当 ADXR 处于高位时，显示行情波动较大，当 ADXR 处于低档，则表明行情较为牛皮。

▲平滑异同移动平均线（MACD）

平滑异同移动平均线是根据移动平均线较易掌握趋势变动的方向之优点所发展出来的，它是通过对指数型平滑移动平均线 EMA 的乖离曲线（DIF）以及 DIF 值的指数型平滑移动平均线（DEA）这两条曲线走向之异同、乖离的描绘和计算，进而研判市势的一种技术方法。

EMA 是移动平均线中计算最为复杂的一种。EMA 加重了当前价格变化的影响，使移动平均线更加贴近价格曲线，能够改善移动平均线滞后性的弱点。DIF 的意义是两条移动平均线的乖离，即快速 EMA 减去慢速 EMA，它把两条移动平均线相互关系的趋向型指标变成为振荡型指标，DIF 以零值为轴心上下波动。

DEA 在振荡型指标图上再造出一条相对于快速线 DIF 的慢速线，以完善技术分析的手段。

MACD 再把 DIF 与 DEA 的乖离以柱线（HIS—Histogram）图形表示出来，更方便应用。

根据移动平均线的特性，在一段持续的涨势中短期移动平均线和长期移动平均线之间的距离将愈拉愈远，两者间的乖离越来越大，涨势如果趋向缓慢，两者间的距离必然缩小，甚至互相交叉，发出卖出信号。同样，在持续的跌势中，短期线在长期线之下，相互之间的距离越来越远，如果跌势减缓，两者之间的距离也将缩小，最后交叉发出买入信号。

在一般的情况下，快速 MA 一般选 5 日，慢速 MA 一般选 10 日，此时差离值（DIF）的计算为：

EMAn=（Pn × 2）÷（n+1）+〔EMAn−1 ×（n−1）÷（n+1）〕

式中 Pn 为当日收盘价、n 为移动平均线周期

EMAN 为第 n 日 EMA 值

DIF=EMA5−EMA10

至于差额（DIF）缩小到何种程度才真正是行情反转的信号，一般情况下，MACD 的反转信号为差离值的 9 天移动平均线，“差离平均值”用 DEA 来表示，其计算公式为：

DEAn=（DEAn−1 × 8+DIFn × 2）÷ 10

MACDn=（DIFn−MACDn−1）2 ÷ 10+MACDn−1

计算得出的 DIF 与 DEA 为正值或负值，因而形成在 0 轴线上下移动的两条快速与慢速线，为了方便判断常用 DIF 减去 DEA，可绘出柱状图。如果柱状图上正值不断扩大说明上涨持续，负值不断扩大说明下跌持续，只有柱状在 0 轴线附近时才表明形势有可能反转。

运用平滑异动移动平均线的方法如下：

1. DIF 向上突破 MACD 时为买进信号，DIF 向下跌破 MACD 时为卖出信号。

2. 0 轴以上：DIF 若下穿 DEA 为卖出信号；DIF 若上穿 DEA 为回档结束信号，也为买入信号，但适于空方平仓，多方新买单不适于入场。

3. 0 轴以下：DIF 若上穿 DEA 为买入信号；DIF 若下穿 DEA 为反弹结

束信号，也为卖出信号，但适于多方平仓，空方新卖单不适于入场。

4. 在持续的涨势中，5 日 MA 在 10 日 MA 之上，其间的正差离值（+DIF）会愈来愈大。反之，在跌势中，差离值（+DIF）会愈来愈大。所以当行情开始反转时，正或负差值将会缩小。即利用正负差离值与其 9 日平滑均线的相交点，作为判断买卖信号的依据。

5. 股价在盘整之时常会出现 DIF 与 MACD 交错，可以不必理会，只有在乖离率加大时方可视为盘整局面的突破。在高档区 DIF 二次以上下穿 DEA 可能大跌；低档区 DIF 二次以上上穿 DEA 可能大涨。这两处交叉若与价格走向相背离，则可信度极高。

6. 不管是从"差离值"的交叉还是从"差离值柱线"都可以发现背离信号的使用价值。所谓"背离"就是在 K 线图上出现一头比一头高的头部，在 MACD 的图形上却出现一底比一底低的头部；或相反，在 K 线图上出现一底比一底低，在 MACD 的图形上却出现一底比一底高，出现这两种背离时，前者一般为跌势信号，后者则为上升信号。

7.MACD 除了用来确认中期涨势或跌势之外，同时也可用来判别短期反转点。在图形中，可观察 DIF 与 MACD 两条线之间垂直距离的直线柱状体（其直线棒的算法很简单，只要将 DIF 线减去 MACD 线即得）。当直线棒由大开始变小，即为卖出信号，当直线棒由最小（负数的最大）开始变大，即为买进信号。因此我们可依据直线棒研判短期的反转点。

8. 股价出现两三个近期低点，而 MACD 并不配合出现新低点，可做多买入，反之则可做空卖出。

MACD 技术分析，运用 DIF 线与 MACD 线之相交形态及直线棒高低点与背离现象，作为买卖信号，尤其当市场股价走势呈一较为明确波段趋势时，MACD 则可发挥其应有的功能。但当市场呈牛皮盘整格局，股价不上不下时，MACD 买卖信号较不明显。此外当出现急升急跌行情时，MACD 由于来不及反映而出现信号滞后。所以用 MACD 作分析时，最好运用其他的技术分析指标为辅助工具，以便为买卖信号作双重的确认。

▲动量指标（MTM）

1.MTM 指标需配合其他技术指标共同研判股市走势。

2. 一般讲，股指上升，动量值会随之上升。但动量值有时反映出转机的迹象。如第 2 个周期 2 ～ 11，股指虽下探了 16.26 点，比前日跌了，但 MTM 却比前日上升了，达到 –21.53，较第一周期 –31.4 上升。这表明股市可能明日反弹。实践证明，第 3 个周期股指果然上升了 0.11 点，股市转机。但注意，MTM 又下降到 24.9，比前日下跌了，此时说明股市又要由升转降了。果然第 4 个周期，股指又下跌了 18.01 点，MTM 也随之下跌。到后日，即 4 月 27 日，因受谣言袭击，股市失态，股指重挫，这和正常的技术分析没关系，所以，MTM 也再次暴跌。但 4 月 28 日，谣言澄清，因此，股指再度上升，MTM 也上升。从以上分析得知，如果股市排除其他非技术影响，MTM 大体可反映出股市速度的快慢。

3.MTM 与 MA（移动平均线）配合使用效果较好。其主要方法是：在股指上升时，MTM 下降曲线与 MA 上升曲线相互交叉时，在交叉点处投资者应及时卖出股票。因为此时空方力量开始行动，再一味做多，将被套牢。在股指下降时，MTM 上升曲线与 MA 下降曲线相互交叉时，在交叉点处，投资者应大胆买进股票。因为此时空方力量减弱，如一再做空，将耽误时机失去买低价股票的机会。

4.MTM 与 MA 配合使用时，周期均定在 10 天。

▲成交量净额法（OBV）线

OBV 线亦称 OBV 能量潮，是将成交量值进行量化制成趋势线，配合股价趋势线，从价格的变动及成交量的增减关系，推测市场气氛。OBV 的理论基础是市场价格的变动必须有成交量配合，如价格的升降而成交量不进行相应的配合，则市场价格的变动难以继续。

OBV 线的基本理论基于股价变动与成交量值间的相关系数极高，且成交量值为股价变动的先行指标，短期股价的波动与公司业绩兴衰并不完全吻合，而是受人气的影响，因此从成交量的变化可以预测股价的波动方向。

逐日累计每日上市股票总成交量，当天收市价高于前一日时，总成交量为正值，反之，为负值，若平盘，则为零。将累计所得的成交量逐日连接成线，与股价曲线并列于一图表中，构成 OBV 线。

当日 OBV= 前一日的 IBV ± 今日成交量

1. 当股价上涨而 OBV 线下降时，表示能量不足，股价可能将回跌。

2. 当股价下跌而 OBV 线上升时，表示买气旺盛，股价可能即将止跌回升。

3. 当股价上涨而 OBV 线同步缓慢上升时，表示股市继续看好。

4. 当 OBV 线暴升，不论股价是否暴涨或回跌，表示能量即将耗尽，股价可能止涨反转。

5.OBV 线对双重顶（M 头）第二个高峰的确定有较为标准的显示，当股价自双重顶第一个高峰下跌又再次回升时，如果 OBV 线能随股价趋势同步上升，价量配合则可能持续多头市场并出现更高峰，但是相反的，股价再次回升时，OBV 线未能同步配合，却见下降，则可能即将形成第二个峰顶完成双重顶的形态，并进一步导致股价上涨反转回跌。

OBV 线能帮助确定股市突破盘局后的发展方向，并可以显示出市场内部主要资金的移动方向。

OBV 线系依据成交量的变化统计绘制而成，因此 OBV 线属于技术性分析与属于经济性的基本分析无关；OBV 线为股市短期波动的变化较为有效，但运用 OBV 线时应配合股价趋势进行综合的分析；此外 OBV 不能有效反映当期市场的转手情况。

▲振荡量指标（OSC）

振荡量是动量指标的另一表现形式，一般用百分比值来加以计算。其内涵是以当日收盘价除以 N 日前收盘价，再乘以 100。

在绘制图形时，以 100 为基准横轴。当动量值在 100 以上，是为多头市场倾向，100 以下则为空头市场倾向。

这个指标的计算公式为：

$$OSC=（当天收盘价\div N 天前收盘价）\times 100$$

（1）当 OSC 向上则表示强势，以 100 为中心线，由中心线下上穿大于 100 时为买入信号。

（2）当 OSC 向下则表示弱势，以 100 为中心线，由中心线上下穿小于 100 时为卖出信号。

（3）当股价创新高时，OSC 未能创新高，出现背离，表示头部形成。

（4）当股价创新低时，OSC 未能创新低，出现背离，表示底部形成。

▲运用心理线有何技巧?

1. 心理线百分比值超过 75 或低于 25 时，市场出现超买或超卖，价位回跌或回升的机会增加，此时应准备卖出或买进。百分比值在 25 ~ 75 区域内为常态分布。但在涨升行情时，应将卖点提高到 75 之上；在跌落行情时，应将买点降低至 25 以下。具体数值要凭经验和配合其他指标综合分析。

2. 一段上升行情展开前，超卖的最低点通常会出现两次；同样，一段下跌行情展开前，超买的最高点也会出现两次。在出现第二次超卖的低点或超买的高点时，一般是买进或卖出的时机。

3. 当百分比值降至 10 或 10 以下时，是真正的超卖，此时是一个短期抢反弹的机会，应立即买进。

4. 心理线主要反映市场心理的超买或超卖，因此，当百分比值在常态区域内上下移动时，一般应持观望态度。

5. 高点密集出现两次为卖出信号，低点密集出现两次为买进信号。

6. 心理线和 VR 配合使用，决定短期买卖点，可以找出每一波的高低点。

7. 心理线和逆时针曲线配合使用，可提高准确度，明确提出头部和底部。

▲变速率指标（ROC）

ROC 指标可以同时监视常态性和极端性两种行情，等于综合了 RSI、%R、KDJ、CCI 四种指标的特性。

ROC 也必须设定天线和地线，但是，却拥有三条天线和三条地线（有时候图形上只需画出各一条的天地线即可），和其他的超买超卖指标不同，而且天地线的位置既不是 80 和 20，也不是 +100 和 -100，它的天地线是不确定的。

ROC=（今天的收盘价 -12 天前的收盘价）/12 天前的收盘价

变速率指标的应用方法如下：

（1）ROC 波动于“常态范围”内，而上升至第一条超买线时，应卖出股票；下降至第一条超卖线时，应买进股票。

（2）当 ROC 向上则表示强势，以 100 为中心线，由中心线下上穿大于 100 时为买入信号；当 ROC 向下由表示弱势，以 100 为中心线，由中心线上下穿小于 100 时为卖出信号。

（3）ROC 向上突破第一条超买线后，指标继续朝第二条超买线涨升的可能性很大（属于中期多头市场），指标碰触第二条超买线时，涨势多半将结束；ROC 向下跌破第一条超卖线后，指标继续向第二条超卖线下跌的可能性很大（属于中期空头行情），指标碰触第二条超卖线时，跌势多半将停止。

（4）ROC 向上穿越第三条超买线时，属于疯狂多头行情，回档之后还要涨，应尽量不轻易卖出持股；ROC 向下穿越第三条超卖线时，属于疯狂空头行情，反弹之后还要跌，应尽量不轻易买进股票。

（5）当股价创新高时，ROC 未能创新高，出现背离，表示头部形成；当股价创新低时，ROC 未能创新低，出现背离，表示底部形成。

▲相对强弱指数（RSI）

相对强弱指数（RSI）是通过比较一段时期内的平均收盘涨数和平均收盘跌数来分析市场买卖盘的意向和实力，从而作出未来市场的走势。由于其理论和实践极其适合股票市场的短线投资，于是被广泛地运用于股价升跌的测量和分析中。

从经济学角度看，股市行情的变化量最终取决于供求关系，在一个正常的市场中，只有供求双方取得平稳，才能使价格稳定。投资者的买卖行为是各种因素在股市上的客观反映。RSI 指标就是根据供求平稳的原理测量股市买卖力量强弱程度的指标。计算时以买卖双方争斗结果的收盘价涨跌来评估市场上双方力量的强弱。

RSI=N 天内涨幅平均值 ÷（N 日内涨幅平均值 +N 日内跌幅平均值）× 100

N 取值一般为 5 天、10 天、15 天或 20 天不等。

实际运用中，根据股票价格波动的幅度和特性来决定周期。当价格变动幅度较大且涨跌变动较频繁时，取值应小一点；当价格变动幅度较小且涨跌变动不频繁时，取值应大一点。

运用相对强弱指数的方法如下：

（1）一般而言，RSI 掉头向下为卖出信号，RSI 掉头向上为买入信号。但应从整体作出综合判断。

（2）当 RSI 值高于 50 表示为强势市场，反之低于 50 表示为弱势市场。并且在上升到 80 以上或降到 20 以下时，通常会比 K 线提早出现顶或底的征兆，也就是说在 80 以上提前出现超买现象，在 20 以下提前出现超卖现象。

（3）每种类型股票的超卖超买值是不同的。牛市时通常蓝筹股的强弱指数若是 80 属超买，若是 30 属超卖；二三线股，强弱指数若是 85 至 90 属超买，若是 20 至 25 属超卖。在此基础上，股价易反复的股票超买数值可为 90 至 95，而超卖数值可为 10 至 15；而那些表现较稳定的股票，超买数值则较低为 65 至 70，超卖数值却为 35 至 40。

（4）RSI 的图形形态比 K 线图上所出现的图形形态更加清楚，如头肩顶底、三角形、双头、双底等，这样在图形上就比较容易判断突破点、买入点和卖出点。

（5）整理期间 RSI 值的底部逐渐抬高表明多头气盛，后势看涨；反之是多头气弱，后势看跌。

（6）当 RSI 同日线图出现背离信号后，表明了价格的虚涨（虚跌），通常是反转的前兆信号，和超买及超卖一样，背离走势并不构成实际的卖出信号，它只是说明市场处于弱势。

（7）RSI 的 N 值越大趋势感越强，反应越滞后称为慢速线；N 值越小对变化越敏感，但易产生飘忽不定的感觉称为快速线。因此，可将慢速线与快速线比较观察，若两线同向上，升势较强；若两线同向下，跌势较强；若快速线上穿慢速线为买入信号；若快速线下穿慢速线为卖出信号。

相对强弱指数能显示市场超卖和超买，预期价格将见顶回软或见底回升等，但 RSI 只能作为一个警告信号，并不意味着市势必然朝这个方向发展，尤其在市场剧烈振荡时，超卖还有超卖，超买还有超买，这时须参考其他指标综合分析，不能单独依赖 RSI 的信号而作出买卖决定。

RSI 在 80 以上或 20 以下时，会出现钝化现象。背离走势的信号通常都是事后历史，而且有背离走势发生之后，行情并无反转的现象，而有时背离一两次才真正反转，因此这方面研判须不断分析历史资料加以提高经验。

▲抛物线转向指标（SAR）

抛物线转向（SAR）也称停损点转向，是利用抛物线方式，随时调整停损点位置以观察买卖点。由于停损点经弧形的方式移动，故称之为抛物线转向指标。

（1）先选定一段时间判断为上涨或下降。若是看涨，则第一天的 SAR

值必须是近期内的最低价；若是看跌，则第一天的 SAR 须是近期的最高价。

（2）第二天的 SAR，则为第一天的最高价（看涨时）或是最低价（看跌时）与第一天的 SAR 的差距乘上加速因子，再加上第一天的 SAR 就可求得。

（3）每日的 SAR 都可用上述方法类推，归纳公式如下：

$$SAR=SARn-1+AF(EPn-1-SARn-1)$$

SARn 为 N 日的 SARn 值，SARn–1 即第 N–1 日之值。

AF 为加速因子，第一次取 0.02，假若第一天的最高价比前一天的最高价还高，则加速因子增加 0.02，若无新高则加速因子沿用前一天的数值，但加速因子最高不能超过 0.2。反之，下跌也类推。

EP 为极点价，若是看涨一段期间，则 EP 为这段期间的最高价，若是看跌一段时间，则 EP 为这段期间的最低价；EPn–1 为第 N–1 日的极点价。

在看涨期间，计算出某日的 SAR 比当日或前一日的最低价高，则应以当日或前一日的最低价为某日之 SAR；在看跌期间，计算某日之 SAR 比当日或前一日的最高价低，则应以当日或前一日的最高价为某日的 SAR。

抛物线转向指标的应用方法如下：

（1）买卖的进出时机是价位穿过 SAR 时，也就是向下跌破 SAR 便卖出，向上越过 SAR 就买进。

（2）在动向指标 DMI 确认市场为有趋势市场时，SAR 指标发生的买入卖出信号其技术上的可信度才会较高。

该指标操作简单，买卖点明确，出现信号即可进行；SAR 与实际价格、时间长短有密切关系，可适应不同形态股价之波动特性。但存在计算与绘图较复杂，在横盘中易出现误信号的不足。

▲威廉变异离散量（WVAD）

此指标是一种将成交量加权的量价指标，其主要的理论精髓，在于重视一天中开盘到收盘之间的价位，将此区域之上的价位视为压力，区域之下的价位视为支撑，求取此区域点当天总波动的百分比，以便测量当天的成交量中有多少属于此区域。

如果区域之上的压力较大，将促使 WVAD 变成负值，代表卖方的实力强大，此时应该卖出股票。如果区域之下的支撑较大，将促使 WVAD 变成正值，代表买方的实力雄厚，此时应该买进股票。

W=（收盘价 – 开盘价）÷（最高价 – 最低价）× 成交金额

而 WVAD 值为一个周期内每一天 W 值的总和，周期可为 5 天、10 天。

当 WVAD 由负值变成正值的一刹那，视为长线的买入点。

当 WVAD 由正值变成负值的一刹那，视为长线的卖出点。

威廉变异离散量的应用方法如下：

（1）威廉指数与强弱指数、随机指数等指数不同。威廉指数的值越小，市场买气越重；反之其值越大，市场卖气越浓。

（2）当 %R 线达到 80 时，市场处于超卖状况，股价走势随时可能见底。因此，80 的横线一般称为买进线，投资者在此可以伺机买入；相反，当 %R 线达到 20 时，市场处于超买状况，走势可能即将见顶，20 的横线被称为卖出线。

（3）%R 从超卖区或超买区向下或向上运动时，表示行情趋势可能转向。一般情况下，当 %R 向下跌破 50 中轴线时，市场由弱转强，是买进信号；相反，当 %R 从超买区向上突破 50 中轴线后，可以确认强势转弱，是卖出信号。

（4）由于股市气势的变化，超买后还可再超买，超卖后亦可再超卖，因此，当 %R 进入超买或超卖区，行情并非一定立刻转势。只有确认 %R 线明显转向，跌破卖出线或突破买进线，方为正确的买卖信号。

总体而言，使用威廉指数作为测市工具，既不容易错过大行情也不容易在高档被套牢。但由于该指标的敏感性较强，在操作过程中如果完全按其信号入市，未免过于频繁，因此在实际操作过程中，最好能结合相对强弱指数等较为平稳的技术指标，以便发挥二者的互补功能，这对大市研判极有好处。

第五节　股票价格反转形态分析

▲形态分析方法的特点

形态分析在技术分析中有非常长的历史，并占有非常重要的位置，是技术分析中最经典的组成部分。形态分析是股价在走势中，形成了一种固定的形态，如W底和头肩顶等。当某种固定的形态走出来时，股价将向一个固定的方向运行，投资者可以根据这种形态作出判断，来指导自己的操作。由于形态经过了长期形态分析者的统计和市场的检验，具有非常高的概率和非常强的实战指导性。因此，形态分析也成为技术分析者首先要掌握的一种技术分析方法。

1. 形态的典型性

形态学中有多种形态，如三角形、圆底、M头等。这些形态的出现都非常典型，简单易懂，容易理解，便于投资者掌握。

2. 形态的周期性

一种典型的形态经过一段时间后，又重复出现，而当它重复出现时将反映市场又处于相同的情况。投资者如果掌握这种形态，便可以采取相同的操作策略。

3. 形态的可靠性

一种形态出现时，往往反映出一种相同的因果关系，相同的原因产生相同的后果，相近的原因产生相近的后果。如果符合形态规定的标准，那么形态的可靠性非常强。因此，具有较强的可操作性。

4. 形态的标准性

每一种形态都有它固定的标准和要求，只有当形态符合这些标准和要求时，它的可靠性才强；如果不符合形态的标准要求，特别是关键的要求，此形态不能得到确认，将没有可操作性。

5. 形态分析要结合成交量

成交量在形态分析中占有非常重要的位置，尤其在关键位置形态是否成立，很多情况都要依成交量来判断，特别是在向上突破时。因此，在形态分析中，要结合成交量的变化。

▲圆形反转

圆形反转又分为圆形底反转和圆形顶反转。

圆形底反转这种反转形态往往出现在优质股上，其成交量在底部时不大，一旦股价上升的力量形成后，成交量就会大幅度增加，买盘强劲将股价拉上。这是因为当优质股的价格下跌时，卖方开始惜售，而买方犹豫观望，于是股价在低价位呈现延伸性的平底争持盘局。一旦股价有了上升的征兆，买方就不再犹豫，以致价格腾涨，造成圆形底的股价走势。

圆形顶的情况正好与圆形底相反，股票的价格先是上涨，成交量也随着增加，但在接近顶部的高价位时，交易量就日趋减少。由于卖方在高价位抛售而形成股价下跌的反转行情。

▲三角形反转

常见的三角形反转图形有对称三角形、上升三角形和下降三角形。

在股价形成对称三角形的过程中，由于买卖双方势均力敌，并对股价的变化持观望态度，其成交量会比较低，但一旦突破上斜边并产生上涨的反转行情之后，成交量将会增大。

在上升三角形的反转形态中，买盘的力量逐渐加强，虽然最高价没有突破水平上限，但最低价已日趋上升。一旦股价突破三角形的上限，并有较大的成交量与之配合，这就预示着股价会出现突破性的上升行情，股民可以买进。

在下降三角形的反转形态中，卖盘的力量逐渐加强，虽然最低价没有突破水平下限，但最高价已日趋下降。在买卖双方争持的过程中，成交量不大，即使突破了下跌的底价，成交量也不会大量增加，只是在刚突破底价的一段短时间内有所增加，并马上减弱。否则的话，如有大量成交量的支撑，股价就有可能出现反弹。因此，如果股价一旦突破了下跌的底价，投资者应抓住时机卖出。

▲矩形反转

股价矩形反转走势是当股价维持在某段价位之间变动时，买卖双方势均力敌，但当股价突破矩形的界限而上涨时，必伴随有较大的交易量。

▲楔形反转

楔形反转包括上升的楔形和下降的楔形。

上升楔形的价格界限是两条上升的直线。其顶价连线的斜率小于低价连线的斜率，在楔形范围内，买卖双方价位呈现拉锯式的变化，一旦股价突破楔形的顶价连线，并伴随有较大的成交量，就会出现反转的局面。

下降楔形的形态形成与上升楔形类似。

▲双重底反转

双重底也称“W底”，是指股票的价格在连续两次下跌的低点大致相同时形成的股价走势图形。两个跌至低点的连线叫支撑线。

“双重底”图形的特点是，两个低价支撑点位置相当，而且整个股价走势中，股价的变动与成交量的变动向同一方面变化。

▲双重顶反转

双重顶图形也叫“M头”图形，是股票价格连续两次上升所到达的高度大致相同时形成的股价走势图形。

“双重顶”的图形中，当股价达到第二个顶峰时，其成交量往往比第一个顶峰时少，这表明，股价已经达到了相当的高度，大的股价滑跌可能就要开始。

▲头肩顶反转

股价经过长时期上升，遇到获利回吐压力后回跌一段，形成左肩部，此时买盘入场，将股价再次推高并超过前面的高价位，再次遇到获利盘的压力，跌到左肩的较低价位，形成头部，这时多方促使股价回升的努力已经没有大成交量的配合，涨势变弱，在接近左肩的高度附近迅即下跌，形成右肩部，若股价下跌超过颈线位3%，则可确认后市必为下跌趋势，其最低跌幅为头尖顶至颈线的距离。

▲头肩底反转

头肩底反转和头肩顶的形状一样，只是整个形态倒转过来而已，又称“倒转头肩式”。股价经过长期下跌后，成交量明显减少，股价走缓并略有反弹，成交量略有增加，形成左肩。紧接着继续下跌探底，遇到多方反攻，成交量迅速放大，股价回升超过左肩低价位，形成头肩底，又再次回档下探，形成另一个底部即右肩，此底部不低于头肩底。此后多方反攻，在大成交量的配合下将股价拉起，如股价上升超过颈线位3%则可确认后市的上升走势，其股价上升的最小幅度为底至颈线的股价垂直距离。头肩底也就是过去的长期性趋势已扭转过来，股价一次再一次的下跌，第二次的低点（头部）显然较先前的一个低点为低，但很快地掉头弹升，接下来的一次下跌股价未跌到上次的低点水平已获得支持而回升，反映出看好的力量正逐步改变市场过去看淡的形势。当两次反弹的高点阻力线（颈线）打破后，显示看好的一方已完全把对方击倒，买方代替卖方完全控制整个市场。头肩底形态在K线分析中占有相当重要的地位，一个真正完善有效的形态形成之后，能量是相当巨大的。能够正确认识到“头肩底”形态并及时介入的投资者，获利也是相当丰厚的。

▲菱形形态

菱形是一种复杂形态，是市场中一种并不多见的形态。如果把一个向外扩散的三角形和一个正三角形结合到一块，就是一菱形。

由于菱形并不常见，因此在市场中一般投资者很难看懂这种形态，即使是专业投资者也常被这种奇怪形态所困扰。

但是投资者要充分注意，一旦大家都不熟悉的形态出现，相当于市场在出奇招怪招，目的就是让投资者看不懂，模糊投资者的视线，干扰大众的思维，庄家达到出奇制胜的目的。因此奇怪的形态一旦出现，背后将可能有一个大阴谋。

菱形形态作为一个头部形态出现时，将有巨大的杀伤力，这种杀伤力并没有明确的可度量性；当菱形形态作为底部形态出现时，上涨的幅度也可能非常大；当然菱形也可以作为中途的整理。

▲三重顶（底）反转

三重顶是一种比较少见的转势形态，其形态过程近似于头肩顶，只是其中三个波峰都处于同价格水平，每个上冲形成波峰的过程，都伴随了成交量的萎缩。三重顶只有两个浪谷连接而成的支撑位被击穿后，才得以最终完成。由于三重顶基本上可属于头肩顶的变异，那么在测算它的价格目标时，也可以采用头肩顶的价格目标测量办法，即从三重顶到两个浪谷连接而成的那条支撑线的垂直高度，就是市场向下突破后的最小运动目标。

▲圆弧顶（底）反转

随着股价逐渐被打低，空方能量消耗极大，多空双方进入对峙阶段，此时股价走势平稳，成交量萎缩。继而多方逐步反攻，伴随着成交量的放大，股价逐步上升，连续突破三条移动平均线的压力，并创出近期新高，说明多方已占据主导优势股价后市必将上涨。这样把短期高点连接起来，就形成一圆弧顶。

圆弧底顾名思义是指 K 线连线呈圆弧形的底部形态，与“潜伏底”相似之处在于同样常出现于交投清淡的个股中，耗时几个月甚至更久，因此具有相当大的能量，这种底部通常是中长期底部。股价上升趋势逐渐减缓，K 线组合呈平滑的弧形，这种圆弧顶出现在高价位区为转势下跌图形。

1. 股价从高位跌下来，卖方的势力逐步减弱，主动性抛盘减少，买方力量畏缩不前，于是成交量随着股价下跌持续下降。

2. 股价虽然继续下跌，但买卖双方都已接近精疲力竭，所以股价跌幅越来越小，直至水平发展，同时成交量也极度萎缩。

3. 当股价跌至极低位时，开始有主力机构或先知先觉者入场悄悄收集，多方力量渐渐增强，股价及成交量缓缓上扬。

4. 最后，收集完成，买方势力完全控制市场，股价迅速攀升，因为底部耗时长，换手充分，所以向上突破后，卖方无力抵抗，往往无须回档，短期升幅相当惊人。

圆弧顶走势与圆弧底相反，出现在高价区，是下跌浪的开始。有几点需要特别注意：

1. 圆弧顶常出现于绩优股中，由于持股者心态稳定，多空双方力量很难出现急剧变化，所以主力在高位慢慢派发，K 线形成圆弧。

2. 在顶部形成过程中，成交量巨大而不规则，常常在股价上升时成交量增加，在上升至顶部时反而显著减少，在股价下滑时，成交量又开始放大。

3. 在圆弧底末期，股价缓慢盘跌到一定程度，引起持股者恐慌，会使跌幅加剧，常出现跳空缺口或大阴线，此时是一个强烈的出货信号，应果断离场。

圆弧顶的投资技巧

1. 正确识别圆弧底：

（1）在刚刚经过底部的中点时，某日成交量突然放大，股价蹿升，但很快又恢复到平缓的上升趋势中。

（2）在形态形成的结束位置会出现一个平台，随后平台被突破，大幅上升行情开始。

2. 选择最佳买入时机：首先，在买入之前必须确认成交量的底部已形成；其次，要在连续几日温和放量收阳线之后；另外，如果在圆弧底形成末期出现整理平台，则应在成交量萎缩至接近突破前成交量水平时及时抢进。

3. 经过一段买方力量强于卖方力量的升势之后，买方趋弱或仅能维持原来的购买力量，使涨势缓和，而卖方力量却不断加强，最后双方力量均衡，此时股价会保持没有升落的静止状态。如果卖方力量超过买方，股价就回落，开始只是慢慢改变，跌势不明显，但后期则由卖方完全控制市场，跌势便告转急，说明一个大跌市即将来临，未来下跌之势将转急转大，那些先知先觉者在形成圆形顶前离市，但在圆形顶完全形成后，仍有机会撤离。

要点提示：

1. 有时当圆形头部形成后，股价并不马上下跌，只反复向横发展形成徘徊区域，这徘徊区称作碗柄。一般来说，这碗柄很快便会突破，股价继续朝着预期中的下跌趋势发展。

2. 圆形反转在股价的顶部和底部均会出现，其形态相似，意义相反。

在底部时表现为股价呈弧形下跌，初时卖方的压力不断减轻，于是成交量持续下降，但买入的力量仍畏缩不前，这时候股价虽是下跌，然而幅度缓慢和细小，其趋势曲线渐渐接近水平。在底部时买卖力量达到均衡状态，因此仅有极少的成交量。然后需求开始增加，价格随着上升，最后买方完全控制市场，价格大幅上扬，出现突然性的上升局面。

成交量方面，初时缓慢地减少到一个水平，然后又增加，形成一个圆底形。这形态显示一次巨大的升市即将到临。投资者可以在圆形底升势转急之初追入。

第六节　股票价格整理形态分析

▲尖旗形整理

尖旗形是由两条收敛的直线组成，其形状像一个细长的三角形。在股价上涨的尖旗形盘局中，其旗帜是下倾的；在股价下跌的尖旗形盘局中，其旗帜是上扬的。

股价在整理期间的变化幅度日益缩小，这表示买卖双方的犹豫和成交量的大幅度降低。但当股价突破界限后，成交量又会重新大幅度增加。

▲扇形整理

扇形整理形态是连接圆形的上升和下降趋势而产生的。它可分为上升的扇形和下降的扇形两种。

在上升的扇形中，当股价在每个圆形底部下跌时，交易量也降低。随着股价在每个圆形的后期的上升，其交易量也随之上升。圆形中的股价上升价位通常要比原先开始下跌的价高些，成交量也会多些。新的圆形的底价要比前一个圆形的底价要高。新的圆形的顶价也要比前一个圆形的顶价要高。于是股价在各个圆形的连接中，逐个往上递增，形成上涨的走势。

下降的扇形是由两个以上的圆形顶连接而成的。其股价的总体趋势是下跌的。

▲方旗形整理

方旗形是股价走势的一种重要的整理形态。它表示股价在某段时间内在一个平行四边形中变动。股票在整理期间的交易量通常是减少的。但一旦破盘整理形态后，股票的成交量通常都会上升。方旗形走势可分为上升方旗形和下降方旗形。

▲矩形整理

矩形是股价由一连串在两条水平的上下界线之间变动而成的形态。股价在其范围之内出现上落。价格上升到某水平时遇上阻力，掉头回落，但很快地便获得支持而升，可是回升到上次同一高点时再一次受阻，而挫落到上次低点时则再得到支持。这些短期高点和低点分别以直线连接起来，便可以绘出一条通道，这条通道既非上倾，亦非下降，而是平行发展，这就是矩形形态。

矩形整理的市场特征：

矩形为冲突形，是描述实力相当的争战双方的竞争。这种形态表明，好战双方的力量在该范围之间完全达到均衡状态，在这段期间谁也占不了谁的便宜。看好的一方认为其价位是很理想的买入点，于是股价每回落到该水平即买入，形成了一条水平的需求线。与此同时，另一批看淡的投资者对股市没有信心，认为股价难以升越其水平，于是股价回升至该价位水平，便即沽售，形成一条平行的供给线。从另一个角度分析，矩形也可能是投资者因后市发展不明朗，投资态度变得迷惘和不知所措而造成。所以，当股价回升时，一批对后市缺乏信心的投资者退出；而当股价回落时，一批憧憬着未来前景的投资者加进，由于双方实力相当，于是股价就来回在这一段区域内波动。一般来说，矩形是整理形态，市道牛皮上落，顺升市和跌市中都可能出现，长而窄且成交量小的矩形在原始底部比较常出现。突破上下限后有买入和卖出的信号，涨跌幅度通常等于矩形本身宽度。

要点提示：

1. 矩形形成的过程中，除非有突发性的消息扰乱，其成交量应该是不断减少的。如果在形态形成期间，有不规则的高成交出现，形态可能失败。当股价突破矩形上限的水平时，必须有成交量激增的配合；但若跌破下限水平时，就不需高成交量的增加。

2. 矩形呈现突破后，股价经常出现反抽，这种情形通常会在突破后的三天至三星期内出现。反抽将止于顶线水平之上，往下跌破后的假性回升，将受阻于底线水平之下。

3. 一个高、低波幅较大的矩形，较一个狭窄而长的矩形形态更具威力。

▲旗形整理

旗形的形态就像一面挂在旗杆顶上的旗帜，通常在急速而又大幅的市场波动中出现，股价经过一连串紧密的短期波动后，形成一个稍微与原来趋势呈相反方向倾斜的长方形，这就是旗形。旗形又可分作上升旗形和下降旗形。

上升旗形的形成过程是：股价经过陡峭的飙升后，接着形成一个紧密、狭窄和稍微向下倾斜的价格密集区域，把这密集区域的高点和低点分别连接起来，就可以画出两条平行而又下倾的直线，这就是上升旗形。

下降旗形则刚刚相反，当股价出现急速或垂直的下跌后，接着形成一个波动狭窄而又紧密、稍微上倾的价格密集区域，像是一条上升通道，这就是下降旗形。成交量在旗形形成过程中，是显著地渐次递减的。

市场特征：

旗形经常出现于急速上升或下降的行情中途，在急速的直线上升中，成交量逐渐增加，最后达到一个短期最高纪录，早先持有股票者，已因获利而卖出，上升趋势亦遇到大的阻力，股价开始小幅下跌，形成形态。不过大部分投资者对后市依然充满信心，所以回落的速度不快，幅度也十分轻微，成交量不断减少，反映出市场的沽售力量在回落中不断地减轻。经过一段时间整理，到了旗形末端股价突然上升，成交量亦大增，而且几乎形成一条直线。旗形形成时移动速度一样急速上升。这是上升形成的旗形。

在下跌时所形成的旗形，其形状为上升时图形之倒置，在急速的直线下降中，成交量增加达到一个高点，然后有支撑反弹，不过反弹幅度不大，成交量减少，股价小幅上升，形成形态，经过一段时间整理，到达形态末端，股价突然下跌，成交量大增，股价续跌。

以上分析可见，旗形是个整理旗形。即旗形完成后股价将继续原来的趋势方向移动，上升旗形将有向上突破，而下降旗形则是往下跌破。上升旗形大部分在牛市第三期中出现，因此旗形暗示升市可能进入尾声阶段；下降旗形大多在熊市第一期出现，显示大市（或股价）可能作垂直式的下跌。因此这阶段中形成的旗形十分细小，可能在三四个交易日内已经完成，如果在熊市第三期中出现，旗形形成需要较长的时间，而且跌破后只作有限度的下跌。

旗形形成可量度出最少升 / 跌幅。其量度的方法是突破旗形（上升旗形和下降旗形相同）后最少升 / 跌幅度，相等于整支旗杆的长度。至于旗杆的长度是形成旗杆的突破点开始，直到旗形的顶点为止。

需提示注意以下几点：

1. 这旗形必须在急速上升或下跌之后出现，成交量则必须在形成旗形期间不断地显著减少。

2. 当上升旗形往上突破时，必须要有成交量激增的配合；当下降旗形向下跌破时，成交也是大量增加的。

3. 在旗形形成中，若股价趋势形成旗形而其成交量为不规则或很多又非渐次减少的情况时，下一步将是很快的反转，而不是整理。即上升旗形往下突破而下降旗形则是向上升破。换言之，高成交量的旗形形成市况可能出现逆转，而不是个整理旗形。因此，成交量的变化在旗形走势中是十分重要的，它是观察和判断旗形真伪的唯一方法。

4. 股价应在四周内向预定的方向突破，超出三周时，就应该特别小心，注意其变化。

▲上升（下降）楔形整理

楔形系股价在两条收敛的直线中变动，但与三角形有所不同，此两条收敛的直线同时向上或向下倾斜。楔形又可分为上升楔形和下降楔形。

形态特征：

上升楔形指股价经过一次下跌后产生强烈的技术性反弹，价格升至某一价位又掉头回落，但回落点比前次低点高，随后反弹的高点又比前次的高点高，从而形成一浪高过一浪的走势。把短期高点和短期低点分别相连形成两条向上倾斜收敛的直线，并且下面一条直线明显要比上面一条陡峭。

在上升楔形中，股价上升卖出压力虽然不大，但多方实力却逐渐减弱，股价上升的幅度也明显减弱，最后完全消失，股价便反转回跌。因此，上升楔形表示一个技术性含义渐次减弱的情况，上升楔形是一个整理形态。

下降楔形则与之相反，高点一个比一个高，低点也一个比一个低，形成两条同时下倾的收敛斜线，其上面的直线要明显比下面直线陡峭。

下降楔形主要源于一种获利回吐。虽然下降楔形的支撑线往下倾斜，似乎说明市场的承接力量不强，但每次的回落浪呈现一种逐渐减少的趋势，说明空方力量正在减弱中，加上成交量在此阶段中的减少，可证明市场卖压已经减小。

形态判别要点：

两种楔形的成交量变化和三角形一样，都是越接近端部成交量越少。

楔形上下两条线必须明显地收敛于一点，如果形态太过宽松，形态的有效性便需要进一步的考察。一般来说楔形需要两个星期以上时间完成。

股价在楔形形态内做有限的上下波动，一般较为有效的突破点是由第一个低（高）点开始到楔形顶点之间距离的 2/3 处。

形态对策精解：

上升楔形常在跌市中回升阶段出现，显示尚未跌见底部，此形态仅为跌后技术性的反弹，当其下限被跌破后，便发出了一个明确的卖出信号。上升楔形的下跌幅度至少要将最近一次上升的价格跌尽。

下降楔形通常在中、长期牛市的回落调整阶段中出现。下降楔形的出现表明牛市尚未见顶。这只不过是长期攀升之后的一种正常调整现象。一般来说，形态大多是向上突破，当其突破阻力位时，就是发出了一个买入信号。

上升楔形多数选择向下突破，但若一旦向上突破，且配有成交量的明显放大，形态可能出现变异，形成一条上升通道。这时候我们应该及时调整原来看空的看法，关注即将形成的上升通道，择机介入。

同样，倘若下降楔形不升反跌，跌破下限支持，形态可能改变形成一条下降通道，这时应作出离场观望的选择。

下降楔形和上升楔形有一点明显不同之处，上升楔形在跌破下限支持后经常会出现急跌；但下降楔形往上突破阻力后，可能会横向发展，形成徘徊状态或圆状，成交量仍然十分低沉，然后才慢慢开始上升，成交量也会随之增加。这种情形的出现，股民们可待股价打破徘徊闷局后才考虑跟进。

▲什么是岛形整理?

在上升趋势中出现跳空缺口，并在较高的价格水平上进行徘徊，然后价格又以缺口方式回调到形成前期缺口的股价附近。两次跳空缺口在高位留下一段类似于岛屿的图形，成交量在形成岛形期间也呈现得十分巨大。如果将股价上下颠倒便形成了下跌过程中的岛形形状了。

岛形整理的形态特征：

股价的不断攀升，使多方有一种急切入市的愿望，因此出现不计成本抢夺筹码的现象，从而形成一个上升缺口。但股价却没有像预期的那样承接跳空缺口继续向上，并呈现出较大的抛压，经过一段短时间的争执后，股价终于无法在高位支持，而缺口下跌。

在岛形前出现的缺口为消耗性缺口，其后在反方向移动中出现的缺口为突破性缺口。这情形是以缺口填补缺口，因此缺口已是被完全填补了。

形态判别要点：

两个缺口在很短时间内先后出现，最短的时间可能只有一个交易日，亦可能长达数天至数个星期左右。

形成岛形的两个缺口一般应在相近的价格范围之后。

形态对策技巧：

岛形经常在长期或中期性趋势的顶部或底部出现。当上升趋势中明显的岛形出现之后，便发出了一个明确的卖出信号；反之下跌过程中出现此种信号则可以考虑择机跟入。

▲碟形整理

碟形的股价与成交量变动情形和圆形反转形态差不多，只不过是将一系列的圆形形态进行连接而成。但是有所区别的是后一个圆形的平均价格要比前一个高出一些。

碟形整理的形态特征：

碟形是一种步伐比较稳健的图形走势，股价每次有一定升幅之后便会遇到获利回吐的压力。但由于回吐的压力不强，因此当成交量减少到一个低点时，另一次上攻又会展开，股价如此反复地移升上去形成碟形形态。

形态判别要点：

当碟形走势可以肯定时，股价波动的形式将会一直持续，直到图表上出现其他形态为止。

碟形一个完整的形态过程其右端的高点到底部的价差为 20% ~ 30%。碟形所需的时间往往在 5 ~ 7 周之间，且很少短于 3 周，因此整个上升过程显得稳健而缓慢。

形态对策技巧：

这是一个上升形态，每一个圆形的底部都是一个理想的买入点。

从该形态的成交量可以发现，大部分投资者都在股价上升时购入；但当股价回落时，他们却表现出信心不足。其实在此形态形成的过程中投资者可以选择成交量最低沉时跟进。

第六章
Chapter6

新股民如何学会看盘

第一节　看盘基础

▲学会看证券公司里的大盘

股民们进入各个证券公司里，最引人注目的就要数显示股价的屏幕了，除了少数公司用的是显示器外，大多数公司用的都是挂在墙上的大型彩色显示屏幕。其结构虽然各不相同，但主要内容都差不多，一般都称之为大盘。也有时把整个股市总的行情也称为大盘，而把当前申请买股票的总数和卖股票的总数分别叫做买盘和卖盘，股票一天买卖的开始和结束分别称之为开盘和收盘。在大盘上面显示的主要有股票代码、股票名称、前收盘价、今开盘价、最高价、最低价、最新价、买入价、卖出价、现手、总手、总额、涨跌等。

这些名词的意义是：

1. 前收盘价：是前一天最后一批交易的成交价格。

2. 开盘价：是今天第一批交易的成交价格。

3. 最高价、最低价：分别是今天开盘以来有过的最高和最低的成交价格。

4. 最新价：是刚刚成交的一批交易的成交价格。

5. 买入价：是当前愿意买入人出的最高价。

6. 卖出价：是当前愿意卖出人出的最低价格。

7. 现手：是说刚才成交的这一批交易的交易量的大小。因为股票交易的最小单位是手，1 手是 100 股。所以，衡量交易量的大小时常用手数代替股数。

8. 总手：是今天开盘以来该股交易的所有手数之和。

9. 买手：是比最新价低 3 个价位以内的买入手数之和的数量。

10. 卖手：是比最新价高出 3 个价位以内的卖出手数之和的数量。

11. 总额：是今天开盘以来该股交易的所有金额之和。

12. 股价的涨跌：是指现在的最新价和前一天的收盘价相比，是涨还是跌了。它有两种表示方法，一种是直接标出涨跌的钱数，一种是给出涨跌幅度的百分数。一般在一个屏幕上只有一种数字，有的公司里的显示屏上给出的是绝对数，有的公司里的显示屏给出的是相对数，这样，若想知道另一个数字时就要通过计算了。

各个营业部或各个交易软件里的显示屏幕不尽相同，一般来说，只能显示出上面这些内容的一部分。用红色表示涨，绿色表示跌，黄色表示不涨不跌，这里的涨和跌都是和前一天的收盘价相比较而言。

▲怎样看走势图

通过电脑或手机上网，人们不仅可以随时看到股价的变化，而且还可以把这种变化用生动直观的图表示出来。

▲分时走势图

分时走势图是投资者实时看盘的重要工具。将当天开市到收市期间的所有交易情况用图表来表示。从图上投资人可以更方便地看股价走势的变化和趋势。无论采用哪种分析系统，基本上图表的中轴线是以昨日收市价格（昨收）为界，计算股价涨幅是根据昨日收盘价为计算基础，高于昨收为涨，低于昨收为跌。幅度是用百分数来表示的；图的下端是成交量图，每根细直线表示每分钟成交量的值，以手为单位，图的右端是个股的买卖图和各种报价资料与价量分时表。从买卖图中可看出盘口的变化。

用一个直方图来表示委买委卖盘图，绿色条图表示卖盘，红色条图表示买盘，一幅图胜过千言万语，投资人从条图的长短上即可判断出“盘口”的变化。如绿色值大的条图表示卖盘强，反之如红色值大的条图表示买盘强。差值大表示买入委托比卖出委托多，买气大于卖气。均价是一个重要的实时数据。一旦股价在均价上面则表示强势，反之则为弱势。

外盘是实时盘中已经成交的主动性买单之和。主动性买单指成交在卖方的买单，是由于看多的投资者为保证成交向上与卖盘成交。外盘越大，实时盘中上升的动力越大。当外盘比内盘大得多，而且股价上涨时，表明很多投资者在抢盘买入股票。

内盘是买时盘中已经成交的主动性卖单之和。主动性卖单指成交在买方的卖单，是由于看空的投资者为保证成交向下与买盘成交。内盘越大，实时盘中下跌的动力越大。当内盘比外盘大得多，而且股价下跌时，表明很多投资者在抛售股票。

量比是实时盘中每一分钟均量与5日均量每一分钟均量之比。其表达式为：

（当前总成交量 / 当前开盘分钟数）/（5 日均量 /240）

量比是一个比较重要的成交量状态指标，它反映了实时盘中该股的放量和缩量的状态。其研判的规则是：

（1）量比大于1时，为成交量放量状态；

（2）量比小于1时，为成交量缩量状态。

分时价量表是另一个重要的图表信息，分时价量表记录着从开市到收市期间所有的交易情况。

分时价量是看具体价量的细节，走势图是看股价趋势的。有些系统如汇金分析系统还特别提供了一个组合功能供投资人使用，即个股基本信息窗口，包含实时换手率、收益率、市盈率、股本结构等基本资料，供投资人实时操作选股之用，另用 Insert 键可切换不同的组合画面供投资人选用。

买卖图也是投资人操作的利器，买卖图是由三个委买及三个委卖价与量的构成。如何利用买卖图来判断主力的进出是投资人必须掌握的技巧，当主力要拉抬时一般会在三个委卖价和委买价上做文章。采用倒宝塔方式卖出大额数股票，在第三委卖价上放一笔大卖单，在第二委卖价上放一笔次大卖单，在第一委卖价上放一笔比次大卖单更小的卖单，而在三个委买价上都放很小的买单，不断地向上成交拉升价位，边拉边出，此时跟进可能还有大幅的上升空间。一般投资人会误认为是主力出货迹象，而在主力真的派发时往往会采用正宝塔方式。在第三个委买价上放大买单；在第二个委买价位上放笔次大买单；在第一个委买价上放更小买单，给人以在进货拉抬的样子，实际上边抬边出。此时，跟进就是风险。

再一个就是利用均价线来判断进货时机，当暴涨时如股价远远背离均价线持货者短线可出，买货可等其回归均价时再买入。这样做股票可卖到较高的价或买到较低的价。在当天四个小时的交易中，如果有一半时间以上是在卖盘方向成交，则此股是强势，可持股买进，如果多数时间位于均线上方跌破均线，但很快又拉回至均线上方，是短线买点，反之，如多数时间内在均线下方运行，一突破上方均线即刻又回落至均线下方，则此股是弱势，应考虑卖出。但如果是带量突破均线向上，表示多头反攻强烈，是短线买点而不是卖点，这点要特别注意。如果投资人对图形形态研究的话还可以用形态来分析当天的盘口，同样有效。

▲看每日走势

对于一个跑股市的时间稍久的股民，感觉一定不太迟钝，那么，就一定会察觉每天的股价走势，似乎也有“轨迹”可循。股民们不妨将每日股价指数走势图逐日剪贴在一张硬纸板上，观察几个星期，多少都会有些帮助。

▲如何看昨日大盘的走势？

个股绝大多数都是随大盘而动的，大盘的运动方向又和指标股（龙头股）的走势强弱有非常密切的关系，而今日盘面走势又与昨日盘面情况密切关联，因此，分析今日盘面走势不能不考虑这一点。

尾盘反映的是多空双方的搏杀情况。若昨日是以光头大阳线报收，第二天一般会高开，反之则易低开。但也有例外情况，比如说，在大盘下跌过程中，有时会出现当日股指以光头小阳线收盘，但第二天反而会出现低开，这一情况说明投资者心态不稳，有利用开盘出货的行为。在大盘走牛过程中也会出现这类情况，即当天股指以光头阴线收盘，但第二天反而出现高开，这一现象说明昨日的杀盘乃主力的诱空行为。但大多数情况下，上午股指和个股的开盘对昨日的收盘情况会作出一定的反映。因为股市的运作具有一定的惯性，当昨日尾市下挫时，上午开盘时会延续这一惯性的发展。

▲如何看当天大盘的走势？

在对昨日大盘分析后，基本上可以对今日的开盘走势进行一定的预测，并决定相应的买卖还是观望的对策。随后看盘中走势是为了验证和检讨这里的分析，并寻找盘中最佳的买入和卖出时机。

▲怎样看开盘后股价的涨跌情况？

开盘后涨跌停板的情况会对大盘产生直接的影响。在实行涨跌停板制度后，可以发现涨跌停板的股票会对其他股票起向上或者向下拉动的影响作用。比如说大盘开盘后即有几十个以上的股票进入涨停板，在其做多示范效应影响下，大盘将会有走强的趋势，反之，当天即有众多股票进入跌停，开盘后则易受到空方的打压。

▲怎样看大市所处阶段？

在炒股之前首先应该明白大市处于牛市抑或熊市阶段，这是我们决定大炒小炒还是不炒的前提，一般说来，股民们可以通过下面的简单方法判断大市处于什么阶段。

1. 如果大市具备下述特点可以认为大市处于牛市阶段

（1）遇利空不跌，或稍回档即上升。

（2）见利好大涨。

（3）除权、除息的缺口很快被填满。

（4）价升量增，量价配合良好。

（5）强势个股不断创出新高。

（6）板块轮涨，个股联动，互相追逐上扬，启动宽度较大。

（7）投资人踊跃到登记公司开立账户，证券公司保证金量激增。

（8）绩优股、成长股备受追捧，投资者放眼未来。

（9）新股发行节奏加快，然而市场不受影响，新股上市大受欢迎。

（10）上市公司迎合股东心理少派红利，多送红股。

2. 如果大市具备下述特点可以认为大市处于熊市阶段

（1）成交量萎缩，交投清淡。

（2）遇利空传闻便下挫，上涨无成交量配合，下跌放量，投资者心态欠稳，甚至风声鹤唳。

（3）利好消息传出成为出货良机，且上涨乏力。

（4）除权后普遍贴权，配股困难。

（5）市场转而炒作垃圾股、资产重组股、唯小盘股受宠，过度投机明显。

（6）还有一个简单的判断办法，深证成份股指与上证30指数可称为领先指标，在综合指数步履蹒跚或裹足不前时，成指会率先揭开牛市的序幕，充当先行者。而熊市中期，成指下调的速度也快于综指，为下一轮上扬换取空间。

▲影响股价的因素有哪些?

在当天开市之前，股民们应该了解政治经济方面的一些要闻，尤其涉及宏观经济政策的松和紧的变化、产业和地区政策的优惠和限制的变化、周边市场动态、上市公司新闻，仔细分析所有这些宏微观面消息对大市和若干相关个股的影响方向及影响力度，以便据此制定相应的对策。

▲市场上的热点是什么?

要密切关注市场热点的演绎情况，当多头市场形成后，常会有某类股票对大盘起到领涨作用，即使在大盘下跌过程中，也会有一定的强势品种构成短线炒作的品种，对这类热点可与大盘的涨跌联动进行研究。当构成多头信心板块的股票在持续走强，在操作上则以做多为主，而构成多头信心板块的股票持续下跌后，则要防止可能会出现的变盘。

▲市场热点的持续情况是怎样的?

股票市场的热点在每一阶段都会出现。市场热点的形成与发展对股市起到推动作用，每日的盘面总会反映一定的市场热点，从中股民们可发现主力的动向与操作的思路。

每日的市场热点对当日的盘面的影响极大。在一段时间经常可以发现这方面的特征。

市场热点的持续情况与大盘的走向具有十分密切的关系。在目前实行涨跌停板制度后，该制度对大盘具有明确的涨势助长、跌势助跌的作用。当市场热点得以持续后，会对大盘起到拉动指数的作用。因为在大盘出现众多的涨停板以后，会使投资者产生一种安全的感觉，使其看到大盘有一种向上的趋势，多方力量会有所增加。

市场热点能反映出市场主力的操作思路，所以说对热点的判断极为重要，有时，大盘的开盘并不理想，而一旦形成某种热点后，应该对其加以及时的识别，并积极参与。特别在对大盘具有重要指向作用的某个股票始终走强时，应该对大盘的走向进行及时的判断。这里所指的重要指向作用指一些大盘股由于其上涨与下跌直接影响到指数的波动情况。该类个股一旦走强，会对某日大盘起到重要的指向作用。

▲关闭股市时间的长短对开盘有什么影响?

关闭股市时间的长短对开盘具有十分重要的影响。股价的闭市时间越长，在牛市中易出现爆发性的上涨行情，反之，在熊市中闭市时间越长越易出现开盘即跌的情况。不少股民也许记得近几年春节后的不同开盘情况。在调整期时，股市在春节后往往高开低走。休息日往往也会对股市的开盘指数产生影响。不要小看休息的两天时间，这往往是积聚做空与做多力量的时机，在K线图上可以发现，不少跳空缺口都是在星期一留下的。这里面与两天时间的能量积聚具有十分密切的关系。

▲看盘应注意哪些问题?

各证券公司大都用大盘显示，其内容已在前面做过一些介绍。要掌握市场的动向，就要学会看大盘。具体如何看呢?

首先在开盘时要看集合竞价的股价和成交额，看是高开还是低开，就是说，和昨天的收盘价相比，价格是高了还是低了。它表示出市场的意愿，期待今天的股价是上涨还是下跌。成交量的大小则表示参与买卖的人的多少，它往往对一天之内成交的活跃程度有很大的影响。

然后在半小时内看股价变动的方向。一般来说，如果股价开得太高，在半小时内就可能会回落，如果股价开得太低，在半小时内就可能会回升。这时要看成交量的大小，如果高开又不回落，而且成交量放大，那么这个股票就很可能要上涨。

在看股价时，不仅看现在的价格，而且要看昨天的收盘价、当日开盘价、最高价和最低价、涨跌的幅度等，这样才能看出现在的股价是处在一个什么位置，是否有买入的价值。看它是在上升还是在下降之中。一般来说下降之中的股票不要急于买，而要等它止跌以后再买。上升之中的股票可以买，但要小心不要被它套住。一天之内股票往往有几次升降的波动。你可以看你所要买的股票是否和大盘的走向一致，如果是的话，那么最好的办法就是盯住大盘，在股价上升到顶点时卖出，在股价下降到底时买入。这样做虽然不能保证你买卖完全正确，但至少可以卖到一个相对的高价和买到一个相对的低价，而不会买一个最高价和卖一个最低价。

通过买卖手数多少的对比可以看出是买方的力量大还是卖方的力量大。如果卖方的力量远远大于买方则最好不要买。

现手说明计算机刚刚成交的一次成交量的大小。如果连续出现大量，说明有很多人在买卖该股，成交活跃，值得注意。而如果半天也没人买，则不大可能成为好股。

现手累计数就是总手数。总手数也叫做成交量。有时它是比股价更为重要的指标。总手数与流通股数的比称为换手率，它说明持股人中有多少人是在当天买入的。换手率高，说明该股买卖的人多，容易上涨。但是如果不是刚上市的新股，却出现特大换手率（超过百分之五十），则常常在第二天就下跌，所以最好不要买入。

涨跌有两种表示方法，有的证券公司里大盘显示的是绝对数，即涨或跌了几角几分，一目了然。也有的证券公司里大盘上显示的是相对数，即涨或跌了百分之几。这样当你要知道涨跌的实际数目时就要通过换算。

股票的涨和跌都不是随意的，而是有一定的限制，这叫做涨停板和跌停板。按照规定，每只股票当天股价的最大涨幅或者最大跌幅不能超过该股票前一个交易日收盘价的（±）10%，超过这个范围的买卖申报均属于无效委托。其中上涨 10% 称为涨停板价，下跌 10% 称为跌停板价。但新股上市第一天可以不受这个限制。

公司在分红和配股时要进行股权登记，因为登记日第二天再买股票就领不到红利和红股，也不能配股了，股价一般来说是要下跌的，这一天作为股票的除权除息日。所以在这一天大盘上显示的前收盘价就不再是前一天的实际收盘价，而是根据该成交价与分红现金的数量、送配股的数量和配股价的高低等结合起来算出来的。在显示屏幕上如果是分红利，就写作 DRxx，叫做除息；如果是送红股或者配股，就写作 XRxx，叫做除权；如果是分红又配股，则写作 XDxx 叫做除权除息。后面两个字是公司名称的缩写，例如“DR 青啤”“DR 长虹”。这一天就叫做该股的除权日或除息日（除权除息日）。

计算除息价的方法比较简单，只要将前一天的收盘价减去分红派息的数量就可以了。例如一只股票前一天的收盘价是 2.80 元，分红数量是每股 5 分钱，则除权价就是 2.75 元。

计算除权价时如果是送红股，就要将前一天的收盘价除以第二天的股数。例如一只股票前一天的收盘价是 3.90 元，送股的比例是 10∶3，就要用 3.90 元除以 1+3/10，也就是除权价为 3.9/1.3=3.00 元。

配股时还要把配股时所花的钱加进去。例如，一只股票前一天的收盘价是 14 元，配股的比例是 10∶2，配股价是 8 元，则除权价为（14×10+8×2）/（10+2）=13 元。

经过一天的交易，如果当日收盘价的实际价格比算出来的价格高，就称作填权，反之，如果实际收盘价比计算出来的价格低，就称作贴权。这往往与当时的市场形势有很大的关系，股价上升时容易填权，股价下跌时则容易贴权。在市场形势好的时候人们往往愿意买入即将配股分红或刚刚除权的股，因为这时容易填权，也就是说，股价很容易在当天继续上涨，虽然收盘时可能看上去股价比前一天低，而实际上股价却是上涨了。如果经过一段时间后，股价又回到除权以前的价位，则称为填满权。

第二节　看盘技巧

▲看开盘的技巧有哪些?

开盘是一个交易日的开始，也是大盘一天走势的基调。除非特大利多或利空消息刺激，否则，当日内一般不会发生高强度的剧烈振荡和大比例的逆反走向。

当然了，看盘水平不可能一步登天，需要有一个磨炼的过程，这一过程是时间与自我的不断总结等因素交互作用的结果。要使自己的看盘水平大幅提高，在看盘前以及看盘过程中要做好各类工作，不少投资者常会凭感觉看盘，这种方法常会使其在操作中的随意性很大，而且常会不假思索地进行追涨杀跌。作为一个职业的炒手应该做好以下几件工作：

1. 开盘前要做好笔记，及时记下盘中一些不寻常的情况，比如说，大盘的集合竞价的成交量，5 分钟、15 分钟、30 分钟以及 60 分钟中的成交量变化，从中找到与昨日相同时间的差异，若成交量明显放大，呈价升而量增之态，大盘当日有走强的趋势。与此同时，对个股的关注更应与其基本面情况结合起来，不少股票在当天公布了有关的消息，观察开盘同类股票是否会作出反应，以及对进入量比前 5 名的股票进行研究等，这类工作均须作详细记录并进行研究。

2. 密切关注市场热点的演绎情况。当多头市场形成后，常会有某类股票对大盘起到领涨作用，即使在大盘下跌过程中，也会有可供操作的论势短线品种，对这类热点可与大盘的涨跌联动进行研究。当构成多头信心板块的股票持续下跌后，则要防止可能会出现的变盘。

3. 在开盘前必须仔细研究当天各大传媒所公布的各类消息，其中包括个股的动态，可能影响股市的一些消息。投资者常会单纯地去关注政府所发布的利多和利空的消息。实际上，这类消息在一年中较少出现，而大都属于不起眼的消息，但有时还是可能通过传媒所披露的信息揣测管理层做多还是做空的意愿。故而，对上市公司公布的内容也必须仔细地进行研判。

4. 开盘前可对一些证券类的报刊进行阅读，以了解股评人士对昨日股市的看法。有条件的可进行分类统计，对各大传媒的股评人士进行多方面的了解，以掌握目前股市中看多人多还是看空人多。这种分类有时是极为重要，特别当大盘进入到暴涨与暴跌的过程中，当所有的股评人士一致看多或者看空时，要谨防大盘有变盘的可能性。

5. 阅读报上有关其他国家股市与汇率的消息，近期像周边市场对沪深两市的影响越来越大，像 1998 年 8 月沪深两市所出现的暴跌直接和日元与美元之间的汇率出现大幅的下跌相关，从而影响到沪深两市大盘走弱的现象。

集合竞价的预演

沪市的 9 时 15 分至 9 时 30 分为集合竞价时间，集合竞价的意义在于按供求关系校正股价，可初步反映出价、量情况及大户进出动态。

1. 开盘后必须立即查询委托买进笔数与委托卖出笔数的多寡，研判大盘行情会走多或走空。一般而言，如果一开盘买单大于卖单达两倍以上（如买单 10 万张，卖单 5 万张），则显示买气十分旺盛；反之若卖单大于买单两倍以上，则代表空方卖盘十分强大，当日做空比较有利。

2. 每笔买进张数与笔数之间值为 8.0 以上，代表大户进买，如有连续数次 8 次以上大比值出，代表大户在做盘；反之如卖单在 8.0 以上，可速杀出手中持股。

集合竞价是大盘一天走势的预演，价量关系变化及大户进出动向从中可见一斑，因而具有重要的参考价值。

▲什么是修正开盘的时间?

9 时 30 分至 10 时为修正开盘。若开出大高盘则有一定幅度拉回，开出大低盘则会适当上调。之后，大盘得到修正再按照各自的走势运行。由于人为的拉抬和打压因素，开盘指数与股价都有一定的泡沫性，此时进场风险甚大，必须等到修正开盘，消除盘面盲点后，才能看清大盘的真实情况。如果一旦开盘两极分化且迟迟未见修正迹象，则可立即确认大盘强弱和收盘涨跌走势。

▲怎样分析开盘后指数的位置?

开盘三线是指开盘后三个阶段的指数线位置。若以 10 分钟为一计算单位，则盘面涨跌情况如下：

开盘三线在 9 时 40 分、9 时 50 分和 10 时始终在开盘平行线上方游动，且一波比一波高，为涨势盘面。开盘三线一路走低，始终在平行线下方且与平行线的距离越拉越大，此为跌势无疑。

开盘三线还有一些不很明显的态势也要注意。如开盘三线二上一下和一下二上仍趋涨势，而开盘三线一上二下或二下一上则趋跌势。操作者宜密切注视开盘三线变化，灵活掌握，及时作出准确判断。

▲如何判断开盘后 30 分钟内的走势?

对开盘的研究是极为重要的，当天股指开盘后的 30 分钟的走势情况常会对大盘一天的运行产生至关重要的影响。大盘和个股若能在开盘后 30 分钟内走强的话，以后的走势大都围绕着修正开盘后的走势以及承袭开盘后的走势方面发展。对开盘研究得好的投资者，往往能从当日的开盘情况中看出整日股市的运行情况，使其正确作出买进或者卖出的选择。当你对当日的开盘情况能了如指掌时，则能起到事半功倍的作用。

开盘是多空双方初步交战的结果。开盘的情况对后市具有决定性的指导意义。好的开盘会引导股市走向强势，反之则易引导股市走弱。如何判断开盘的情况，股民可以从以下几点加以分析：

1. 跳空高开高走

这一情况表现在股指开盘时即以较高的指数跳空开出，并在半小时内顺利突破开盘时的高点，这一开盘情况常会导致当日盘面高开后高走，甚至会以中或大阳线报收。在涨跌停板制度下，受大盘高开高走的影响会使不少股票进入涨停，股指几乎以大涨小回的方式进行。这种走势出现后，当天一般会有较大的跳空缺口不被回补，而且从盘面上看，“买盘”的力量会大大强于“卖盘”的力量。

2. 跳空低开低走

低开低走与高开高走形成截然不同的走势，其走势表现为当天开盘后股指或者股价跳空低开，随后在几分钟内迅速低走，低点不断下移，尽管盘中曾出现反弹，但并未上补缺口，而且在近 30 分钟走势中呈低点不断下移之态。这种情况常发生在出现利空或者昨日股指破位拉出大阴线后，一开盘股指和个股受到空方的打压。

跳空低开低走的情况一旦发生后，常会使当天股指不会有较佳的反弹机会，即使在下午出现一波反弹，但其力度不会很强。在操作上遇到这种情况应该在上午开盘后即利用反弹机会逢高派发，千万不可在上午买进股票。因为当大盘出现跳空低开低走的情况后，当天大盘较难有再次走强的机会。从其发展趋势看，一旦发生跳空低开后低走的情况，不仅会影响到当天的股指的走势，而且也会对第二天的走势产生极大的影响。在弱势市场之中，其跳空缺口一般要等较长的时间才予以上补。这种情况发生当天不宜进行短线操作。

3. 振荡盘弱

振荡盘弱常会表现出以下两种情况：

（1）高开冲高后走弱。

（2）低开反弹再度盘弱。

第一种情况的发生常在昨日股指或者股价出现大幅上涨后，当天仍然呈高开高走之态，但由于盘中多方的力量无法抵御空头的势力而使股指或者股价出现振荡盘落的走势。其特征是在开盘后 5 分钟内迅速出现第一高点，随后多方却无力上攻第二高点，从而使多空力量向空方转换。比如说，大盘昨日收到 1100 点，开盘后股指以 1110 点跳空 10 点开盘，但很快受到空方的打压，随之大盘在反弹过程中却未能冲破 1110 点的高点，这种情况产生后，当天股指十有八九会走弱。

4. 振荡盘坚

振荡盘坚的情况也有两种：

（1）高开低走后再度走高，这种情况大多发生在强势市场，当昨日股指出现较大的升幅后，当天上午开盘后即受到空方的打压，但在清洗了获利盘后，尾市大盘仍然顽强地走高。

（2）低开低走后走高。这种情况主要发生在大盘或者个股本来是走上升通道，但突然受到某种利空消息的影响，以致表现出较低的开盘价，在经过探底后股指或者股价开始止跌回升，随即再度走强。这两种情况都发生在大盘或者个股处于上升通道之中，这是其出现振荡盘坚的共同特征。

振荡盘坚的形态重要的特征是在盘中表现出较大的振荡，这些可从技术形态看出空方打压的力量会逐渐趋弱，尾市多方仍将会占较大的优势。

从振荡盘坚的动因分析，主要原因在于多头的力量仍占据较上风的地位，尽管有时大盘开盘不太理想，但盘中仍然会呈走强的趋势。这种情况在牛市来临时常会出现。有的时候尽管当天股指或者股价仍然会出现下跌，但第二天仍会出现上涨。特别是一些多头能量极强的股票中常会出现振荡盘坚的走势。在 1999 年曾有不少股票走出大牛股的形态，其上市公司常会公布一些警示性公告，对自己公司股价明显波动提出预警公告，不少股票在公布类似公告后，当天下午开盘常会表现得振荡极为剧烈。但由于这类股票的多头能量极强，常会使其在当天再次上强。

短线投资者在操作中，遇到开盘后振荡盘坚的股票可以在回档时介入，特别是一些持续走强的股票，其最佳的买进点还是在其开盘后迅速出现下跌的时候，往往属于较佳的买点。特别对一些昨日曾迅速进入涨停板的股票，若在第二天上午高开后下跌时，只要当天不补跳空缺口，往往具有较佳的买入机会，但对昨日涨停的股票买入还是要观察其当天开盘后的跳空缺口情况，如果该股昨日涨停，而今天开盘价却未跳空上行，一般较难有立即走强的机会。

▲开盘后的买卖时机有哪些？

1. 股市狂热，遇特大利空，手中有货，应在开盘前以跌停板价争取在集中撮合成交时抛出；

2. 庄家洗盘跳空低开，应迅速填单买进；

3. 昨日收大阳线，今日可能高开，盘中一般来讲应有探底的机会，因此手中有货的话，不妨先出，后进。

▲为什么开盘时会出现异动?

许多个股在开盘时出现异动：跳空低开、跳空高开、巨量开盘等。一般来说，开盘出现异动，说明其中的主力有活动的迹象。如果一开始的成交量能与股价走势相配合，短线介入，获利机会较大。

▲什么是中盘?

沪市每交易日时间为 4 小时，除掉首尾各半小时为开盘和尾盘时间，其余 3 小时均为盘中时间。在这 3 小时中，又可分为多空搏斗、多空决胜和多空强化三个阶段。

▲什么是多空搏斗?

如果说开盘仅仅是拉开股市序幕的话，那么，盘中则是多空双方正式交手的开始。指数、股价波动的频率越高，则表明多空双方的搏斗越是激烈。若指数、股价长时间平行，则表明多空双方退出观望，无意恋战。多空双方的胜败除依赖自身的实力（资金、信心、技巧）外，还要考虑消息和人气两个因素。

▲多空决战的对策有哪些?

多空双方经过激烈拼斗，此时已打破相持不下的僵局，大盘走势出现明显的倾斜。若多方占优，则步步推高；若空方占优，则每况愈下。占优方将乘胜追击，扩大战果，另一方见大势已去抵抗力明显减弱。此时，往往是进出的最佳时机。早了，涨跌莫测，充满风险；迟了，痛失良机，后悔莫及。多空决胜由下列因素组成：

1. 指标股的表现

指标股涨势强劲，大盘无下跌之理；指标股委靡不振，大盘必然下沉。多空指标股沦为空头指标股，跌速加快。故指标股历来为多空双方争夺重点。

2. 涨跌家数

大盘普跌，个股飙涨乃不祥之兆，对大盘走势有害无益。个股与大盘表现形成极大后差，资金过于集中个股，使大盘失血，造成恶性循环。涨家多于跌家，且分布平均，涨家势众，空方有隙可趁，收盘指数上涨，反之，空方占优，终成跌势。观察涨跌家数，辨别多空力量的最佳时间为收盘前一小时，即：多空决胜后期。前期多空拼斗激烈，涨跌转换频繁，参考价值不大。

3. 波动次数

股指波动振幅大，次数多，在跌势中则说明趋于上涨，在涨势中则说明趋于下跌。一般情况下，一个交易日中，有 7 次以上的较大波动，则有反转契机。

▲什么是多空的强化阶段？

将 14 时 30 分前盘中出现的最高和最低点描出并取其中间值为标准，如果此时指数在中间值和最高点中间，则涨势会进一步强化，尾市有望高收。若此时指数在中间值和最低点之间，则往往会导致“杀尾盘”。

多空强化是盘中的最后阶段，在经过多空双方激烈的拼斗后，形势已经明朗，盘中出现强者更强，弱者更弱的局面，因为败方大势已去且无时间还击。

▲如何进行盘中波动的形态分析？

盘中的波动形态构成多空双方搏杀的技术图形。对这一形态的判断也是至关重要的。对盘中波动形态可从以下几方面进行判断：

1. 判断“买盘形态”与“卖盘形态”的情况。在盘中如果“买盘形态”出现的时间较长，“卖盘形态”出现的时间较短，整日多方占据主要地位。反之空方占上风。对盘面出现的买与卖的情况可从下面几方面进行研判：其一，如果盘口显示空方明显小于卖盘，说明多方力量有下降的可能，反之说明多方的力量开始占据上风。其二，观察买盘与卖盘线的长短情况。盘口中常出现这类情况，一开始，买盘拉出一根较长的线，但以后越来越短，而卖盘越来越长，这一情况说明多空双方的力量有所转换。

“买盘”与“卖盘”的形状可以简单地判断多方与空方力量的对比情况，当开盘后发现“买盘”出现持续的时间远不如“卖盘”多时，应以做空为主，反之以做多为主。

2. 判断 ADL 的情况。在钱龙动态分析软件中，有一个动态的技术指标 ADL 指标，这一指标对判断大盘的走势有时也起到十分重要的作用。ADL

指标反映的是大盘中全部股票涨跌之和，这一指标常对大盘的趋势研究具有十分重要的作用。这一指标中常会出现以下几种情况：

（1）大盘指标与 ADL 指标同步，即大盘上涨时 ADL 亦上涨，反之亦然。

（2）大盘指数与 ADL 背离。即有时会出现大盘急速上涨，而 ADL 却继续下降，说明盘面主要靠主力对一些指标股的拉动而上升的。对该指标进行判断时，必须注意到该指标常具有滞后性的特征。有时该指标反应要慢于大盘一拍。因此，对该指标不能过于依赖，应结合盘面中的其他情况进行研究。

3. 盘中的波段高低情况。对盘中的波段高低情况进行研判时，可进行上升趋势与下降趋势的研判。这与股指的大趋势的走势一样，在上升时，呈底部逐渐抬高之态，而在下跌时，呈高点逐级下移之态。当股指穿过下降或上升的反压线，应作出买入或者沽空的打算。对这一形态的判断应结合盘面的整体情况进行，有时主力会通过刻意在盘中画图，以产生诱空或者杀多的行为，对此应加以警觉。那么，什么样的情况会出现主力诱空或者杀多的陷阱呢？应注意以下两点：

（1）当某日股指跳空低开，然后逐级走低，在形成 W 底形态后，主力故意通过拉抬指标股使股指走下降通道的反压线，从而吸引多方的介入，达到出货的目的。

（2）某日股指跳空高开，当股指上行受阻后，主力通过打压指标股，使股指迅速下滑，有时甚至补掉当日的跳空缺口，使一些持筹者轻易抛出股票。对以上两种情况应加以明确的鉴别，对第一种情况应该不必盲目介入，第二种也不必轻易抛掉筹码。

4. 对盘中 W 底与 M 头的判断也至关重要。在技术形态上，W 底与 M 头常是技术上反转的信号，在大趋势中，当这两种形态形成后，对股指将起决定性的作用，将指引股指朝何处运转。在当日盘口中也常发现此类走势。有时也会对当日股指的趋势产生很重要的影响。但由于目前参与的大机构较多，其常会刻意在图形上制造 W 底与 M 头的假象。对此应加以识别，主要的识别方法有以下几种：

（1）必须观察 W 底形态与 M 头形态所发的阶段。这一判断极为重要。当股指下跌多日，某日开始走强，在跳空高开后，上午 10 时左右进入当日较高的位置，这时，股指上行至第二高点时，由于未能冲破前次高点而形成M头形态，股指被空方打压下，这时的M头形态根本不必理会，空仓者可大胆介入。在下跌时亦是如此，某日受利空消息打击，股指跳空低开，在下午1时半左右，在下探至最低点时，形成W底形态，这时，不必轻易介入，因为，利空的打击往往会有一段持续时间。特别在股指处于头部区域时的初跌的第一天，当盘中出现W底形态更加不必理会。总的来说，只有当股指在连续下挫多日，盘中出现W底形态，应坚决杀入，而在股指上涨多日，KDJ和RSI指标均处于高位时，对盘中出现的M头形态应坚决抛出。

（2）必须观察成交量的相互关系。在盘整时期也会出现M头与W底形态，当成交量不能有效放出时，对其出现的反转形态应打些折扣。

▲怎样看盘中的波浪特征？

1. 第1浪（上升浪）。大约有半数以上的第1浪属于打底形态，此段行情的上升，由于出现在空头市场的末期和长期盘整的底部完成之后，此段上升行情上升幅度较大，但由于买力较弱和空头的卖压，此波回档较深但持续的时间较短。

2. 第2浪（调整浪）。该调整浪向下调整的幅度相当大，几乎吃掉第1浪的升幅。当价格跌至第1浪的起涨点附近时，空方开始惜售、成交量逐渐减少，第2浪的调整才结束。

3. 第3浪（上升浪）。第2浪调整结束后，市场信心恢复、成交量放大，一些图形关卡轻易突破，从而出现狂涨的局面。该浪涨幅通常最大、时间最长而且最具有爆发力。第3浪的波动幅度为第1浪波动幅度某一黄金比率。

4. 第4浪（调整浪）。该浪通常以较为复杂的形态出现。也经常出现三角形的走势。该浪的最低点常常高于第1浪的高点。

5. 第5浪（上升浪）。在股票市场中第5浪的涨势通常小于第3浪，涨幅一般不会很大。人们常认为第5浪的高点一定超过3浪高点，事实上则不然。一般来说，第5浪不仅上升的时间短，而且其高点也未必高于第3浪的高点。

6.A浪。在股票市场中，当第5浪结束，股价开始下跌时，一些投资者受牛市思维定式的影响，认为此时仅为一个暂时的回档现象，行情尚未逆转。其实不然，当第5浪结束时，股价已经真正开始下跌，A浪为股价真正下跌的开始。

7.B 浪。该浪的成交量不太大，B 浪是多头的逃命线。但是该浪的上升形态，很容易使投资者误认为是另一段上升行情的开始，从而使投资者自动进入多头陷阱。

8.C 浪。该浪跌势较强、持续的时间也较长。C 浪与 A 浪的比率亦符合黄金比率数字，C 浪下跌的幅度通常为 A 浪下降幅度的 1.618 倍。

对盘中出现波段情况有一点很重要，即是否创出新高或者新低。新高和新低情况对大盘的趋势也具有明显的指导作用。在大盘行走过程中，如果股指屡创新高或者新低，说明多空和空方的力量明显在增强。另外，必须注意波段的数目多少，波段的数目越多，说明多空双方的力量有明显转化的可能。在涨势中表示空方抛压的力量过重，涨势已处于尽头，在跌势中，表示多头即将反弹成功。一般情况下，波段在 12 个以上表示多空拼斗已十分激烈。

▲怎样看盘中的量价关系？

盘中的量价关系反映着多空双方搏杀的结果。成交量直接体现出一种供求关系。当买盘增加时，股指就会上涨，反之则会下跌。对盘中的量价关系应当从盘整时、上升时以及下跌过程等诸方面进行研究，一般情况下，成交量与股价呈正比关系时，可以大胆介入，反之应离场观望。

▲如何关注盘中走势独立于大盘的个股？

有的个股，主力出于自己的意图，可能不理会大盘走势，我行我素。特别是那些在大盘下跌、股价较为坚挺甚至顽强往上的个股，短线有较大机会，可在逆市动的时候介入。

▲如何关注盘中出现异动的个股？

盘中出现异动的股票一般有以下两种情形：

1. 盘中突然出现一笔上 1000 手的大单砸下来，把股价砸低 4% 以上。一般情况下，该笔大单在委卖单里是见不到的。之后，股价迅速恢复以前的走势。

2. 有时，一笔 500 手以上的大单往上拉，股价瞬间上涨 5% 以上，有时接近涨停板。一两笔之后，又恢复平静，股价继续原来的走势。

上述走势，在K线形态里反映为带有较长上影线（或上影线）的K线组合。一般可以理解为其中的主力进行试盘动作。看看下面的接盘（或上方的抛压）情况如何。主力进行试盘，说明他们有在短期进行活动的可能。所以值得特别关注。

▲看盘尾的技巧有哪些?

盘尾是多空一日拼斗的总结，故收盘指数和收盘价历来为市场人士所重视。开盘是序幕，盘中是过程，收盘才是定论。尾盘的重要性，在于它有一种承前启后的特殊意义，既能回顾前市，又可预测后市。

尾市收红，且出现长下影线，此为深底获支撑后的反弹，可考虑跟进，次日以高开居多。“买在最后一分钟”可避当日之风险。

尾市收黑，出现长上影线，上档压力沉重，可适当减磅，次日低开低走概率较大。

涨势中尾市放巨量，此时不宜介入，次日开盘即遇抛压，故不易涨。跌势中尾市放巨量，乃恐慌抛售所致，是大盘将跳空而下的信号。

跌势中尾盘有小幅拉升，涨势中尾盘有小幅回落，此为修正尾盘，并无任何实际意义。

▲庄家在盘尾的操纵策略是什么?

在涨跌停板制度下，当天收市价的高低决定次一个交易日涨跌停板的位置，因此庄家往往在尾市做收市价，第一行为当然会反映出庄家的心态，精明细心的散户自然可以加以利用。

1. 在跌市中，庄家被套，既没有资金也不想接下汹涌的抛盘，但又不能放任不管，任凭损失急剧扩大，于是等到尾市收尾前搞突然袭击，集中一笔资金把价格拉高一线，提高次日跌停板位置。

2. 庄家处在吸货阶段，在盘中随着吸纳展开，股价势必缓缓上行。但在庄家吸货未够量的情况下，如果收实体较长阳线，一方面抬高明日吸货成本，另一方面引起人们注意，吸货不好隐蔽进行。因此，庄家尾市收盘前往往要打压股价。再就是即使今日收中等实体的阳线，明天就要洗盘收梯子线或阴线或十字线。我们在若干庄股走势的图上常常看到在底部盘整吸货阶段出现倒 T 字 K 线、十字 K 线，及阴阳线交错等现象所反映的就是这种情况。

▲如何确定收盘前的买卖时机？

在目前 T+1 的交易制度下，当日买进后一旦发生风险当日不得卖出，因此短线操作者应将买入时间选择在收盘前 15 分钟。

深沪股市每天交易四小时，多空双方在四小时的搏斗中一般如下安排：

1. 开盘后 15 分钟多空双方利用昨晚今晨基本面的变化，作出主动的进攻或主动的退却，使价格适应新的基本面。

2. 第二个 15 分钟为修正时间，当股价上升过快或下跌过快时，由于供求关系的变化股价会朝供求平衡的价位靠拢，此时股价的未来趋势基本显现。

3. 第二个小时和第三个小时为多空双方强化自己的防线，并向对方展开攻击，使股价的趋势更加明朗化。这时已经出现较多的买入点，但短线操作者只能静观其变，以求在收盘前能有买入的理想目标股。

4. 收盘前半小时多空双方对全日走势做最后强化，以便巩固一日的战果。短线操作者认为某股票今日为初涨明日至少还有惯性涨势，可在价涨量增中顺势买入。

在收盘前 15 分钟时买入其当日风险只有 15 分钟，此时间段不跌的话明日任何时间如感觉有风险随时可卖出。

在进行买卖时应注意以下几点：

1. 不是每天都能有这种机会，轻举妄动者不但没有短线利润反而会有短线亏损。

2. 除非超强势股，一般情况下本操作法只能在指数基本跌停或起稳回升时运用，以确保安全。

3. 对个股的选择也要慎重，尽量选初涨股或热门股。

4. 对收盘前半小时的股评应引起重视，至少有提醒作用。

▲怎样把握尾盘做多做空的时机？

尾盘是一天多空双方战斗的总结。一般情况下，尾盘是指下午 2：30 以后的盘面情况。尾盘不仅对当日的决战起到画龙点睛的作用，而且决定明日的走势。因此，对尾市的判断就显得极为重要。

同时尾盘也是多空双方极易争夺的位置。特别是当股指处于敏感区域时，尾盘的拉杀极为重要。在一般情况下，尾盘成为多空双方的平衡点，当某日多方占主动地位时，尾盘常会以上翘报收，反之则会以下沉收盘。但在盘中却常出现一些主力为了达到做盘的目的，会以尾盘发动进攻，而不将进攻放在盘中进行。在多头市场，在一些很重要的关键位置，主力会在尾盘发动攻击，将股指打高至这个位置，第二天再高开，即使受到空方的打压，全越过了关键位置。在空头市场同样会出现这种情况。

盘尾如此重要，那么如何对尾盘的趋势进行判断呢？有不少投资者对下午 2∶30 常会感到很紧张，的确如此，包括不少业内人士有时对下午 2∶30 以后的情况也难把握。若涨势中如果出现的涨停家数开始增多，可放心持筹。反之在跌势中出现跌停数开始增多，则退场观望。对其中的一些特殊情况也必须加以注意，如果某股票在下午 2∶00 以前一直封于涨停位置，但在 2∶30 以后被轻易打破涨停，这时应引起警觉。首先判断一些强势股的走向，如果在下午 2∶30 左右，一些强势股突然走弱，对其必须要有足够的警惕。特别在大盘整日处于盘整区域，强势股的突然走弱很可能导致杀尾盘的可能。其次观察 ADL 与涨跌板块的连动关系。在下午 2∶30 时，既要关注 ADL 的走向，同时要关注 ADL 与板块的联动关系。如果大盘上涨是通过不同板块的均衡上涨的，则可以安心持筹，反之应有抛空的思想准备。大盘指数在下午 2∶30 所处的位置将会影响尾盘的走向。具体的测算方法可将盘中最高点与最低点相加除以二，如果大盘指数在平均值以上，尾市走高的可能较大，反之有走低的可能。

除了注意以上情况外，还必须对涨跌停板制度下的尾市特征有清楚的认识。在涨跌停板交易制度中，由于每天早上开盘是以昨日下午收盘价为参考数据，因此，不少庄家在最后一分钟内，会在尾盘出现异动的情况，也就是通过在最后一分钟将股价打高，从而在次日开出高价或者将损失减少至最低程度。

有些人认为对尾盘的判断主要在下午 2∶30 左右，具体来说，正确的判断应该结合大盘整天的走势而定，对尾盘掌握的关节点应该重点研究 2∶30 大盘多空双方的力量对比情况，不少投资者常会在 2∶30 左右犯急躁的错误，他们未能仔细研究整天大盘的走势是偏多还是偏空的问题，在大盘下跌的过程中，有时会在2∶30左右出现较强的反弹，有不少短线投资者怕被轧空而会盲目买入，但到收盘前发现股指再次下跌后，所买进的股票在半小时内被套很多；在大盘上涨的时候，在下午2∶30左右也会遇到空方的打压，不少投资者会恐慌性地抛出股票，但到收盘前发现所抛的股票再次出现了上涨。所以说，下午2∶30常会成为多空双方搏斗最为激烈的时候，只有正确的做多与做空才能取得极佳的短线收益。

▲怎样确定收盘前一小时的动向?

临收盘前的一小时，常可看出当日行情的走势。涨，则当日为涨势；跌，则当日为跌势。

在收盘的前一小时，略可判断出当日行情的最后变化。例如，若当天的收盘前一小时左右，股价仍然呈稳健上涨之势，则当日收盘时反转为下跌的概率甚低。

反之，如果当日收盘前一小时股市仍然一蹶不振，则当日收盘时保持下跌的可能性很高。

为什么在收盘前一小时可以一“窥”行情动向呢？因为有太多的投资人，会坚持到最后关头，才付诸行动。例如，一个已经作出买进决定的投资人，他通常不会在当天一开盘就买进，他会稍微等待一下，看行情是不是会稍稍走低，让他拣个便宜。

再就是，想要卖出的投资人，总也会等看看有没有比较好的价格可以出手。总之，在开盘后收盘前一个小时左右，不少投资人会是抱着观望的态度。他们总是拖到收盘前一小时，才抱着“赚钱不落人后”之心，匆促下单。

只要了解这种情形，投资人就应该很清楚，如果总是磨到11点以后才慢工出细活地作出决定，自然不能先拔头筹，早人一步。但是，对许多左等右等，搔头摸耳都无法决定是买是卖的人而言，在收盘前的一个小时左右，细心观察当时走势，多少可以掌握一点涨跌线索，作为买卖之参考。

▲收盘前后的玄机有哪些?

股市运作中，每天的开盘收盘、最高与最低价，确实表现出各档股票当日“气势”。对有经验的投资人而言，这些数字多少是具有“参考价值”的。

检视一天的交易行情表，倘若某种股票当天开盘价格就是当天的最低价格，而收盘价格则是当天的最高价格，很显然，这就表示这只股票上升的气势足，至少预示次日行情看俏。

但如该只股票开盘价格就是当天的最高价格，而收盘价则是当天的最低价格，那不用说，显示该只股票的上升气势弱，后市就应考虑。

不过，这样的“判断”，多少有点“大胆”。如果还能参考当天该只股票的成交量，其准确度即可相应提升。也就是说，倘若该只股票股价上升，成交量亦随之扩大，更足以支持后市看好的判断，因为只有这样，投资大众才会追价购进。但如该支股票股价下跌，成交量亦相应萎缩，则表示股价虽落，持股者偏偏惜售，并不急求脱手，那么，这只股票，后市可期。

可是，如果股价上涨，成交量反见萎缩，或者股价下落，成交量反而扩增，那就是说投资人对这支股票后市看坏，故此不惜赔钱，忍痛脱手。这时就需要格外留意，否则胜算概率不会太高。

▲怎样看最后的喊价?

从每日“证券行情表”上，可找到“最后喊价”这一栏。这一栏也包括“进”与“出”两部分。所谓“最后喊价”，当然是每个股市收市前，尚未达成交易，买卖双方所喊出的价格。

别小看这个价格，内行人仍然看得出它的“意思”。由于是“最后”，而股市涨跌常以“分秒必争”的姿态出现，因此，“最后喊价”便显得意义突出。如果说当天收盘价就是“最后喊价”中的“卖”出价，或是“最后喊价”中只有“买”进喊价，而无“卖”出喊价，很显然，该档股票走势强劲，后市看好。

相对的是，如果收盘价就是“最后喊价”中的“买”进喊价，或者“最后喊价”中并无“买”进喊价，只有“卖”出喊价，自然表示投资人对该档股票后市看淡，急于脱手，或不欲买进。

但是单凭这点“信息”遂下判断，仍然太过草率，事实上，股市变幻莫测，许多外来因素都足以造成股市振荡。因此，“最后喊价”只宜供作“参考”，切不可据以下决定。下决定还得有更多因素的支持，否则，不如将“最后喊价”搁在一旁。

▲如何进行收盘5分钟内买股的分析?

许多股票早市时走势较佳，但下午可能出现变化，有的甚至会跳水往下。如果早市介入，极有可能犯错。为了尽可能地看准，投资者可在收市前的最后五分钟内买入。一般来说，最后几分钟内，股价不可能出现太大的波动；如有主力介入，可能会护盘，从而收出较好的价格；另外，此时可清楚当天的技术指标，特别是较为敏感的RSI和KDJ指标。

▲为什么看盘水平与股战盈利密切相连?

看盘是对盘中出现的情况进行正确的判断。这一判断着眼于股指以及股价的未来走向。要判断的主要有以下几个方面：

1. 股指（股价）将会朝哪一方向行走，向上应坚决买进，向下应果断抛出。这一判断极为重要，不少投资者常会看错了方向。在应该买进的时候却抛出，反之在应该抛出的时候却错误买进，这使不少投资者在牛市中照样亏损。当看到大盘上涨的时候可以买进股票，而当大盘有下跌趋势时则应沽空股票。

2. 当某一股票突然走强或者走弱是否背后有市场因素。这一判断极为重要。不少股票在其涨跌的过程中常会受到消息面的影响，不少股票沉默已久会在盘中突然拉入涨停板，有的则会莫名其妙地进入跌停板，这种涨跌的背景因素常会在盘中提前反映出来。市场上经常会流传某种个股的消息，以致不少庄家在将股价拉高以后故意制造一些该股的利多传言，一旦广大投资者跟进，庄家乘机出货。某股票在连拉几日后，上市公司会发布该股的利好消息，公布消息当日股价高开低走，跟进者全线被套。

对股票走强（或走弱）后，可以通过盘面情况感受该股的消息面情况，这种感受可以通过看盘所能实现。

3. 从盘面观察是否有利空或者利多消息。目前我国仍处于消息市阶段。消息对股市仍起着十分重要的作用。俗话说世上没有不透风的墙，股市给人带来太多的诱惑，不少投资者会从各种途径获得一些极密的信息。在这种情况下，这类先知先觉者就会通过抛股票或者买进股票反映这一信息。作为聪明的投资者尽管没有消息渠道，但仍可以通过盘中细微的变化得到有关政策面与个股方面的信息。

4. 从当天的盘面中找到做差价的机会。每天盘面的变化会有所不同，有的时候会呈高开高走之态，而有的时候会表现出高开后低走，作为持股者常会遇到何时抛出股票的选择。盘面操作的得失有时会导致当天出现上下 10% 的差别，如果能选择正确的卖点的话，当天即会有较大的利润可获。不少投资者常会因没有及时掌握每天盘面所产生的较大的落差，而后悔不迭。

一般情况下，看盘高手在股战中应该是常胜军，对他们而言大盘的走势如同一盘棋，他们与普通人之间的差别在于，他们不仅能看出几步，而且能看出几十步的走势。股市中的走势体现出众多的信息，有些是一些很细微的信息，但通过类似的信息却易把握大盘和个股的方向。股市中的走势几乎没有一定的惯例可循，常常是风云多变，里面有许多情况需要事先进行判断，这样更体现高手与普通人之间的差别。因此，短线高手很容易在股市中进退自如地进行操作，这样，其获利的可能性要远远超过其他一些投资者。

对中小投资者而言，他们在操作上的灵活性就必须关注盘面的变化，对大资金而言，他们无法像中小散户那样进行灵活的操作，一旦建仓完毕后，要么耐心盘整消化获利筹码，要么拉升、要么出货，而中小投资者却可以跟着盘面的走势变化迅速作出选择。对大资金而言，只要大盘的趋势不产生质的变化，他们只能有持币或者持股两种较为单纯的选择，而对中小投资者而言，他们既可以在牛市中进行积极的操作，同时也可以在熊市中选择做差价的机会。从这一角度而言，中小投资者必须掌握盘面的机会，成熟的短线炒作每天可以从盘面中找到盈利的机会。

关注盘中所显示出的多空力量的对比关系。短线操作的时间绝大多数是在几天时间内完成的，最短的时间是今天下午买入到明天上午抛出，这种操作必须跟着每天的盘面变化走。对每一个投资者来说，如何看盘是至关重要的，因为看盘水平决定了其对股票炒作的成熟程度，也是其能否盈利的关键。一些职业投资者区别于大学院派人士的最大之处在于他们往往能从变化莫测的股市中寻找出制胜的法宝。他们之所以能看出盘中的诸多的变化主要还是一种经验的积累，这种经验的积累在书本上较难学到，必须在实战中加以总结与提高。因此，看盘的水平成为衡量一个职业投资者水平的重要依据。

作为一个职业的投资者，应该将看盘功夫的提高与股战盈利的水平联系起来。一个高超的看盘高手必然是股市中的常胜将军。这是因为个股的上涨与下跌主要在盘中反映出来，只有能在当天的盘面中进行进退自如的操作，才能把握大的发展趋势。一个炒作者对盘面的感觉越灵敏，越能把握住各种机会。不管是持币还是持股，若能看准盘面的涨跌趋势，还是有较大的机会。比如说，同样是深套的股票，不会操作者采取死捂的方法，而能根据盘面变化进行短线操作者则可在其上涨时抛出，在尾市收盘前将其买回来，这样其成本会逐渐降低，一旦出现止跌反弹，其不仅可以解套，而且还能盈利。

▲在盘尾应注意什么问题?

多空双方都会对收盘股指、股价进行激烈的争夺，股民在盘尾应注意以下两点：

1. 当心机构大户借技术指标骗线，临收盘故意拉高（打压）收盘股指、股价，次日跳空高开（低走），达到次日拉高出货（压价入货）的目的。识别方法是：一看有无大成交量配合，高收盘（低收盘），若成交量过小，多（空）方无力量，成交量过大，多（空）方出货（入货），均为“陷阱”。二看有无利多（利空）消息、传言配合，分析传言的真伪。结合大成交量，利多（空）消息，可初步确认为“多头”(“空头”）行情，可考虑买入（卖出）股票。但为防止上当，既不要“满仓”，也不要“空仓”。

2. “星期一效应”与“星期五效应”。星期一收盘股指、股价收阳线还是阴线，对全周交易影响较大，因为多（空）方首战告捷，往往乘胜追击，连拉数根阳线（阴线），应予警惕。星期五收盘股指、股价也很重要，它不仅反映当日的多空胜负，亦反映当周的多空胜负。

第三节　从盘面分析多空技巧

▲多头市场的特征有哪些?

1. 小型股先发动涨势，不断出现新的高价。
2. 不利股市的消息频传，但是股价却跌不下去时，为多头买进时机。
3. 利多消息在报纸杂志上宣布时，股价上涨。

4. 股价不断地以大幅上扬，小幅回档再大幅上扬的方式前进。

5. 个股不断以轮涨的方式将指数节节推高。

6. “量价配合”或是“量价齐升”，就是当行情上升时，成交量亦跟着上升。

7. 人气不断地汇集，投资人追高的意愿不断。

8. 新开户的人数不断增加，资源不断涌入。

9. 法人机构、大户进场买进。

10. 除息、除权的股票很快地就能填息或填权。

11. 办理股票过户及领息领权的人数大增。

12. 移动平均线均呈多头排列，日、周、月、季线呈平行向上排列。

13. 6 日 RSI 介入 50 ~ 90 间。

14. 政府不断地作多，亦即利多消息频传。

15. 投资者开始注意本利、本益比，及股利因素。

16. 融资余额不断增加，融券余额不断减少。

▲空头市场的特征有哪些？

1. 市场好，人气沸腾，疯狂抢进，乃空头市场即将来临的先兆。

2. 有利消息传出，股价不涨反跌。

3. 不利消息不断传出，而行情呈兵败如山倒之势，纷纷跌停挂出。

4. 法人机构、大户大量出货。

5. 投资者纷纷弃权，而即将除息除权的股票亦毫无表现。

6. 人气涣散，追高意愿不强。

7. 6 日 RSI 介于 20 ~ 50 间。

8. 融资余额减少，放空户大增。

▲多头市场的成交量有哪些特征？

多头市场的成交量表现出的量价关系主要有以下几个特征：

1. 上涨有量，下跌无量。在多头市场中，不少投资者出于对股票价格上涨的预期，会在较高的点位大胆地买入股票，特别表现为追涨意愿十分强烈，每当股价创出新高时，不少投资者仍然会不顾股指的高位风险而抢点买入。特别是在重大利好消息出台时，会表现出一种跳空高开，随后在大的成交量配合下，股指出现飙升。股指在成交量的配合下走出较陡的上升通道，而在回档时，众多投资者基于看好后市会在高位仍采取惜售的态度，在经过合理的回档后，多方会再次展开进攻，成交量再次放出，股指会再次创出新高。

2. 盘整期仍然放量。在多头市场，市场对后市的看好会有许多投资者进入股市，这一放量虽少于急升时的行情，但仍比牛皮市中的成交量大幅增加。

3. 在股价持续上涨至相对的高位后成交量暴增，易形成头部区域。这一标准的设立可以 10 日均量来加以衡量，一般情况下，如果成交量超过 10 日均量达 30% 以上时，可认为处于暴量的阶段，一旦股指上升乏力，很可能形成短期的头部信号。

在多头市场之中，成交量的极度活跃与投资者的意愿有关，当然其中交叉着短线投资者的积极的买卖行为，特别当一些短线投资者看到股价持续上涨时，常会有一种怕被轧空的感觉，使其在大盘进一步上涨过程中仍会积极地买入股票。这种相互之间的频繁换手常会导致成交量值亦不断创新纪录；多头市场里股价走势为：上升（成交总值增加）→回档（成交总值萎缩）→盘档（再萎缩）→上升。

在关注多头市场的成交量时，必须注意到以下几点：

1. 成交量与股价的关系。成交量必须与股价呈正比例的关系。如果股价上扬不多而成交量继续放出的话，说明看空者开始增多，市场上有获利了结的意愿，对此必须加以警觉。

2. 可关注成交量与均量的关系。5 日均量与 10 均量和 5 日均线与 10 均线一样，会对股指起到某种的支撑或者阻挡作用。当日成交量在 5 日和 10 日均量以上时，可认为量价配合理想。反之则处于量价背离的阶段。

▲什么是空头市场中的成交量？

当大盘或者个股见顶回落后，常会出现一顶比一顶低，这时不少短线投资者买进股票后见第二天大盘仍呈下跌之态，为了减少手中股票的损失，从而将手中的股票抛出，但在大盘出现止跌过程中，常会使其产生短线可能有反弹的想象，从而再次杀入，第二天再次抛出，这样经过多次的反复后，股价已下跌一段，短线投资者的买气越来越淡，交易自然愈趋清淡，成交量值缩小。这种与自然现象中热胀冷缩类似的结果常是股市看到的现象。据此，空头市场的成交量常会呈先放量随后逐渐萎缩之态。

空头市场里股价走势为：下跌（成交总值减少）→反弹（成交值增加）→盘档（成交值减少）→下跌。

▲多空争斗在盘面的表现有哪些？

多空双方在盘面上的较量就如同战场上敌我双方的斗争一样，双方都是绞尽脑汁地想智取对方。而且，盘面上的多空双方在某种程度上可能比战场上的敌我双方更复杂，因为庄家可以同时扮演多方和空方两种角色，有时他会让你猜不透盘面表现出来的多空力量强弱到底是真的还是假的。比方说庄家想出货时，他总是想方设法制造利多消息来引诱众多散户买入，好让他自己脱身，等众多的散户买入之后，才发现这是个可怕的圈套。

▲如何判断集合竞价至一小时内的成交量？

盘面的每天变化离不开成交量的变化，成交量常会先于其他数据反映大盘的多空力量的对比情况。大盘开盘后尽管会受到“买盘”与“抛盘”关系、ADL 与股指的关系以及盘中波动等交互关系的影响，但大盘变盘的转折点往往会在成交量方面表现出来。

先研判集合成交量对当天大盘走向的关系。在当天无新股上市的情况下，集合竞价往往会反映出市场对当天开盘后走向看法。每个短线炒手应该将当天的集合竞价的成交量记载在笔记本中，从当天的集合竞价有时可以发现大盘的转折点。比如说，大盘在持续上涨后遇到一个关键的阻力位，在昨日大盘出现较大幅度的上涨后，第二天集合竞价的成交量突然明显的放大，而当天股指仅跳空几点开盘，遇到这种情况短线炒作应该迅速地将手中的获利盘予以兑现。因为集合竞价成交量突然放大，说明短线投资者有急于出局的欲望。当抛盘明显加大后，短线大盘的走弱不可避免。若当天集合竞价的成交量明显小于上一个交易日的竞价量，届时应该判断是在空头市场还是多头市场，在空头市场说明盘中接盘的力量较为薄弱，而在多头市场看到较小的集合竞价量应该以做多为主。

有的时候集合竞价的成交量不大，但在 5 分钟后成交量却明显放大，这里就引出如何看待开盘5分钟、15分钟、30分钟以及60分钟的成交量问题。与集合竞价有所不同的是，5分钟、15分钟、30分钟与60分钟的成交量均线可以在钱龙软件中找到，而集合竞价较难在钱龙软件中找到历史资料。短线关注5分钟、15分钟、30分钟与60分钟的成交量极为重要，作为有心人可先将当天5分钟、15分钟、30分钟与60分钟可能会出现的成交量先预测一下，然后记载在笔记本中，然后每隔一段时间将成交量与预测量的成交量进行对比研究，若发现成交量在逐渐放大，而股指不涨反跌，要提防有变盘的可能性。

对当天盘中出现的这种变化应该以不同的方法对待之。

1. 大盘暴涨时的操作技巧

在大盘暴涨的时候盘中会显示“红军”几乎占据了盘中的全部时间，大盘当天出现暴涨大都与重大的利好消息有关，重大利好消息出现后，大盘股指一般会呈现跳空高开高走之态，这往往是较难得的短线机会。持股者可根据以下两种方式进行操作：

（1）可在大盘高开后迅速上行的过程中先抛出股票，然后等待回落的机会再将其买回来。

（2）可以持股不动，当大盘股指出现较大的跳空缺口后，短线不会简单地使股指回落至原来的位置中，第二天必有较高点出现。

相对而言，第一种操作容易出现失去筹码的危险，而第二种方式则失去了在短线中博取差价的机会。

当大盘暴涨时，空仓者会有一种被轧空的感觉，这种感觉会使空仓者容易产生一种较大的恐慌，很容易在较高的价位买入股票。若出现重大的利多消息而使大盘呈跳空高开时，空仓者最佳的买入点是在开盘后5分钟内，这是因为当大盘跳空高开后，短线沽盘在很短的时间内蜂拥而出，但由于实质性的利多效应的存在，大盘当天在跳空高开后仍有继续走高的能力，因此，若能在开盘5分钟买入强势股，还是能取得较佳的短线机会。介入的股票既可以是短线的超强势品种，也可以是投资者在前期曾割肉离场的股票。当大盘处于暴涨的过程中，除开盘后几分钟属于买点以外，其余时间介入的获利空间不如开盘时来得大。

2. 大盘暴跌时的操作技巧有哪些?

在大盘暴跌时，却可见盘中几乎无“买盘”的存在。大盘的暴跌与利空消息有关，大盘不会莫名其妙地进入到暴跌的状态之中。当大盘跳空低开后，操作上与大盘暴涨时一样，持股者可在第一反弹时间将股票抛出，在大盘进入到暴跌状态后，不应存在任何幻想，尽管有的股票会表现出独立的行情，但大多数主力不会逆势而行。当大盘暴跌时，开盘后会有一个迅速对开盘指数进行修正的过程，这一过程表现在盘面走势上有一波反弹出现，特别是大盘本身处于强势的上涨势头之中，多方在大盘暴跌时会有一定的护盘动作，在具体的走势中表现为先探底后反弹的走势，在反弹过程中应该及时减磅。

大盘一般不会出现跌停式的暴跌，更多的时候是在跌破一些重要阻力位后，当天大盘会拉出大阴线，看上去这类走势似乎很不乐观，不少投资者在当天尾市收盘前将股票一抛了之。若缺乏特大利空消息的刺激不必在尾市抛出股票，当天拉出大阴线的股票，第二天常会呈低开后继续探底的走势，然后在盘中会出现类似旗杆式的上升走势出现，主要因为大盘深幅下跌而在技术上所表现出的对暴跌进行短线的修复；若属于击破重要的阻力位时，还有一个技术上的反抽机会。遇到这种情况，在操作上更是应该采取在大盘出现急速反弹的过程中先减磅出局的方法，具体的计算方法可利用 5 分钟 K 线形态，从其昨天下跌点至当日的最低点之间的黄金分割率 0.382 的位置进行做空，这样会在当天抛到较佳的点位，以后几天可以将其再补回来。

▲什么是 T+1 交易制度下的回转交易技巧?

有许多投资者对手中的股票高位被套者常会感到无所适从，实际上，诸多的股票还是可以通过盘中的回转交易来实现减低成本，最终达到解套的目的。这种操作必须结合大盘的涨跌进行高抛低吸。

当在高位买入股票而被套很深的时候，可根据大盘所处的位置进行高抛低吸。具体的操作方法有以下几种：

1. 当大盘处于上升通道的时候，若昨日大盘股指拉出小至中阳线，在当天上午开盘后，可利用大盘在开盘时的一股冲势，先将手中的股票抛掉，然后再将抛出的股票在尾市或者第二天买回来，争取保持手中的股票不脱手，但成本始终在降低。若大盘昨日是拉阴线报收，可进行相反的操作，只要认为大盘仍将会上涨，则可以在开盘后逢低买入被深套的股票，若当天大盘再次走强后，则可将手中的股票予以抛出。

2. 若大盘处于下跌通道之中，操作方法应尽量以先抛股票为主，这种操作方法应该与大盘同步进行。在空头市场中，也常会有短线的机会，原则上持股者应该以高抛后低吸回来，这里必须坚持先抛出股票为主，抛出后当天并不一定需要买回来，较佳的方法是在大盘连续出现两至三根阴线后，可在尾市将筹码捡回来。

操作上须注意的问题是，当日补回原来被套的股票后，若第二天拉出小阳线，应该尽量将在低位买进的股票予以抛出，不然的话，很可能使补进的股票同样被套住，这会加大操作的风险与成本。在空头市场一定要注意先抛股票然后再买回来的方法，若相反的话，则会遇到较大的损失。

只要对盘面走势多方加以研究，平时多想、多研究，从中找出一定的规律来，就能在股战中处于不败的地位。

▲什么是多空双方有头无尾的较量?

多空双方的较量有头无尾，善始不善终。

盘面所表现的特点：

1. 开盘时跳空高开，随后是放大量上冲，但股价很快就开始回落，伴随成交量逐步缩小，但成交非常活跃；

2. 上冲时对敲明显，造成价升量增的假象，以吸引跟风盘，回落时的成交却显得比较自然，这是真刀真枪的将跟风盘一网打尽；

3. 日 K 线形成长长的上影线，日成交量异常放大，不仅盘面显示抛压沉重，日 K 线图中的长上影线和背离的价量关系也都显示出抛压很重，股价需要回调整理。

当这种走势出现在上升通道中，表示抛压沉重，短线需要调整，若随后能够带量强势整理，则短线还可看高一线；若随后的成交量快速递减，则可能要回调寻求支撑；当这种走势出现在阶段性的高位，则可能是庄家拉高出货或高抛低吸所造成的，日 K 线图往往会形成射击之星。当股价在低位横盘时，庄家往往会用这种手法做出假象，让人感觉到抛压很重，等股价回调之后，再在低位慢慢地吸筹。

当出现这种长上影的巨量小阴或小阳线时，应引起高度重视，具体操作应视当时股价所处的位置，随后几日成交量的放缩情况以及价量关系而定。一旦股价走势疲弱、成交量快速萎缩，则短线卖出应是明智的，即使是庄家利用这种手法来骗取筹码。

▲从盘面发现买入的技巧有哪些?

1. 股价已连续下跌 3 日以上，跌幅已逐渐缩小，且成交量也缩到底，若突然量变大且价涨时，表示有大户进场吃货，宜速买进。

2. 股价由跌势转为涨势初期，成交量逐渐放大，形成价涨量增，表明后市看好，宜速买进。

3. 市盈率降至 20 以下时（以年利率 5% 为准），表示股票的投资报酬率与存入银行的报酬率相同，可买进。

4. 个股以跌停开盘、涨停收盘时，表示主力拉抬力度极强，行情将大反转，应速买进。

5. 6 日 RSI 大于 12 日 RSI，K 线图出现十字表示反转行情已确定，可速买进。

6. 6 日乖离率已降至 –3 ~ –5，且 30 日乖离率已降至 –10 ~ –15 时，代表短线乖离率已大，可买进。

7. 移动平均线下降之后，先呈走平趋势后开始上升，此时股价向上攀升，突破移动平均线便是买进时机。

8. 短期移动平均线（3 日）向上移动，长期移动平均线（6 日）向下移动，二者形成黄金交叉时为买进时机。

9. 股价在底部盘整一段时日，连续两天出现大长红或 3 天出现小红或十字线或下影线时代表止跌回升。

10. 股价在低档 K 线图出现向上 N 字形的股价走势及 W 字形的股价走势便是买进时机。

11. 股价由高档大幅下跌一般分三波段下跌，止跌回升时便是买进时机。

12. 股价在箱形盘整一段时日，有突发利多向上涨，突破盘局时便是买点。

13. 融资余额减少为天量之一半止跌时，代表再跌有限，可大胆买进。

14. 融券余额增加至天量，如有余权前之轧空行情出现时可买进。

▲从盘面分析卖出的技巧有哪些?

1. 在高价圈出现连续 3 日巨量长黑代表大盘将反多为空，可先卖出手中持股。

2. 在高档出现连续 6 ~ 9 个小红或小黑或十字线及上影线代表高档向下再追价意愿已不足，久盘必跌。

3. 在高档出现倒 N 字形有股价走势及倒 W 字形（M 头）的股价走势，大盘将反转下跌。

4. 股价暴涨后无法再创新高，虽有两三次涨跌，大盘有下跌之可能。

5. 股价跌破底价支撑线之后，若股价连续数日跌破上升趋势线，显示股价将继续下跌。

6. 依艾略特波段理论分析，股价自低档开始大幅上涨，比如第一波股价指数由 2500 点上涨至 3000 点，第二波由 3000 点上涨至 4000 点，第三波主升段 4000 点直奔 5000 点，短期目标已达成，若至 5000 点后涨不上去，无法再创新高时可卖出手中持股。

7. 股价在经过某一波段的下跌之后，进入盘整，若久盘不涨而且下跌时，可速出脱手中持股。

8. 股价在高档持续上升，当融资余额已达天量，代表信用太过扩张，应先卖出。

9. 短期移动平均线下跌，长期移动平均线上涨交叉时，一般称为死亡交叉，此时可先杀出手中持股。

10. 多头市场 RSI 已达 90 以上为超买之行情时，可考虑卖出手中持股。空头市场时 RSI 达 50 左右即应卖出。

11. 30 日乖离率为 +10 ~ +15 时，6 日乖离为 +3 ~ +5 时代表涨幅已高，可卖出手中持股。

12. 股价高档出现 M 头及三尊头，且股价不涨，成交量放大时可先卖出手中持股。

第四节　从盘面分析获取新股盈利的机会

▲如何从新股中获得丰厚的利润？

新股上市后被炒作的可能性很大，主要原因有以下几种：

1. 社会的游资较多，而这些游资无论在大盘低位和高位均较难从老股中获取暴利的可能性。因为不少老股都有庄在内，若盲目建仓的话则会成为老庄的抬轿者，若在大盘底部买入老股的话，上档的压力较大，一旦拉升则不易取得利润，反之，若在大盘处于高位时去做任何一只股票均会遇到给他人抬轿的问题。社会的游资极易在新股中建仓，这种建仓既可能出现在大盘持续低迷状态之中，而且也会出现在大盘的顶部区域。比如说，在市场中常会出现某只新股上市当天开盘后五分钟内即会出现较大的成交量，换手率达20%，有的甚至超过80%，这种建仓要比在老股中建仓容易得多。

2. 上市公司为了使自己公司的股票取得良好的社会形象，易与庄家一起拉抬自己的股票，既实现较佳的社会形象，同时也易获取丰厚的利润。新股当天的市场表现已成为上市公司极为关心的问题，上市公司好不容易有一次上市的机会，他们总希望自己的股价远在他人之上，据此，在其上市以前常会通过各大报纸对自己的股票进行大量的宣传，有的为了使自己公司的股票能成功上市，与券商一起炒高自己的股票。

3. 逢新必炒已成为一种惯例，社会上已形成一批专门从事新股炒作的专业户，他们构成新股炒作的有生力量。这类投资者不少从原来新股的炒作中获取了较丰厚的收益，特别像大唐电信、上海医药等新股的炒作曾给他们以极丰厚的收益，使其对新股的炒作形成一种较强的心理定式。

对投资者而言，若要获取短线的丰厚的利润，炒作新股是必不可少的一个环节。纵观沪深两市个股的炒作过程，除少部分新股上市后未被炒作以外，大多数新股在上市后都有一个被炒作的过程。

▲盘面炒作新股的形态有几种?

一般而言，新股的炒作常具有以下几种形态：

1. 高举高打型

在新股炒作的过程中，大多数庄家会利用投资者对新股的情况不知而展开高举高打的过程，高举高打往往是出乎市场的意料进行高开。不少新股在市场预期较高的情况下，常会呈现出高开高走的情况，因为不少股票在上市时市场的预期很高，而庄家也想进行一番炒作，若开盘价较低，原始股东采取较为惜售的态度，而如果高开的话，原始股东纷纷抛了，这样其往往能轻易获取筹码，庄家通过高举高打的方法，先高开，随后在盘中进行洗盘，这样极易取得充分的筹码。从沪深两市近几年每年上市的新股中，不少新股的炒作往往会呈这种炒作状态。

从新股上市的走向看，大凡被成功炒作的新股大都具有被市场广泛关注这一重要特征。一般而言，若缺乏被市场关注这一重要因素，无法吸引市场的跟风盘，一旦被炒作也不易取得一定的效果。这是因为作为新股的炒作需要资金的配合，一旦将某股打压至一定的价位后，若该股不被市场所看好，主力较难对该股进行成功的炒作，而一旦上涨则缺乏有力的买盘将股价托住。实际上，沪深两市在近几年上市几百只新股，不少新股尽管业绩很佳，但较难逃脱高开低走的厄运，而不管是否会得到炒作，很大程度上与市场关注程度有密切的关系。

2. 高开低走型

新股的高开低走与以下两方面因素有关：

（1）从目前新股的认购机制看，大都采取上网定价认购的方式，这种方式最大的缺陷是造就了一大批新股认购的专业户，一旦认购后，上市当日不管什么价就一抛了之，然后再次寻找新股认购的机会。实际上，目前所存在的新股认购的盈利远胜于二级市场操作的局面，从而使众多的社会资金集中在新股的认购之中。目前一级市场存在有25000亿元以上的认购资金，而且其一上市即采取抛掉的方法。其专门从事一级市场认购的获利率远胜过在二级市场中进行艰难的操作，其盈利将有25%~28%。

（2）从大盘所处的位置看，若大盘处于极高的点位时，一般而言，也极易形成高开低走的情况，最为典型的为中石油，它在沪市的5000多点上市，当日开在42元后高开低走，从而带动大盘的下跌。

（3）目前不少上市公司想让自己上市当天以不俗形象引起市场的关注，而常会动用部分资金开出较高的开盘价。

从新股炒作规律看，除少部分在上市后呈高举高打以外，大多数新股的炒作都会呈高开低走后，再高走的形态。这种炒作的方式还必须根据市场主力炒作意愿而定。高开低走后再次被炒作的股票大都有一个重要的内在因素，即其上市后，随着股价的逐渐下移反而体现其炒作的内在价值。这种情况的发生常会和这类股票具有较佳的基本面有关。其中不乏是一些高科技板块中的绩优股。

在这类股票的炒作中，常会有二种状况：

（1）上市后高开低走，在较短的时间内再炒上去。这类股票在沪深两市很多。像沪市的复兴实业，该股当天以25.00元开盘后，随后在较短的时间内下跌至 20.02 元，以后该股开始走入上升通道，并在较短的时间内上涨至 34.61 元。这类股票从高开到低走，有的时间周期在一个星期之后，而有的则在两至三天时间内。

（2）上市后高开低走，随后经过相当长一段时间的下跌后，再次产生上涨的过程。这种情况产生后，其时间跨度较长，有的甚至在几个月甚至一年以上。这类股票一旦成为后发制人的股票，其爆发力常会超过上市后即被炒作的股票。目前不少新股在上市后常会表现出高开低走之态，随后主力在较低的价位进行从容地建仓，一旦进入拉升，常会是其实现利润的阶段。

3. 低开高走型

低开高走的情况在沪深两市也很多，应该说，低开高走的股票给短线操作容易较快地带来利润。低开高走型的股票与以下几个因素有关：

（1）当大盘暴跌之际，上市的新股往往价格不会开得很高。主要原因在于当大盘暴跌以后，新股持有者往往会被大盘的下跌而降低了持股的预期。

（2）大盘处于极度低迷之际。在熊市常会发生不少股票的上市的价格开得极低，有的甚至跌破发行价。

（3）一些股票的内在价值本身被市场所低估。

低开高走的情况发生大都有以下几种内在条件：

（1）必须是在大盘上涨途中。若大盘呈盘跌或者暴跌之中，这种条件较难以形成。

（2）必须要有题材的配合。

从以上可以看出，新股上市后一段时间内，基本上会有这三种态势。这三种态势的股票常会有不同的结果，关键是看股价与其内在价值的关系：

第一，股票的内在价值远在其股价之上，这常会表现在不少股票在高开高走后，由于其股价明显被炒高，在得不到基本面支持的情况下而出现较大的跌幅。低开高走的股票许多常会有较佳的炒作过程，特别是一些在大盘暴跌之中上市的股票，尽管上市之初出现了低开高走，但由于其内在的价值不佳，常会在上涨至一定高位后最后仍以其内在的价值进行合理的定位。

第二，股票的内在价值在其股价之下。这种情况常会表现在高科技股票之中，这类股票上市后股价都比较低，尽管这类股票在上市后曾受到一波的炒作，但最终还是明显在原来上市之初的价格之上。

▲大资金注入新股时盘面表现的特点是什么?

当大资金注入新股时，其盘面所表现的特点是：

1. 股价曲线呈现清晰的波浪状，犹如一杆旗杆带动旗面有方向性、有目的性的波动；

2. 成交非常活跃；

3. 走势脱离大盘自成一体。

▲如何关注当日的 K 线情况?

新股的炒作成功不仅仅是当天是否走强的问题，对原始股东而言，其所关注的仅仅是当天的情况，他们很希望一上市后就将股票抛掉，从而实现快速获利的目的。而对二级市场的投资者而言，却要关注以后几天的情况。在实践中常会出现这种情况，有的股票当天的表现极佳，但以后几天均呈熊股的走势，技术形态呈高开低走，某个股性良好的新股在上市后常会成为市场重点关注的品种，之所以产生大黑马常与其开盘当天的表现有关。在关注新股的当天开盘价时，必须研究其 K 线形态的变化，若该股当天拉出一根大阳线，换手率在 70 左右，这类股票以后一般会有再次上涨的机会。

新股上市后是否会被炒作成功，与日 K 线的走势密切相关，成功炒作的新股的日 K 线形态常会呈以下几种形态：

1. 当天出现大阳线。若某只新股上市后当天拉出大阳线，这类股票后市一般仍有短线的机会。主要的原因在于当其出现大阳线后，短线的多空力量明显向多方转移，在多头占据较大的上风后，这类股票短线的机会将会大量增加。

2. 换手率较为适中。上市即被炒作的新股的换手率一般在 65% ~ 70% 间，换手率太高也不利于炒作，第二天有时反而会出现较大的下跌。

在对新股炒作时，最佳的方法除了可在其上市开盘 5 分钟买入外，对当天拉出阳线的新股可在第二天关注其开盘后的情况进行逢低吸纳。一个易炒作成功的新股往往会在第二天见分晓。在第二天介入新股的炒作时可分别对不同的新股进行不同的处理：首先，被市场一致看好的新股可在第二天开盘后逢低吸纳。所谓一致看好要有两种条件：其一是该股上市后受到舆论的普遍关注。其二，当天要有较佳的表现机会。比如说当天能拉出中至大阳线，这些条件若成立后，该股短线的机会会由此而产生。从稳健的角度而言，开盘后 5 分钟即买入的股票尽管有时会有较大的收益，但其不确定因素较大，特别是不少股票在开盘后表现尚可，但由于大盘的不配合或者新股上市后扩容的速度过快，常会使其呈高开低走之态。有时尽管当天拉出小阴线，但第二天却较难抵挡原始股东和部分二级市场投资者的沉重抛压。其次，即使要在短线炒作新股，也必须在其回档时介入。比如说当天表现极佳的新股既可在尾市买入，也可在第二天在其回调时买入，但最佳的方法还是在第二天尾市介入为佳。最理想的图形是当天拉出中至大阳线，但第二天进行调整，而其回调的位置最好在其上涨的三分之一的位置附近，这类股票若在收市前买入，以后仍将会有短线的机会。

▲为什么说不宜炒上市当天拉出大阴线的个股？

与上市当天拉出大阳线相比，上市当天拉出大阴线是绝对不可介入的，不管是何种价位，若当天拉出大阴线，该股则较难有再次表现的机会。有的股票尽管在当天的市场定位不高，但由于大阴线是与大的成交量相伴，后市只有以大阳线回补，该股才会有较大的机会。

在股市的实战中，不少投资者常会在上午开盘后即买入新股，而等到下午收盘时发现该股已下跌较深，第二天这类股票大多在低开后出现一个反弹机会，这时，如果还在指望反弹会继续，将会错过“逃命”的机会。正确的操作方式是，若当天买入的股票拉出大阴线，可在第二天开盘后 15 分钟内将其抛出，若当天低开低走的话，还是应该寻找出局的机会，因为股票不会只跌不涨，即使跌至很低的价位，也常会有一个反弹的过程。

▲为什么说大盘在下跌通道之内不宜买新股？

对一个成熟的投资者而言，大盘上涨途中宜积极做多，而大盘处于下跌通道中是不宜在市场中忙进忙出买卖股票的，不少投资者过分相信自己的选股能力，认为自己选的股票能摆脱大盘的下跌而走出独立的行情，这种情况的确存在，但在空头市场中始终处于激动的炒作状态时，则易犯新股炒作的大忌。空头市场之所以不宜买入新股的原因受到资金面因素的制约。当大盘进入到下跌通道之际，市场的存量资金是不足以导致新股成功炒作的重要因素。

第五节　从成交量看股价变动

▲什么是成交量？

成交量是股价的先行指标，分析成交量的变化可以预测股价的动向。美国著名投资专家葛南维曾经说过："成交量才是股市的元气，而股价只是成交量的反映，成交量的变化是股价变化的前兆。"正因为股价与成交量的关系如此密切，所以很多的技术分析工具（如K线图、趋势线等）都必须与成交量的变化结合起来分析，得出的结论才更具有科学性。

1. 股价与成交量的互相配合

（1）在股票市场中，若股民对股价涨跌看法不一，则市场交易就愈活跃，成交量也就愈大。因为，在这时，对股市看跌的人会卖出自己手中持有的股票，而对股价趋势看好的人则会买进股票，买方和卖方都觉得有利可图，于是交易自然活跃。

（2）股价上升时，成交量也扩大。因为在股市上升的行情中，随着成交量的不断扩大，股市日渐活跃，越来越多的投资者纷纷入市，人们对行情普遍充满信心，大量资金涌入市场，于是成交量与股价之间形成良性循环。成交量的增加，推动了股市的上扬，而股价的上涨，又吸引了更多的投资者，吸引了更多的资金，于是成交量也大增，从而促使股价进一步上升。

（3）股价下跌时，成交量则减少。在股价下跌的行情中，由于股价下跌，投资大众的信心不足，资金陆陆续续地离开了股市，成交量逐步减少，股价下跌。而股价的下跌，又进一步影响投资大众的信心，于是成交量与股价之间形成恶性循环。

2. 股价与成交量相背离，这种现象主要表现在行情逆转之前

（1）当股价上升时，成交量反而减少。在股市上涨行情的末期，随着股价的升高，越来越多的投资者开始出售持有的股票，而价位太高，买的人就不很多，因而成交量就减少。这种逐渐减少的迹象就是股市由上升转为下降的信号。

（2）当股价下跌时，成交量反而逐步扩大。在股市下跌行情的末期，当股价下落到某一价位后，一些理智的投资者开始暗中吃进，尽管股价仍有可能在小幅度的范围内下降，但成交量却表现出日益增加的趋势。股价与成交量的这种背离是股市由下跌转为上升的开始。

因此，投资者在分析股价走势时，要结合成交量的变化，特别是在行情逆转时。只有这样，才能更准确地把握买卖的时机。

▲如何分析每笔成交量?

在股市中，庄家机构大户在“坐庄”某股的全过程中，都要经过低位吸筹、拉抬、派发等几个阶段，为低位吸足筹码或减轻拉抬时的阻力或尽可能地降低持股成本，利用市场利好利空消息甚至不惜散布流言，还常有震仓举动。庄家的目的，无非是在吸纳足够的廉价筹码后，引诱散户跟风拉抬股价，从而达到其高位派发获利的目标。

但庄家何时吸纳，何时震仓，何时拉抬，何时派发，由于其行动诡秘，中小散户实难辨知。这时，可以利用“每笔成交”这一新的指标参数，还是可以发现庄家行动的一些蛛丝马迹的。

既然是庄家，那肯定是比中小散户资金要雄厚得多。他们下单买卖，每笔数额均较散户为大。

当他们在低位吸筹时，股价明显不跌或盘整或微升，但每笔成交应较平日有所放大。

当他们决定“震仓”时，由于多用低位对敲来进行，且其时散户尚未大举跟进，故每笔成交不应有明显减少。

当他们拉抬时，由于对敲拉抬，且不可能如吸筹时再投入更多资金，加上散户跟风者众多，故虽出现“价量齐升”，但每笔成交应有所减少。

当他们派发时，由于众多散户介入承接他们抛出的筹码，所以，股价高位振荡甚至下跌，庄家手中持股被散户“化整为零”般的啃食一空，故每笔成交应再有所减少。若如此，庄家阴谋得逞，广大散户还以为是高位平台，或小幅回档，持股守仓信心不减，但庄家却逃之夭夭。

广大散户不妨仔细分析利用之，于庄家进庄吸筹时跟庄介入，拉抬时坐轿，派发时离场“与庄共舞”，但切忌拉抬时跟风，或不被庄家之拉抬所引诱，任其自拉自唱，自生自灭，以遂庄家充当“大股东”之宏愿。

有时，我们也不必为股价的大幅波动而惊慌。若某股大幅振荡，但每笔成交未见减少甚至增加，这说明不是庄家在震仓唬人，就是另有新庄介入，换庄接筹。广大散户此时便大可坐山观此，稳坐钓鱼台。

由此可见，“每笔成交”是一个辨别庄家动态的有力武器，特别是它与市场基本价量指标，与个股自身价量指标发生背离时，更应引起我们的重视或警觉。

▲成交量与股价的关系是怎样的?

成交量表现出一种供求关系，代表了投资者对股票买卖愿望的强弱关系。当众多的投资者对股票购买的热情被焕发出来后，会导致成交量的急剧增加。反过来会使成交量大幅萎缩。当众多投资者看好股市，会使其在高位踊跃接盘，成交量会急剧放大；但当众多的投资者不看好后市时，即使在很低的股指位置也不会产生入市的意思，成交量也会相应减少。股票买卖是致富的一个捷径，多少人在进入股市后流连忘返。

股价最终是由供求关系所决定的。这正如市场上购买物品一样，物以稀为贵，这种稀缺是相对购买力而言，当某一物品有众人购买时，供不应求的结果会使价格出现上浮。反之，当东西没有人要的时候，价格则会下降。股市中的价格原理与此极为类似。

成交量与股价的涨跌是一种对立统一的矛盾体关系，股市中最直接的矛盾也就是供求的矛盾，当股票上涨时，必须要有成交量，这是因为，成交量持续扩增是股价上涨的必要条件。如果股票在上涨过程中缺乏成交量的配合，常会成为类似的在沙滩上造房子。在股市中有时也会出现没有量的股票照样上涨，特别是一些被主力基本控盘的股票常会呈无量空涨之态，但由于这类股票在上涨时无量，而下跌时就较难有支撑作用。

成交量常会先表现于价格而行。这种现象在股市中表现为当大盘或者个股上涨前夕，常会有较大的成交量出现，这是因为主力需要有一个先行的动作，必须先建仓然后才有拉升动作。随着成交量放大后股价的上涨也得到较坚实的基础支持，据此，成交量为股价上涨的先行指标。

在短线操作中观察某只股票是否会上涨往往需要结合成交量进行研判，这要观察其价量配合是否合理。在大盘或者股票上涨过程中出现涨的时候放量而跌的时候缩量，往往构成典型多头市场走势。相反，若大盘或者个股在上涨的时候缩量，而跌的时候却放量，即为典型空头市场走势。价量背离且在股市中常会成为反转信号。在股市中常会看到这种情况，即股价突破前一波高点，但成交量却低于前一波水准，这种价量背离的现象产生后往往会有短线的反转出现。

▲怎样看价压及量压图形？

1. 价压

一轮跌势滚滚而下，有时会将股价从 40 元跌到 20 元，腰截一半还算客气，像一汽金杯曾从 16 元跌到 8 元，从 8 元跌到 4 元，再从 4 元跌到 2 元，其损失之大可以想象。

头部三角“压”的市场意义：

（1）在长期的上升通道中 5 日、10 日和 20 日均线形成多头排列，不可能形成三角形“压”，因此没有“压”的图形就不存在头部的可能。

（2）在头部经过一段时间盘整后，空方抛压加重。长线操作者退场沽空使股价缓慢滑跌。最初的沽空可能是缓慢的、试探性的或无意识的。随着股价的下跌，5 日均线第一次下破了 10 日均线，这说明五天内新卖出的股民平均成本已低于十天内卖出的股民平均成本。也就是说，五天内新退场的股民情愿用低于十天平均价抢卖股票，股民对该股的供应量已超过了该股的需求量。也意味着十天内买入该股的股民已经小有亏损了。在长期上升中难得有亏损的时候，在亏损痛苦的提醒下又有一批股民退场卖出，卖出就能少亏钱又提醒持股者继续卖出。市场的天秤已倾向于空方，不久 5 日均线下破 20 日均线，使 20 日内买进的股民也有亏损。此消息继续提醒人们卖出该股，鼓励离场者继续离场，该股的需求量剧减而供给量越来越大，终于有一天 10 日均线下破 20 日均线，最终三条均线封闭成一个三角形“压”。这使亏损的人扩展到 5 日持股者、10 日持股者和 20 日持股者，这种循环如果继续强化的话，三条均线将向下形成空头排列，从而展开一轮空头行情。

三角形“压”在头部形态中是否有普遍性？一般来说绝大多数个股都有这个规律，而在长期上升的末端这种三角形“压”几乎是头部的代名词。

2. 量压

在分析日 K 线图 5 日、10 日和 20 日均价线的同时，同时必须研究 5 日、20 日和 20 日均量线。从某种意义上说，均量线的三角形“压”甚至比均价线的三角形“压”更加重要。

成交量“压”的市场意义：

（1）在长期上升过程中成交量急骤放大，均量线呈现多头排列：从下向上排为20日、10日、5日。

（2）随着股价越来越高使长线操作者开始离场，于是成交量开始缓慢下降，经过一段时间的成交量逐步减小后，5日均量线下破10日均量线，市场开始降温，进一步促使长线操作者离场。几天后成交量继续减小形成了5日均量线下破10日均量线，继而再下破20日均量线，随着成交量的进一步减小10日均量线又下破20日均量线，三条均量线封闭成一个三角形，此为均量的三角形“压”或称量“压”。

（3）量“压”出现后意味着第一批长线投资者（包括庄家）已经成功地撤出市场，剩下由追风的散户来扛住股价。由于中小散户的割肉有一个时间过程，因此量“压”出现后到下跌能量耗尽还有一个时间过程。由于行情的对称性，量压的中心点与行情启动点（第一根巨量阳线）之间的时间长往往等于未来下跌行情的（至少的）时间长。（投资者可以忽视一切技术指标，但不能忽视一个技术指标：量“压”，否则可能一败涂地）

▲什么是价涨量大的个股？

这类股票，通常是有突发性的利好消息待公布，主力来不及慢慢的低位吸货，只好采取拉高建仓的方式。由于这类股票的主力介入成本较高，后市大多会有爆发性的行情出现。

▲怎样看成交量重新放大的个股？

选取前期曾经出现急拉行情，调整时长期无量横盘的个股，待其成交量重新放大（通常量比在3以上，以6～9较佳，太大有出货嫌疑）时，可积极跟进。

前期出现过争拉行情，特别是连续几个涨停板拉上去的股票，都有大资金的介入。经过较长时间的调整之后，浮动的不坚定筹码所剩无几，从而为以后行情的纵深发展打下了坚实的基础。另外，股价能够缩量横盘，说明前期介入的主力资金无法在高位顺利出逃，同时主力有护盘的迹象。这类股票，成交量重新放大（最好是能够放大至前期开始急拉时的成交量），可能是以下原因中的一种：（1）前期主力蓄势完毕，卷土重来；（2）有新的增量资金的介入。不管是其中的哪种原因，重新放量之后，该股上涨的概率极大，积极跟进收益较高、风险较小。

▲庄家操盘时的形态是怎样的？

任何庄家坐庄的目的均是通过运作股票获利。不论庄家手法如何多变，只有将股票价格不断推升才能达到其目的。正由于如此，被庄家关注的股票，其价格波动总会有蛛丝马迹表现出来，只要投资者认真分析研究，掌握庄家操盘的手法，发现牛股还是能够做到的。

1. 低成本吸筹为获利垫底

低成本吸筹是庄家获利的基础，也是庄家操盘的第一步工作。在低成本吸筹过程中，庄家总是悄悄进场，耐心收集低成本筹码，低成本处所吸筹码是庄家未来产生超额利润的源泉。一般来说，庄家在低成本位置吃足筹码采用两种方式，一种方式是刻意打压股票价格，股票价格破位下行，恐慌性抛盘涌出，庄家在一边打压股票价格一边收集筹码的运动中吃足底货。这种方式由于庄家不容易控制局面或难以收集到足够的筹码而很少被庄家采用。另一种方式是庄家采用先拉升后打压的方式在低价位处收集筹码。这种方式由于容易引发散户割肉出局和便于庄家收集到较多的低价位筹码而被庄家广泛采用。

2. 试盘震仓清除前进障碍

庄家在低成本区收筹到足够筹码之后，绝不会骤然大幅拉升股票价格。一般来说庄家在低价位收集到足够的筹码并等于控制住了股票价格走势。为了避免庄家大幅拉升股票过程中遇到中途大量抛盘和提高庄家成本的情况出现，庄家在低价位收筹到足够筹码之后，必须在短时期内小幅拉升股票价格再在短时间内小幅打压股票价格，以震出意志不稳定的筹码和观察散户跟风情况，为日后大幅拉升股票价格扫清障碍。这一步工作就称为试盘震仓。

3. 拉升洗盘垫高散户成本

庄家试盘震仓虽然轰出了意志不坚的筹码，为日后拉升股票价格扫清了障碍，但是庄家此时并没有真正获利。因此庄家还必须拉升股票价格，吸引散户跟风抬轿，将股票价格拉升到庄家平均持仓成本以上。随着股票价格的上升，散户获利增加，前期解套压力也逐渐增加，为了避免持有筹码者获利过多，每当股价上了一个新台阶后，庄家必须休息一下，一则可以使前期获利者下车；二则庄家可以养精蓄锐再度拉升；三则可以进一步提高散户交易成本，为庄家控制散户行为作准备。庄家操盘的这一过程就是人们常说的拉升洗盘。

4. 出货派发套牢痴心散户

从上面庄家操盘的三个步骤可以看出，第一步庄家在低价位处收筹了足够的筹码；第二步庄家为拉升股票价格扫清了障碍；第三步将股票价格拉升到庄家平均持仓成本以上，账面盈利已很丰厚，提高了散户的投资成本，散户已经控制在庄家手中。在此基础上，庄家则有条件开始将账面利润转化为实际利润的过程了。这一过程就称为庄家出货派发。

▲从盘中价量关系分析大户是否吸货?

从总体上来看，如涨时量大，跌时量缩，可能是大户吸货。这里应该注意的是，有时庄家集中一笔打压，急跌量大，但又缓缓爬升，量逐步放大，这也是大户庄家在打压吸货。

▲庄家吸货时成交量的变化有哪些?

庄家介入某只股票的吸货现象往往表现为股价上涨，成交量递增。精明的散户应该能够通过分析发现庄家在什么价位开始进货，进货多久，进货多少，从而估计出庄家拉高的时机和可能炒作的幅度。

主力吸货造成成交量变化一般有两种情况。一种情况是，在原先成交极度萎缩的情况下，从某天起，成交量突然有所放大，且连续数天维持在相近水平，不像以前时大时小，这显然是人为的。

主力吸货也可能采取温和加价码买进策略，从而造成成交量有规律地递增，这一方面反映吸货后期浮码少，不得不加价才买得到的事实，同时，也反映庄家吸筹的急切心情。

▲“黑马”形成与成交量的关系是怎样的?

黑马并非是一日形成，尽管不少黑马与突发性的利好消息有关，但大多数黑马必须要有一个培育的过程，这种培育过程对众多的投资者会感到较为沉闷，但成交量从某一天起突然放大，而且以后几天呈不规则变化，这种变化表明有新的力量已经介入这只股票，并有计划地投入资金吸纳。但对一只黑马形成的成交量而言，这种逐渐放量的过程只能属于其前期的形成阶段，而更多地表现为主力需要对短线的获利盘进行清洗而出现的振荡走势，表现在收市前常会受到莫名其妙的抛压，但股价却会逐渐形成上升通道，主力的意图开始逐渐显露出来，这种形态的出现表明主力已经没有多少时间来耐心地慢慢进货了，不得不将股价一路推高进货（急速建仓，高举高打）。因此，从黑马形成与成交量的对应关系看，主要还是表现出涨时有量而跌时无量，并且成交量呈不规则的变化之态。

总而言之，成交量可成为对股指演绎方面的重要依据，成交总值增加或减少的速度可以推断多空争夺规模大小与股价指数涨跌的幅度。成交总值持续扩大，表示新资金不断涌入股市，是推动股价上涨的原动力，而成交量逐渐萎缩，常是大盘或个股出现转折点的时期。

▲巨量抛盘能否引发大跌势？

股价从高位向低位运动时，一般经历高位振荡、缓慢滑跌、加速暴跌、减速滑跌和低位振荡五个阶段。在高位振荡中，庄家的任务是尽量维持振荡时间，以便更多地在高价区派发。由于接盘不力，股价开始缓慢滑跌，这时庄家处于矛盾状态：一方面要维持高位股价，这就需要减缓派发量；一方面要加大派发力度，增加派发量，这就很难维持高位振荡。庄家一般采取能拖则拖，不能拖则进一步压价派发，于是股价进入加速暴跌阶段。研究从缓慢滑跌到加速暴跌的临界点是为了充分利用临界点的短暂时间，尽快地大量派发。

在缓慢滑跌和加速暴跌的临界点，通常会出现巨额抛盘，有时出现五六位数的大抛盘，这说明股价正在通过临界点向暴跌阶段发展。因此，在临界点附近如发现有巨额抛盘涌出，应毫不犹豫压价清仓。

▲如何关注成交量出现异动的个股？

有的股票很长时间交投清淡，成交不活跃，但某天突然进入了当天的量比排名前五名，或者上了成交量排名榜。这个时候，我们就得对该股多加留意了。该股过去的死气沉沉的历史很有可能改观了，该股可能将成为近期的热门股。

特别是那些流通盘较小，属于5000万以下的（最好是已经进行了卓有成效的资产重组）股票，在其缩量调整很长时间后，一旦其放量（成交量是前几天平均成交量的3倍以上，量比也超过3），可积极跟进。

▲怎样看量大价小的股票？

出现这种情况，一般都是主力在有计划地进行吸纳。但这种吸纳容易引起股价的上扬。主力为了掩盖其吸货的迹象，经常会在尾市的时候将股价砸低，从而在K线图形上留下长长的上影线。给人一种上方抛压非常之重的感觉。主力这种欲盖弥彰的做法，给股民的是一个较好的建仓介入机会。

▲怎样看成交量连续萎缩的股票？

有的股票，在一段时间的放量之后，成交量大幅萎缩，有的甚至会出现连续很长时间日成交少于10万股的情形。

一般来说，此类个股，主力吸筹完毕，强庄完全控盘。这种成交极为稀疏的个股，可能半个小时仅仅成交几笔小单。一方面说明该股的浮动筹码极少；另一方面，该股的庄家短期之内没有拉升欲望，这只股票不被市场中的大部分投资者所关注，短期之内仍然属于冷门、弱势股。如果这种情形持续1个月以上，短线的不坚定筹码相对较少，愿意介入的投资者一般都会做好长线准备，从而能够较少地锁定筹码。

选取这类股票的时候，应遵循以下几个原则：

（1）长时间成交清淡，几乎没人买卖，日成交较长时间维持在1万手以下；

（2）股价随着成交量的缩小逐步下跌，跌至某位置跌无可跌，成交量开始放大；

（3）维持较小的日成交量时间越长，将来上涨的空间将越大；

（4）成交量放大至缩量时的7倍以上（约为1000万股）时，中线可积极介入。

▲怎样根据成交量避开陷阱？

通常逢周五或尾市，买卖双方都会比较谨慎，一般不会轻易进行大手笔买卖。

但如果尾市股价突然上涨或下跌，则预示着次日有行情。例如：当市场非常悲观，某一周五尾市，深沪两地股市突然有大笔买单进场，买盘被推高，很快引来不少抛盘，虽然升势不大，但成交明显放大。果然，第二天各大证券报刊登载了主管部门针对股市推出的三大救市措施，深沪两地股市大幅跳空高开，一路向上。若投资者能根据尾市的异常变化，果断跟进，收益非常可观。

在正常情况下，如果收盘价等于开盘价，预示次日和行情不会有大的波动；如果收盘价等于最低价，预示次日行情下跌；如果收盘价处在最高价和最低价之间，预示多空力量相当，次日还将持续拉锯……看盘面成交量，可总结以下 6 条规律：

1. 成交金额（股市收市以后的总金额）除以总的交易次数，数值小，预示着入市股民是散户；数值大，预示着机构或大户在入市。

2. 成交金额除以总股票数，数值小，表示行情最近要下跌，因为大户都不肯入市；数值大，预示机构和大户看涨行情。

3. 成交金额除以成交的股票数量，如果每一股的平均价等于或接近于最高价，预示行情看涨，反之预示行情看跌。因为当天成交的大部分都在低价位，小部分在高价位。

4. 进入牛市最后一个阶段，股价上涨一天比一天减弱，成交量也随之减少，预示股价到顶。

5. 股价跌幅减少，低价股几乎不跌，成交量增加，预示股价近底。

6. 成交量和股价连续 3 天背道而驰，预示股价到底。

然而，尾市的抬高或压低也可能是主力大户人为造势，其造势持续时间的长短与造势者的实力有关。因此，股民必须当心，以免上当受骗：

1. 当股指、股价进行箱形整理时，若收盘股指（股价）有效突破上档阻力位或下档支撑位时，有大成交量配合，为“多头行情”或“空头行情”。（如沪市日成交量股数在 1 亿股左右，热门股换手率为 5% ~ 10%）

2. 若破上档阻力位时，成交量巨大，当心是机构大户的“多头陷阱”。（如沪市日成交股数 2 亿股左右，热门股日换手率 30% ~ 100%）

3. 若股指、股价突破上档阻力位或下档支撑位时，成交量较小，当心是机构大户的“多头陷阱”或“空头陷阱”。（如沪市日成交股数 5000 万股左右，热门股换手率 5%）

需要强调的是：股指、股价在“股票箱”底部、顶部徘徊时，应特别留意有无重大“利多”“利空”消息，留意成交量变化的情况，随时准备应付股指、股价的突破，有效突破为“多头行情”“空头行情”，无效突破为“多头陷阱”或“空头陷阱”。

第七章
Chapter7

学会如何跟庄

第一节 分清庄家与炒家

▲什么是庄家？

一般将在特定股票中具有一定资金或持仓量并有能力在一段时间内控制股价走势的投资者或机构成为此类股票的庄家。高明的庄家在操盘的过程中往往会有意识地进行与目标反方向的操作。即要买入时，同时卖出以稳定股价；而卖出时，同时买入以拉抬股价。

在分析庄家操盘技巧之前有必要先了解庄家的分类，因为不同类的庄家，操盘手法是不同的。根据操作周期可分为短线庄、中线庄、长线庄；根据走势振幅和幅度可分为强庄和弱庄；根据股票走势和大盘的关系，可分为顺势庄、逆市庄；根据庄家坐盘顺利与否，可分为获利庄和被套庄。

▲什么是炒家？

有人坐庄，就有人跟庄；坐庄的是庄家，跟庄的则是炒家。炒家最重要的特征便是短线搏杀。作为尚不规范、处于发展初期的中国股市，至今仍是一个高投机市场。这个市场上炒手云集，他们每天紧盯盘面，全神贯注，只要发现某只股票突然放量扬升，有所异动，立即全线杀入；反之，一旦发现某只股票冲高遇阻，或下跌破位，又立即割肉止损，斩仓出局，毫不犹豫，这便是炒家。作为以追涨杀跌为主要盈利手段的炒家，既有活跃市场、吸引社会游资的重要作用，又有破坏市场稳定、妨碍市场健康发展的负面影响。如同庄家一样，炒家也是一把危险的双刃刀。

第二节　看庄家选股的招数

▲庄家选股有哪些绝招?

1. 流通盘合适，被选中股票的流通盘必须是有利于炒作的，即流通盘子的大小要与操作者本身资金量相配合。用太大的资金炒作太小的股票会有一种杀鸡用牛刀的感觉，而用太小的资金炒作太大的盘子又会感到力不从心，推不动盘口。一般来说如果庄家能控制住某种股 50% 以上流通筹码，股价便可由庄家说了算。所以中小盘股比较容易受到庄家的青睐。近年上市的中小板、创业板股票愈来愈多，流通盘在 2000 ~ 3000 的个股便成为庄家关注的焦点。

2. 筹码分布合适，所谓筹码分布是筹码在不同价格上的分布，又指筹码在不同投资者手中的分布。从筹码分布状况中可以看出上方套牢区主要集中在什么部位，在哪一类投资者手中。

3. 股价较低，庄家往往喜欢在股市中闹革命，而不喜欢再给高价股推波助澜。股价位选择的一个基本原则，是应至少有 50% 以上的上升空间才会进入原来的密集成交区，只有这样庄家才能做到进退自如。

4. 当前个股走势，是否已经初步打底完成，还是正处于下跌的途中。在这些方面和因素考虑完之后，如果认为技术上该股适于炒作，那么还要对公司情况作出调查，了解其背景，看看有没有什么隐藏的利空，或者有没有可供炒作的题材。

5. 基本面具有改观潜力，股票不是每只都可用来随意炒的，那些基本面优异、受到国家产业政策扶持有可能成为市场热点的股票，由于市场前景看好，市价自然不菲，容易导致筹码分散，庄家难以吸到货，自然难以走强。但那些基本面差，人人避之不及的股票，却能通过各种潜在题材的出现而得到庄家的喜爱。并且主力庄家在炒作某只股票之前，都有相应的理由以引起散户的跟进。

6. 股性要求，除了上述外在的因素之外庄家还会考虑股性对后市炒作的影响。一般来说以下几种类型的股票容易受到庄家的青睐：业绩增长型，此类股票业绩有大幅增长，或每年都有较大幅度增长具有高成长性，炒作这种股票风险小，利润大；题材型，朦胧才有空间，一只股票只有题材不断才能借题发挥，充分利用市场跟风效应，顺利坐庄，获取超额的利润；超跌低价股，连续下挫，股价出现严重超跌，使庄家介入的成本极低，炒作之后价格仍然不很高，市场容易接受；冷门股，这些股可以让庄家轻松吸到足够的低廉的筹码。大量历史事实表明，真正的黑马，往往产生于题材股、超低价股和冷门股。

▲庄家如何选择长期下跌的股票?

专门选择长期下跌，被市场抛弃的股票坐庄，是机构选股的基本原则。

例如：由于沪股盛行所谓的“三不政策”，即不炒盘股、不炒异地股、不炒带H股的股，从而使大盘股板块股价一跌再跌，然则长期下跌正为庄家带来了大好的投资机会。于是1995年7月，一批异地机构以这类投资机会为坐庄依据，大规模吸纳大盘股板块，经过两个月的轰轰烈烈炒卖，使这批大盘股股票价格最高升幅1倍，最低也达五成。

庄家与市场存在着“对着干”的相反理论，尤其喜欢市场中人人不要的股票。

▲庄家如何选择具有投资价值的股票?

具有投资价值的股票，其企业大都内部管理优秀，技术领先，行业垄断性强，从而公司业绩特别优良，成长速度快，一般回报率也高。

不少中线庄家都尤其钟爱绩优股坐庄，而且广大股民也愿意跟这类庄家，即使被套牢也在所不惜，因为大都可以“柳暗花明又一村”。

作为中线庄家选择绩优股坐庄，成功率十分高。利润通常丰厚，而且风险也不大。炒绩优股，重要的一点就是利用业绩优的消息。庄家通常在传闻、消息公布、除权这些节骨眼上升拉高。这类庄家完全可以不顾大市的升跌而跟进。

▲庄家如何选择题材股?

例如国家的西部大开发发展战略，国家势必对某些地区、产业的政策上有所倾斜，这些大都成为股市永恒的炒作题材。

像以前极其红火的浦东概念股，庄家就是根据国家将重点开发浦东地区的政策而预测这一地区将有飞速发展，从而为该地区的上市公司带来大量优惠。因而大规模介入这些股票，不到两三年时间，就使某些股票翻了好几倍。又如 1993 年初深圳股市狂炒海南板块，就是以国家发展海南特区政策为依据，这是由我国的具体国情决定的。由于我国是一个政策性很强的国家，政策的倾斜、政策的着重点，都会令某一地区、某一行业有突飞猛进的发展。所以，机构也常会以国家制定的政策作为选股坐庄的依据，并且这种庄家，只要充分宣传，通常都可以吸引股民跟进，从中确实也可以获取丰厚的利润回报。

此外，题材炒作是永恒的。如收购则是中线庄家可以大肆炒作的课题。在国外，收购这类题材炒作也是永恒的，而且有的可以暴升三四倍。

同时有并购题材的公司即使实施合资后，其业绩在后期内未必能提高，因此，这类题材的炒作，更多的是一种投机，对庄家炒作技巧要求非常高。如：1995 年沪股并购板块的炒作，就有广电股份、河南神马、山西汾酒惨遭败局，占沪股购并板块的 30%。可见，其中也暗含着高的失败率，是投资者值得警惕的。

▲庄家如何选择冷门股?

这些股票由于长期备受冷落，无人炒作，获利消化彻底，而且股份处于相当低的水准。介入这些股票并伺机炒作，有时也可获取优厚回报。

第三节 跟踪庄家捕捉买卖时机

▲如何跟踪庄家捕捉买卖时机?

1. 根据盘中变化果断进出。庄家坐庄，首先必须在某一相对的低价区域暗中吸纳足够的筹码，若能及时发现庄家的动向，及时在庄家刚开始收集时果断跟进，那么你的持股成本与庄家相差无几，风险就不大，因为通常庄家必须将股价位抬到一定高度，引诱人们跟风，才会悄悄派发获利了结。一般而言，根据盘口成交量和股价的变化，通过横向和纵向的比较，也可捕捉庄家动向并适时跟进。

2. 留意庄家深度套牢的股票。有些时候，由于市场的突变，庄家也有坐庄失败的情况。如庄家已大量吸纳某只股票，还未来得及拉高出货，突发性的利空消息使得大势狂泻直下，争先恐后的抛盘和稀少的买盘造成筹码集中的庄家无法退出，不惜成本的杀跌出货损失太重，此时，庄家往往持股不动。这种被深度套牢的庄家股是投资者可以留意的目标。因为股市有跌必有升，当大势由跌转稳并出现回升迹象时，庄家便会借机大炒手中的被套的股票，低位买进的筹码既可摊平被套股票的价格，更可借助大势推动，卖出手中被套的股票。

▲新手炒股时应注意什么？

忌过热：不要追逐过热的股票。过热的股票往往是人为操作最剧烈的股票，也往往是涨价、跌价最猛烈的股票。此类股票虚浮性最大，当你认为是赚大钱的时机，却往往是惨败的时候。

忌过冷：不要购买过分冷门的股票，购买过分冷门的股票一年到头交易清淡，股价不兴，遭受难以变现的折磨。

忌过急：投资股票不要过分急躁、过分慌张。过于急躁和慌张，时常会买到最高价，出售时又会卖到最低价，蒙受不必要的损失。形成一买就被套，一割肉就上涨的尴尬局面。

忌过慢：买卖股票不要迟疑不决，迟迟下不了决心，以免贻误良机。只要有获利机会即应当机立断，不要迟疑、畏缩。

▲怎样识别庄家派发信号？

庄家无论前期怎样疯狂地操作，最终只有将手中的股票能够按照既定的目标卖出去就算是完成了整个坐庄行为，一般来说庄家派发筹码的手段通常有以下两种：

（1）一种是将股价推高后在高位进行窄幅整理，成交量脉冲般放大，图形上走出圆弧顶或者多重顶，这种形态一般以一种不完整的顶部反转形态进行完成，从而给投资者造成一种中途整理形态的错觉，主力利用这种“骗线”的手法来逐步达到出货的目的。

（2）另一种手法是当主力将股价拉高无法顺利地在高位进行出货时，往往借助于基本面的变化来配合出货。一般采用的手法是借送股、配股的机会在除权缺口出现后，绝对股价大幅下降时出货，并往往会在除权后放出历史天量，当主力完成派发后，股价便从此走弱长期低迷。

从上述介绍看出，当庄股经过一段疯狂的拉升之后，在高位如果出现成交量异常的放大甚至创出历史天量，此多为庄家出货的派发信号。天量的标准在每次行情都会有所不同，一般来说随着市场规模的扩大、流通市值的增加，天量的标准亦在不断增大。天量出现时由于大多数投资者认为新的天量仍会出现，所以导致丧失卖出时机。投资者在无法确认是否天量时，应在创出新高时果断出局。如果后市成交量不能继续放大，虽然其后几天甚至是与天量同时出现天价，但此时投资者面临被套的概率也成倍增加。为了保住得来不易的胜利果实，广大投资者还是尽快获利了结为好，切记要摆脱人性的潜在弱点。

此外，庄家常常采取筹码未出，舆论先行的策略，用消息把股票再次炒热。所以当庄股在媒体上频频出现，市场传闻愈加诱人，股价也配合走高之时，庄家往往已经在悄悄地出货了。

第四节　跟随庄家出货

▲怎样了解庄家出货策略？

随着投资者在股市中的不断磨炼，庄家发现如果简单的希望通过利多消息进行出货变得越来越难，因为在此惯性思维下散户投资者甚至可能跑得比庄家还快。庄家因此会在消息推出的同时再向上拉抬一下股价并创出新高，借以麻痹投资人。走出一种后市依然看好的形态，使投资者进退两难。当然有时也会出现庄家利用信息进行震仓行为的情况。既当大家都认为消息是庄家出货的标志时，庄家反而利用消息可以达到震仓的目的。因此为了判断庄家是否想真正出货，投资者应该通过研究观察过去的 K 线，特别是小时 K 线，以判明庄家的成本和持仓量。

庄家在出货的过程中为了稳住新进入市场接筹码的人，往往开始时不会对股价砸得太狠，而是采用慢慢的少量抛售，一般庄家出货的第一天可能在较大成交量的配合下收出一根带长长上影线的小实体 K 线，其具体是阴是阳关系不大。然后会走出逐渐盘弱的形态，为了使重要的技术位不会马上被打穿，庄家会制造一个小幅技术性反弹。如果庄家出货心意已决，三四天后 K 线便会形成一个明显的通道，这时总的跌幅在 8% ~ 15% 甚至会更小。

之后庄家还会通过一个较有力度的反弹，抛出最后的骗线以稳住止损盘的抛售，给人一种盘整的感觉。在此期间庄家对接盘成本计算得十分精确，一般不给接盘获利出货的机会。

反弹骗线之后庄家完全露出大举出货的真面目，导致股价的大幅下挫。而此时庄家的出货量可能已经超过或达到预定目标了，手上的筹码大部分或全部都是炒作中的战利品。此时如果没有庄家的推波助澜，众多散户的止损杀跌盘依然会使股价继续下跌。

▲怎样跟随庄家出货?

从本质上讲庄家出货就是买盘由少到多再到少，而卖盘由少到多的过程。一旦买卖盘达到平衡，则出货阶段结束。庄家首先借助天时、地利、人和，使某只股票成为市场的亮点，散户也开始认同它的价格，并且敢于想象更高的价格。随着股价的节节上升，跟风的人也越来越多。其次当股价达到庄家的预定的价位后开始横盘。横盘时由于大家都没有利润，此时卖盘会减少。另外，在股价继续上涨时，许多人不敢追入，而一旦停止上涨，他们则敢于买入。

经过前面两个阶段的炒作，一些短线筹码开始撤离，并且由于该股在一段时间没有表现，买方人气低迷使成交量会明显减少。而此时手法高明的庄家会采取以守为攻的战术，继续拉升股价，并创出新高，从而造出一种平台整理的假象吸引买盘的再度拥入。

庄家由于去意已决，所以股价在短暂拉升之后又会下控甚至低于前期横盘的底部。这时认为该股正在调整的人们，会逢低买入。同时也会有补仓降低成本买盘的出现，从而庄家又可培养一批跟风者。

最后当买卖盘几乎持平之时，便是庄家最后撤离之时，所以股价会一路地跌停。使尚未来得及撤出的跟风者干脆就没有卖出的机会，甚至在较高的价位上割肉保本都成了一种奢望，而庄家则早已功成身退了，出货行动也就到此结束了。

▲怎样掌握庄家出货方式?

虽然庄家出货的过程中对散户投资者可以说是一种毁灭性的打击，但是如果能够了解庄家的出货过程中的具体方式，从庄家疯狂的屠刀下，最后择机逃离也不是不可能的。以下列出目前较为流行的庄家出货方式供投资者参照使用：

1. 无论大盘走势如何，个股独立地构筑漂亮的上升通道，并在弱市之中表现得极为抗跌，股价长期在标准的上升通道内运行。忽然有一天股价大幅跳水，之后的跌势就一发而不可收。此种出货方式切记不要误认为是庄家的洗盘操作，应急速离场。

2. 首先制造向上突破假象，然后再放量下跌。股价一旦突破长期盘整区，往往会吸引跟风盘特别是技术派投资者的追入。而庄家通过对倒放量向上突破不过是在跳水前做的一个准备动作罢了。投资者应关注实时买卖盘的变化以揭穿庄家自拉自唱的把戏。

3. 对于通过高额送配进行脱身的庄家，利用送配留下巨大的除权缺口及除权后较低的市价优势，往往会顺势做填权行情。通常在除权前先价涨量增，制造抢权的假象，除权之后的几天再做填权之势，一旦跟风买入的人增多，主力便会借机出逃。因此对此类看似疯狂炒作的个股切记不可高位仓促跟进，因为有时不赚钱总比亏得血本无归要好得多。

第五节　跟短、中、长线庄家

▲短线庄家炒股有哪些特点？

1. 对长期走势信心不足，只敢从事短线操作；

2. 收集筹码少，通常为流通股的 10% 左右，收集时间短，1 ~ 2 天就收集完毕；

3. 完全以技术面为依据，选股侧重猛拉，大量突破颈线压力，跌深后反弹；

4. 这种庄股升幅有限，一般只有 10% ~ 20%；

5. 这种庄家出货速度也快，绝不打持久战。

▲如何跟短线庄家？

散户跟短线庄比较难，在跟庄时要注意：

1. 期望值不要太高，有 5% ~ 10% 的升幅就得离场；

2. 万一迟疑，错过时机，就不要追入，以免两头挨耳光；

3. 性格优柔寡断者最好别跟庄。

▲中线庄家炒作有哪些特点?

1. 有明显的收集期。因为收集筹码多，动用资金往往以数千万元计，所以收集时间比较长。在K线图上，往往会见到庄家收集的痕迹，主要表现在：在接近底部时大市继续下跌而该股不再下跌；大市盘整时，它却盘升，成交温和放大。

2. 升幅可观，起码达50%以上。这是因为中线庄家吸筹较多，易于拉动股价，而且正因为吸筹较多，将来出货也难，故而必须要有较大升幅，才能保证将来出货时价格下跌而还能有相当盈利。

3. 往往采取波段式操作，因为要有较大升幅，因而每拉升一段要充分洗盘，让散户手中部分筹码换手。当然，洗盘时又不致破坏上升趋势线。

4. 中线操作必须有一个良好的炒作题材，以便庄家拉抬时师出有名，比如业绩题材、送配股题材、购并题材、资产重组题材等。中线庄家往往借助处于朦胧状态的题材，采取大涨小回的方式拉抬，并运用技术面如阻力位、支撑位、移动平均线、RSI等操作，这种操作方式，由于符合技术走势，因此比较容易获得认同。

5. 出货时间长。由于手中筹码多，派发时间自然比较长；而且，由于持筹成本低，拉高幅度大，因此，庄家不但高位派发，中位甚至低位也仍然派发。

▲如何跟中线庄家?

跟中线庄家的策略有：

1. 期望值要高些，要经得住庄家洗盘，不计小的得失，耐得住寂寞，持筹成本低，则只管放得久一些；

2. 观察到庄家开发派发，即使跌幅较大，也不要接货，因为庄家的派发很可能还可以往下继续一段时间；

3. 如果察觉庄家行为已晚，庄家已拉了两个以上波段，最好不要再吃入，因为这时盈利可能幅度不大，而大亏的风险则不小。

▲长线庄家炒股有哪些特点?

长线庄家往往选中业绩有很大改观的或业绩连续几年大幅增长的股票，在吸纳筹码时耗时较长，也不太计较几十个价位（几毛钱）的成本，往往采取台阶式收集方式。由于在选股上往往是在经济周期的底部附近，又有股票业绩作支撑，因此庄家往往心存高远，股价在不受特大突发性利空的打击下，形成较长时间的上升趋势，一个周期下来，涨幅惊人。

▲如何跟长线庄家?

跟此类庄家，不要为小幅升跌而患得患失，不要太过于留意中途的波折，唯有当经济周期顶峰到来，股市狂热得丧失理智时，庄家才会抛得出手中持股，你此时也已获利颇丰，此时才应出货。

第八章
Chapter8

股票投资和买卖技巧

第一节 股票投资策略

▲股票投资期限如何选择?

股票投资期限选择是投资者根据各种市场因素和投资期望值来合理确定持股时间长短的策略的方法。

股票作为一种永久性的有价证券是无所谓期限可言的，这里所讲的股票投资期限是指投资者持有某种股票的时间长短，可将投资分为长期（线）投资、短期（线）投资和中期（线）投资。

▲新股上市时怎样投资?

新股上市一般指的是股份公司发行的股票在证券交易所挂牌买卖。新股上市的消息，一般要在上市前的十来天，经传播媒介公之于众。新股上市的时期不同，往往对股市价格走势产生不同的影响，投资者应根据不同的走势，来恰当地进行投资决策。

当新股在股市好景时上市，往往会使股价节节攀升，并带动大势进一步上扬。因为在大势造好时新股上市，容易激起股民的投资欲望，使资金进一步围拢股市，刺激股票需求。新股上市时，投资者还应密切注视新上市股票的价位调整，并掌握其调整规律。

一般来讲，新上市股票在挂牌交易前，股权较为分散，其发行价格多为按面额发行和中间价发行，即使是绩优股票，其溢价发行价格也往往低于其市场价，以便使股份公司通过发行股票顺利实现其筹资目标。因此，在新股票上市后，由于其价格往往偏低和需求较大，一般都会出现一段价位调整时期。其价位调整的方式，大体上会出现如下几种情况：

（1）股价调整一次进行完毕，然后维持在某一合理价位进行交易。此种调整价位方式，系一口气将行情做足，并维持其与其他股票的相对比价关系，逐渐地让市场来接纳和认同。

（2）股价一次调整过头，继而回跌，再维持在某一合理价位进行交易。将行情先做过头，然后让它回跌下来，一旦回落到与实质价位相配时，自然会有投资者来承接，然后依据自然供求状况进行交易。

（3）股价调整到合理价位后，滑降下来整理筹码，再做第二段行情调回到原来的合理价位。这种调整方式，有涨有跌，可使申购股票中签的投资者卖出后获利再进，以致造成股市上的热络气氛。

（4）股价先调整至合理价位的一半或2/3的价位水平后，即停止，然后进行筹码整理，让新的投资者或市场大户吸进足够的股票，再做二段行情。此种调整方式，可能使心虚的投资者或心理准备不充分的股民减少盈利，但有利于富有股市实践经验的投资老手获利。

由此可见，有效掌握新股上市时的股价运动规律并把握价位调整方式，对于股市上的成功投资者是不可或缺的。

▲新股发行时怎样投资？

在交易市场的资金投入量在一定的前提下，新股的发行，将会抽走一部分交易市场的资金去认购新股。如果同时公开发行股票的企业很多，将会有较多的资金离开交易市场而进入股票的发行市场，使交易市场的供求状况发生变化。但另一方面，由于发行新股的活动，一般都通过公众传播媒介进行宣传，从而又会吸引社会各界对于股票投资进行关注，进而使新股的申购数量，大多超过新股的招募数量，这样，必然会使一些没有获得申购机会的潜在投资者转而将目光投向交易市场。如果这些潜在投资者经过仔细分析交易市场的上市股票后，发现某些股票本益比、本利比倍数相对低，就可能转而在交易市场购买已上市股票，这样，又给交易市场注入了新的资金量。

虽然在直觉上可将新股发行与交易市场的关系作出上述简单分析和研判，但事实上，真正的相互影响到底是正影响还是负影响，要依股市的当时情况而定；或是交易市场影响发行市场，也要依股市的当时情况而定，不能一概而论。

一般来讲，社会上的游资状况，交易市场的盛衰，以及新股发行的条件，是决定发行市场与交易市场相互影响的主要因素。其具体表现是：

1. 社会上资金存量大、游资充裕、市况好时，申购新股者必然踊跃。

2. 市况疲软，但社会上资金较多时，申购新股者往往也较好。

3. 股票交易市场的状况好，而且属于强势多头市场时，资金拥有者往往愿将闲钱投在交易市场搏击，而不愿去参加新股申购碰运气。

4. 新股的条件优良，则不论市况如何，总会有很多人积极去申购。

在我国目前的市况下，投资者可根据新股发行与交易市场的关系，灵活地进行相应抉择。

▲怎样投资大型股票?

1. 当预测短期内利率将升高时，应大量抛出股票，等待利率升高后，再予以补进；反之，当预测短期内利率将降低时大量买进，等到利率真的降低后，再予以卖出。

2. 可在不景气的低价圈里买进股票，而在业绩明显好转、股价大幅升高时予以卖出。同时，由于炒作该种股票所需的资金庞大，故较少有主力大户介入拉升，因此，可选择在经济景气时期入市投资。

3. 大型股票在过去的最高价位和最低价位上，具有较强的支撑阻力作用，因此，其过去的高价位是投资者现实投资的重要参考依据。

▲怎样投资偏高做手股?

偏高做手股是指由于人为炒作而使股价明显偏高的股票。

这类股票涨升状况有时脱离常理，因此股价习性也较难以捉摸。有时在公司处于亏损状态时，因某项未来利多情况在背后支撑，或是多空之间，已演成思变的做手战，也导致股价明显偏高，甚至在股价已明显偏高的情况下，仍有有心人在不断做手买进，偏高股价继续一路上扬。一旦做手者停止操作，则股价就会出现大幅下跌。

对应偏高做手股的投资策略是：除了熟悉内幕的经验行家之外，最好不要受股价暴涨的诱惑而轻易介入买卖，但在其股价盘整之后的涨升之初，仍可以小额资金短线抢进，但若遇主力撤离股市使该股转入跌势之时，则要迅速忍痛卖出所持股票。千万不可期望反弹再卖，以免被高价套牢，而蒙受更大损失。

▲怎样投资中小型股票?

按照国外一些分析专家的观点，中型股票是指市价总值在 7 至 12 亿元之间的公司股票。而市价总值在 7 亿元以下的则往往称为小型股票。

中小型股票的特性是：由于炒作资金较大型股票要少，较易吸引主力大户介入，因而股票的涨跌幅度较大，其受利多或利空消息影响股价涨跌的程度，也较大型股票敏感得多，所以经常成为多头或空头主力大户之间互打消息战的争执的目标。

对应中小型股票的投资策略是耐心等待股价走出低谷，开始转为上涨趋势，且环境展望好转时予以买进；其卖出时机根据环境因素和业绩情况，在过去的高价圈附近获利了结。一般来讲，中小型股票在 1 ~ 2 年内，大多有几次涨跌循环出现，只要能够有效把握行情和方法得当，投资中小型股票，获利大都较为可观。

▲怎样投资高价股?

通常市场上将每股价格高于 20 元的股票称为高价股，也可称为一线股。除了市场主力对个股进行恶意炒作之外，高价股的形成，一般都是由上市公司的经营状况确定的。高价股主要包括绩优股和高成长股。

绩优股，顾名思义是指业绩优良，且盈利能力较为稳定的上市公司股票。这些公司由于竞争能力强，拥有较大的市场份额，保证了稳定的收益来源；但也正由于这一点，这些公司年增长速度不会太高，一般维持在 10% ~ 15%，基本上都是大型公司。投资者如果购买绩优股，就不应该指望这些股票在短期内获得丰厚的收益。但是在一轮熊市行情中，绩优股下跌的幅度较其他股票要小；一旦行情转为牛市，投资于绩优股也能给投资者带来可观的回报。投资于此类股票，风险系数相对较低，对稳健型投资者来说是一种较好的选择。投资者一旦买进绩优股，就不宜再频繁出入股市，应当尽可能地进行中长线的投资。

所谓高成长股是指迅速发展的公司所发行的具有高回报高成长性的股票，股票的高成长性主要表现在两个方面：

（1）公司业绩呈高速增长趋势。

（2）公司具备了较强的股本扩张能力。

上市公司的成长性越好，其股价上涨的可能性也就越大。

对于高成长股的投资，投资者可本着以下思路进行：

首先，准确地找出适合投资的高成长股。

（1）选择属于成长型的行业。也就是说要选择朝阳行业，避免夕阳行业。目前，生物工程、电子仪器、网络信息、电脑软硬件以及与提高生活水准相关的工业均属于朝阳行业。

（2）选择总股本较小的公司。公司的股本越小，其成长的期望也就越大。因为股本达到一定规模的公司，要维持一个迅速扩张的速度是很困难的。例如上海石化（600688）总股本达72亿，在今后相当一段时期内可能都不会有任何送配方案出台，而对于那些总股本只有几千万的公司而言，股本扩张相对容易得多。

（3）选择过去一两年成长性好的股票。高成长的公司，其盈利的增长速度会大大高于其他公司，一般是其他公司的1.5倍以上。

其次，准确地把握买卖时机。成长股的价格与公司的经营状况存在着密切的联系，所以当经济形势发生变化时，其波动幅度往往会更大。在熊市阶段，成长股的跌幅会更大；而在牛市阶段，其涨幅会大于其他股票甚至股市的领头羊。投资者在操作中应注意在牛市的初级阶段买进高成长股，而当股市狂热蔓延时，应卖出持有的股票。由于成长股的波动幅度大，所以对成长股的投资比较适合激进型的投资者。

除了绩优股和高成长股外，一些三线股经过市场主力的恶意炒作后，也可能成为高价股。这时，投资者应对这些公司的财务状况及市场情况进行认真地分析，切忌盲目追高，成为无谓的牺牲者。

▲怎样投资低价股?

低价股也称为三线股，市场上通常将每股价格低于10元的股票划为此列。

低价股主要由以下几种原因形成：

1. 公司业绩较差，甚至已经到了亏损的局面。这也是目前市场上大多数低价股的通病。

2. 公司的股票发行量过大，缺乏高速增长的可能。

3. 公司的产业结构不尽合理，有的甚至身处夕阳行业，难以塑造好的投资概念来吸引投资者。

由此可见，除了业绩因素之外，股本扩张能力以及炒作的想象空间等因素也很大程度上确定了股票的价格。

由于业绩不好、缺乏炒作题材，低价股一般不会有太大的市场表现。但是，低价股往往也是主力机构投机的对象，由于人为的操纵，也会有暴涨暴跌的行情出现。所以，投资者投资于低价股时，应当选择股性比较活跃的个股进入。具体可从以下几个方面来考虑：

（1）公司流通股本较小的股票。这种股票，主力一旦投入巨资容易造成股价的大幅波动，投资者可通过这种波动博取买卖差价。另外，股本小孕育了一定的股本扩张机会，如果公司业绩不是太差，有出现送配股的可能。

（2）公司基本面比较好的股票。基本面好就会有各种炒作题材产生，市场上的主力便会利用这些题材将股价炒高。

（3）新上市公司的股票。由于在上市前的包装，新上市的公司不论业绩如何，均会以一个漂亮的外壳闪亮登场，从而为其股票在二级市场上创造了广阔的想象空间，一些市场主力也会加以操纵而使其股价出现大的波动。

（4）资产重组公司的股票。公司由于业绩不佳而进行资产重组，通过注入优良资产等形式，使其经营业绩得到改善或改变其产业结构，从而达到吸引投资者的目的。这时，场内的主力机构便会对其进行炒作。有的公司甚至通过资产重组一跃成为绩优股或进军高科技产业，这些公司的股票后市通常都会有较大的行情。

低价股行情的产生，很大程度上是由主力机构的人为炒作而形成的，投机成分相对较重，所以一般的投资者需采取谨慎的态度，不要轻易地介入，否则极易被高位套牢而成为牺牲品。

▲怎样投资业绩激变股?

业绩激变股是受景气或其他因素的影响，公司经营业绩呈现不规则性极端变动的股票。

业绩激变股的股价，大多同公司经营业绩的好坏呈正方向变动趋势，业绩看好，股价涨升，业绩转劣，股价跌落。一般来讲，这类股票的价格涨跌幅度较大，而其涨势与跌势的时间，也比其他类股票为长。

对应业绩激变股的投资策略是：

1. 待其涨势明显后赶紧买进。有时也可抓住时机，抢其短线生意，增加利润。

2. 在跌势明朗时，应将所持股票尽快抛出，甚至可融券放空。

采取业绩激变股的投资策略，要求投资者密切注视公司经营业绩的变化，如果能抢在公司业绩变动之前进行此类股票的买卖，则投资效果更为理想。

▲怎样投资投机股?

投机股是指那些易被投机者操纵而使价格暴涨暴跌的股票。投机股通常是内行的投机者进行买卖的主要对象，由于这种股票易暴涨易暴跌，投机者通过经营和操纵这种股票可以在短时间内赚取相当可观的利润。

投机股的买卖策略是：

1. 选择公司资本额较少的股票作为进攻的目标，因为资本额较少的股票，一旦投下巨资，容易造成价格的大幅变动，投资者可通过股价的这种大幅波动来获取买卖差价。

2. 选择优缺点同时并存的股票。因为优缺点同时并存的股票，当其优点被大肆渲染，容易使股票暴涨；而当其弱点被广为传播时，又极易使股价暴跌。

3. 选择新上市或新技术公司发行的股票。这类股票常令人寄予厚望，容易导致买卖双方加以操纵而使股价出现大的波动。

4. 选择那些改组和重建的公司的股票。因为当业绩不振的公司进行重建时，容易使投机者介入股市来操纵该公司，从而使股价出现大的变动。

需要特别指出的是，由于投机股极易被投机者人为地引起股价的暴涨与暴跌，一般的投资者需采取审慎的态度，不要轻易介入，若盲目跟风，极易被高价套牢，而成为大额投机者的牺牲品。

▲怎样投资蓝筹股?

蓝筹股（又称蓝宝股 blue chip）泛指实力强、营运稳定、业绩优良且规模庞大的公司所发行的股票。

蓝筹的特点是：投资报酬率相当优厚稳定，股价波幅变动不大。当多头市场来临时，它不会首当其冲而使股价上涨。经常的情况是，其他股票已经连续上涨一截，蓝筹股才会缓慢攀升；而当空头市场到来，投机股率先崩溃，其他股票大幅滑落时，蓝筹股往往仍能坚守阵地，不至于在原先的价位上过分滑落。

对应蓝筹股的投资策略是：一旦在较合适的价位上购进蓝筹股后，不宜再频繁出入股市，而应将其作为中长期投资的较好对象。虽然持有蓝筹股在短期内可能在股票差价上获利不丰，但以这类股票作为投资目标，不论市况如何，都无须为股市涨落提心吊胆。而且一旦机遇来临，却也能收益甚丰。长期投资这类股票，即使不考虑股价变化，单就分红配股，往往也能获得可观的收益。

对于缺乏股票投资手段且愿作长线投资的投资者来讲，蓝筹股投资策略不失为一种理想的选择。

▲怎样投资循环股?

循环股是指股价涨跌幅度很明显，且一直在某一范围内徘徊的股票。

由于循环股的价格是经常固定在一定范围内涨跌。因此，对应的买卖策略是趁跌价时买进，涨价时卖出。实施此项策略的关键是有效地发现循环股。

寻找循环股的一般方法是从公司的营业报表中，或者根据公司有关的资信情况了解最近三四年来股价涨跌幅度，进而编制出一份循环股一览表。

循环股一览表能反映出股价的涨跌幅度和范围，投资者据此可确定出循环股的买点和卖点。

采取循环股买卖策略时，应尽量避开以下三种股票：

1. 股价变动幅度较小的股票。因为波动幅度较小的股票，纵然能在最低价买进和最高价卖出，但扣除股票交易的税费后，所剩无几，因而不是理想的投资对象。

2. 股价循环间隔时间太长的股票。间隔时间较长，资金占用的成本越大，宜把股价循环的时间限在一年以内。

3. 成交量小的股票。成交量小的股票常会碰到买不到或卖不出的情形，所以也宜尽量避免。

▲被动投资有什么技巧?

被动投资法的操作基本点是：

1. 将投资于股市的资金全部分散投资在股市指数成份股的各种股票上。

2. 投资于各种股票的资金比率与该种股票的市价总额在整个股市的总市值的比率大体相当。例如某投资者拟将1万元资金投资于股市，倘若股市指数为5个成份股，各个股票市价占整个股市的总市值分别为25%、30%、20%、15%和10%，则投资者购股的资金分配分别为2500元、3000元，2000元，1500元和1000元。这样，投资者持有股票市值的变化率与指数的变化率就基本趋同，或者说，股价指数增加或减少多少个百分点，投资者所持有股票的市值也增加或减少多少个百分点。

被动投资有哪些优点？投资者不必花大量的时间和精力去研究各上市公司的经营情况，也不必对个股每天的变化情况进行分析研判，而只需关注影响大势走势的各种因素即可。此外，由于股价指数的变化情况完全反映了投资者的收益情况，而股价指数代表了股市上各种股票变化的平均数，因此，采用此种方法进行投资还可有效地降低投资风险。被动投资法特别适合于利用业余时间买卖股票的投资者，以及那些对股票知识缺乏深入了解的人。如果投资者认为自己有足够的时间、精力和智力选到最好的股票，就当然不必采用被动投资法了。

▲保本投资有什么技巧?

保本投资法是股票投资中避免血本耗尽的一种技术操作方法。

这里所说的“保本”，并不是保投资人用于购买股票的总金额，而是保投资总额中不容许被亏损净尽的那部分数额。也就是国外股市投资中所谓“停止损失点”的基本金额，因此，不同投资者所确定的保本数额可能具有很大的差异，有些投资者的“本”可能比率较高，而另一些投资者所定的“本”的比率则较低。

采用此法最重要的不在于买进的时机选择，而在于作出卖出的决策，因此，获利卖出点和停止损失点的制定是采用保本投资法的关键。

获利卖出点，即为股票投资者获得一定数额投资利润时毅然卖出的那一点。这个时候的卖出，并不是将所有持股一口气统统卖光，而是卖出其所欲保本的那一部分。

▲顺势投资有什么技巧?

顺势投资法是证券投资者顺着股价的趋势进行股票买卖的操作策略。

顺势投资法要求投资者在整个股市大势向上时，以做“多”或买进股票持有为宜，股价趋势下跌时，则以卖出手中股票而拥有现金待机而动为好。大凡顺势投资者，不仅可收到事半功倍的效果，而且获利的概率也大大增高。

采用顺势投资法必须确定的前提是，涨跌趋势应明确且能够及早确认，如果趋势不明确且无法及早确认，则不必盲目跟从。需要指出的是，这种股票涨跌的趋势是一种长期趋势，而不属昙花一现的短期趋势。对于小额投资者来说，只有在股价走向的中长期趋势中，才能顺势买卖而获利。在股价走向短期趋势中，此种方法应谨慎用之，因为当股价被确认处于短期涨势时，可能已到跌势边缘，此时若顺势买时，极可能抢到高价，使接力棒传到自己手中后再也递不出去。另一方面，当股价被确认处于短期跌势时，可能已接近回升之时，若这时顺势卖出，极可能卖个最低价，这也使投资者懊悔莫及。

顺势投资法较适合于小额投资者采用，因为小额证券投资者，本身谈不上操纵行情，大多跟随股市走势，采用顺势做法，这几乎已被公认为小额投资者买卖股票的“铁律”。

▲什么是三成目标投资法?

三成目标投资法，又称三成保本法。它是股票投资者以赚取三成利润为目标的一种证券投资方法。

股市行情是瞬息万变的。当股价上涨时，若期望在涨到最高点抛出，则往往会错失良机；相反，当股价下跌时，便急忙脱手，这往往也是一种失败的做法。而在一年中，股价以三成以上的幅度上下波动的情况，则为数不少。因此，以股价涨到买价的三成时就卖出所持股票，当股价下跌到过去一两年平均股价的三成以下时就买进股票，这已成为不少人赚取买卖差额的一种做法。由于这种方法以赚取三成利润为目标，故称之为三成目标投资法。

▲采取三成目标投资法应注意哪些要点?

1. 不能贪心，在达到目标时应适时抛出；

2. 要在抛出旧股后，选择购进具有良好发展前景的股票。

根据国外一些投资者的实践经验，选择股票大致有以下三条标准：

（1）热心开发新技术或新产品的公司；

（2）有能力直接操纵市场价格动向的公司；

（3）知名度高的公司。

只要投资者选好了这种具有成长型的公司股票，三成目标投资法就不失为是一种赚取买卖差价的较好的方法。

▲最大风险投资有什么技巧?

最大风险法，又称大中取大法。是一种甘冒最大风险以获取最大收益的股票投资方法。最大风险法是从若干种自然状态的各方案的最大收益中，选取最大的收益中的最大值所对应的方案为最优方案，然后加以采纳和实施。例如，当投资者准备购买某公司的股票，且该公司经营状况分为好、中、差时，相应地也有大批、中批和小批量的三种购买方法。

最大风险法适合那些具有一定的经济基础且属于进取型的投资者选用。

▲最小风险投资有什么技巧?

最小风险法，又称小中取大法。是一种把风险降到最小程度来获取收益的股票投资方法。

最小风险法是从诸方案中找出不同自然状态下的最小收益值，再从这些最小收益值中选择一个最大的方案作为最优方案，然后予以采纳和实施。故称小中取大法。

最小风险法是一种较为稳妥的股票投资决策方法，较适合保守型的股票投资者采用。

▲什么是投机型投资组合?

投机型投资组合策略是投资者以选择价格起落较大的股票作为主要投资对象的股票组合策略。

投机型投资组合的资金分布是将 80% 左右的资金用于购买价格波动频繁且涨跌幅度很大的股票，而将 20% 左右的资金用作买进其他比较稳定的投资股，或为准备再做追价与摊平用。由于这种组合方式的投机比重很大。故称做投机型投资组合策略。

采用投机型投资组合策略的投资者通常以“见涨抢进、见跌卖出”的追价方式买卖股票。由于此种方式的买卖进出较为敏感，故经常能在股价上涨之初，买到日后涨幅很高的黑马股票，给投资者带来极为可观的差价收益，而见跌卖出的结果，也能使股价持续下跌时，不至于亏损太多。

采用此种组合方式进行投资的人如判断正确，往往比其他组合方式收益更丰，但倘若判断失误，当刚追价买到某种股票时，股价却大幅下跌，或者是刚追价卖出，股价却迅速上涨，这种状况又极易给投资者带来惨重的损失。此外，采用投机型投资组合策略进出股市频繁，累计交纳的手续费和印花税的数额也较为可观，其操作成本就十分高昂。

投机型投资组合策略不适宜于初涉股市的投资者，中小额投资者应谨慎使用。

▲分红派息前后怎样投资？

股份公司经营一段时间后（一般为一年），如果营运正常，产生了利润，就要向股东分配股息和红利。

其交付方式一般有三种：

一种是以现金的形式向股东支付，这是最常见、最普通的形式。在美国，大约 80% 以上的公司是以现金的形式进行的。

二是向股东赠送红股，采取这种方式主要是为了把资金留在公司里扩大经营，以追求公司发展的远期利益和长远目标。目前，深圳的股份公司多采用这种送红股的方式分派。

第三种形式是实物分派，即是把公司的产品作为股息和红利分派给股东。这种方式，我国目前还不多见。

在分红派息前夕，持有股票的股东一定要密切关注与分红派息有关的四个日期，这四个日期是：

1. 股息宣布日，即公司董事会将分红派息的消息公布于众的时间。

2. 派息日，即股息正式发放给股东的日期。

3. 股权登记日，即统计和确认参加本期股息红利分配的股东的日期。

4. 除息日，即不再享有本期股息的日期。

在这四个日期中，尤为重要的是股权登记日和除息日。由于每日有无数的投资者在股票市场上买进或卖出，公司的股票不断易手，这就意味着公司的股东也在不断变化之中。因此，公司董事会在决定分红派息时，必须明确公布股权登记日，派发股息就以股权登记日这一天的公司名册为准。凡在这一天的股东名册上记录在案的投资者，公司承认其为股东，有权享受本期派发的股息与红利。如果股票持有者在股权登记日之前没有登记过户，那么其股票出售者的姓名仍会按照规定分派给股票的出售者而不是现在的持有者。由此可见，购买了股票并不一定就能得到股息红利，只有在股权登记日以前到登记公司办理了登记过户手续，才能获取正常的股息红利收入。

至于除息日的把握，对于投资者也至关重要。由于投资者在除息日当天或以后购买的股票，已无权参加本期的股息红利分配，因此，除息日当天的价格会与除息日前的股价有所变化。一般来讲，除息日当天的股市报价就是除息参考外，也即是除息日前一天的收盘价减去每股股息后的价格。例如，某种股票计划每股派发 2 元的股息，如除息日前的价格为每股 11 元，则除息日这天的参考报价就是 9 元（11 元 –2 元）。掌握除息日前后股价的这种变化规律，有利于投资者在购股时填报适合的委托价，以有效降低其购股成本，减少不必要的损失。

对于有中、长线投资打算的投资者来说，还可趁除息前夕的股价偏低时，买入股票过户，以享受股息收入。出现在除息前夕股价偏弱的原因，主要在这时短线投资者较多。因为短线投资者一般倾向于不过户、不收息，故在除息前夕多半设法将股票脱手，甚至价位低一些也在所不惜。因此，有中、长线投资计划的人，如果趁短线投资者回吐的时候入市，既可买到一些相对廉价的股票，又可获取股息收入。至于在除息前夕的哪一具体时点买入，则是一个十分复杂的技巧问题。一般来讲，在截止过户前，当大市尚未明朗时，短线投资者较多，因而在行将截止过户时，那些不想过户的短线客，就得将所有的股沽出，越接近过户期，沽出的短线客就越多，故原则上的截止过户的前 1 ~ 2 天，可买到相对适宜价位的股票。但切不可将这种情形绝对化。因为如果大家都看好某种股票，或者是某种股票的派息十分诱人，也可能会出现“抢息”现象，即越接近过户期，购买该股票的投资者越多，因而，股价的涨升幅度也就越大。投资者必须具体情况进行具体分析，以恰当地在分红派息期掌握好买卖火候。

▲多头市场除息期怎样投资?

多头市场是指股价长期保持上涨势头的股票市场，其股价变化的主要特征为一连串的大涨小跌变动。要有效地在多头市场的除息期进行投资，必须首先对多头市场的“除息期行情”进行研判。

多头市场“除息期行情”最显著的特征是:

1. 息优股的股价，随着除息交易日的逐渐接近而日趋上升，这充分反映了股息收入的时间报酬。

2. 除息股票往往能够很快填息，有些绩优股不仅能够“完全填息”，而且能够超过除息前的价位。

3. 按照股价的不同，出现向上比价的趋向，投资者所“认同”的本利比倍数愈来愈高。

根据上述“除息期行情”的特征进行分析研判，可以得出多头市场的以下几点结论:

1. 股利的时间价值受到重视，即在越短的时间领到股利，其股票便越具价值。所以反映在股价上，就是出现逐渐升高的趋势。

2. 股票除息后能够很快填息，因此，投资者愿意过户领息，长期持股的意愿也较高。

3. 行情发动初期，由业绩优良、股息优厚、本利比倍数很低的股票带动向上拉升；接着，价位较低却有股利的股票调整价位；最后，再轮到息优股挺扬冲刺。

4. 股市行情一波接着一波上涨，一段跳升，轮做的迹象十分明显。选对了股票不断换手可以赚大钱，抱着股票不动也有“获利机会”，因此，投资者一般都不愿将资金撤出股市。

5. 由于在早期阶段本利比偏低，大批投资者被吸引，随着股价的不断向上攀升，使得本利比倍数变得愈来愈高。

掌握了多头市场“除息期行情”这种变化特征，投资者如何进行操作也就不说自明了。

▲股价回档时怎样投资?

在股价呈不断上涨的趋势中，经常会出现一种因上涨速度过快而反转回跌到某一价位的调整现象。股市上，人们习惯将这种挺升高后的下跌称之为回档。一般来说，股票的回档幅度要比上涨幅度小。道琼斯理论认为，强势市场往往回档 1/3，而弱势市场则通常会回档 2/3。

股票在经过一段时间的连续挺升之后，投资者最关心的就是回档问题。持有股票者希望能在回档之前卖掉股票，未搭上车者，则希望在回档之后予以补进。

1. 股价上涨一段时间后，必须稍作停顿以便股票换手整理。就像人跑步一样，跑了一段之后，必须休息一下。

2. 股价连续上涨数日以后，低价买进者已获利可观，由于“先得为快”和“落袋为安”的心理支撑，不少投资者会获利了结，以致形成上档买压，造成行情上涨的阻力。

3. 有些在上档套牢的投资者，在股价连续上涨数日之后，可能已经够本，或者亏损已大大减轻，于是趁机卖出解套，从而又加重了卖盘压力。

4. 股票的投资价值随着股价的上升而递减，投资者的买进兴趣也随着股价的上升而趋下降，因而，追涨的力量也大为减弱，使行情上升乏力。

▲彷徨走势时怎样投资？

股市一旦陷入“消息行情”，就会产生彷徨走势。如碰到所谓利空消息出现，股价就会急速滑落；如遇到所谓利多消息，则股价又会扶摇直上，其灵敏度之高、反应之迅速，令人叹为观止。

股价随着消息走的态势，可称之为“彷徨走势”。因为这时股票投资者对于股票投资本身已没有主见了，只好翻阅报纸杂志，找一些消息来为自己壮胆，或者弄个借口来安慰自己。于是乎，“消息”满天飞，“消息”也就成为当天股市行情的决定力量了。

处于这种“彷徨走势”之中的股市，一般都不再注重公司业绩和技术分析，这个时候的投资者最关心的是能获得足以影响股市走向的信息。因此，在股价的“彷徨走势”中，投资者可采取的策略是：

1. 抽出资金以作观望，待形势明朗后，再入市运作。

2. 对于各种正式消息，传闻消息和谣传消息进行冷静分析，以免跌入股市陷阱。

▲乖离走势时怎样投资?

乖离走势指的是股市上的“多空拼斗”的情形。在股票市场里，“多空拼斗”的情形时有发生，但其最终结果不论是“杀多”还是“轧空”，都会造成股价的不合理变动。

多头是指投资者对股市前景看好，预计股价将会上涨，于是先低价买进，待上涨到某一高价位时再卖出，从中获利。采用这种先买进后卖出的投资者称为多头。空头则是指投资者对股市前景看坏，预计股价将会下跌，于是先借来股票卖出，待其下跌到某一价格时再买回，以获取差额收益。采用这种先卖出后买进的交易方法的人称为空头。由于多头与空头之间采取的方法不同，多头期望股价节节上升，空头则希望股价一路下跌，所谓多空拼斗就是由于利益不同所引发的。

如果多头空头的力量不强，则不同的投资方法只能产生一种制衡作用。如若多空力量均十分强劲，且又抱着“必胜”的信念，则拼斗的结果必然有一方受创惨重，并由于股价的不正常起落，而使部分投资者遭受损失。

在这种多空拼斗的乖离走势中，一般小额投资者的策略原则应是：不要盲目跟风，既不宜见涨心痒，冒险去追逐这种投机股票，也不宜盲目抛空。

▲淡季进场投资应采取什么策略?

成交量的减增与股市行情的枯荣，有着相当密切的关系。大凡交易热闹的时期，多属于股市行情的高峰阶段，而交易清淡的时期，则多为股价走势的低潮阶段。

对于短期投资者来讲，只有在交易热络时进场，才有希望获得短期的差价收益。如要着眼于长期投资，则不宜在交易热络时期进场，因为在交易热络的时期，多为股价走势的高峰阶段，这时进场购股，成本可能偏高，即使所购的股票为业绩优良的投资股，能够获得不错的股利收益，但由于购股的成本较高，相对的投资报酬率也就下降了。

如果长期投资者在交易清淡寥落时进场购股，或许在短期内不能获得差价收益，但从长期的观点来衡量，由于投资的成本较低，与将来得到的股利收益相比，相对的投资报酬率也就高得多。因此，交易清淡时期，短线投资者应该袖手旁观，而对于长线投资者，则是入市的大好时机。

主张长线投资者在交易清淡时进场购股，并不是说在交易开始清淡的时候，就可以立即买进。一般来讲，应该是淡季的末期才是最佳的买进时机，问题的难度在于没有人能够确切的知道，到底什么时候是淡季的末期。也许投资者认为已经到了淡季末期而入市，行情却继续疲软了相当一段时期。也许认为应该再等一两个月再进场，行情却突然上升而坐失良机。

所以，有些投资者，尤其是中大户投资者，在淡季入市时，采取了逐次向下买进的做法，即先买进一半或三分之一，之后不管行情是上升或下跌，都再予以加码买进，这样，既能使投资者在淡季进场，不错失入市良机，又可收到摊平成本的效果。

▲超买超卖时怎样投资?

“超买”和“超卖”是股市上的两个专门性的技术名词。股市上对某种股票的过度买入称之为超买，而对某种股票的过度卖出则称之为超卖。

股市上，经常会因某种消息的传播而使投资者对大市或个股作出极强烈的反应，以致引起股市或个股出现过分的上升或下跌，于是便形成了超买超卖现象。当投资者的情绪平静下来以后，这种超买超卖现象，就会得到适当的调整，因此，超买之后就使股价出现一段回落，超卖之后，也必然会出现相当程度的反弹。投资者如了解了这种超买超卖现象，并把握了其运动规律，就能在股市上增加更多的获利机会。

这里的关键是，如何适时地测度出股市上的超买超卖现象。目前，股市上测度超买超卖现象的分析工具很多，主要有相对强弱指数（RSI）、摆动指数（OSC）、随机指数（STC）及 %R 等，而以 RSI 指数用得最多。在 RSI 指数中，一般以 14 天为期计算股市走势的强弱，以 14 天为期计算股市走势的强弱，称为 14RSI。计算 14RSI 的公式为：

$$14RSI=\frac{14\text{天内上升交易日的平均值}}{14\text{天内上升交易平均值}+14\text{天内下降日平均值}}\times 100\%$$

在上述公式中，如 RSI 高于 80，就可视为“超买”，即过分强势之意，可能会引来较大的获利回吐出现股价调整。因此，许多投资者利用这一指数指示，伺机回吐。倘若 RSI 低于 20，则可视为“超卖”，即过分弱势之意，可能会引发股价反弹。因此，许多投资者利用这一指标进行低价吸纳。

▲怎样掌握股市行情策略?

股市行情策略是投资者在股市循环的各个行情阶段相应采取的各种投资策略。

一般来讲，选择恰当的股票，必须在股市循环的内涵下进行。对于涨势市场或多头市场的循环阶段，通常会出现四种行情。

在多头市场的第一段行情中，大多数股票的价格会摆脱空头市场的过度压抑而急剧上涨，整个股市的指数升幅较大，通常占整个多头市场行情的 50% 左右。对应的第一段行情的投资策略是，迅速将留存的观望资金投向股市，特别是那些高度风险股票和小型成长股。因为高风险股由于具有最高度的走向破产的可能性，因而在空头市场中可能被打击得最为严重，持有此类股票的投资者极易在此种情况下逃离股市而使股价跌到极低的水平，而一旦多头市场出现，投资者信心恢复，这类高风险股就会回复到较为正常的水平。

在多头市场的第二段行情中，市场指数的升幅往往超过多头市场行情的 25%，但是股票选择变得更为困难。在此期间，大多数风险股已涨到接近其公平评价的水准，与其他股相比，已不再显示出便宜的特征，因而股价的涨升必须基于长期展望。对应第二段行情的投资策略是，将资金主要投资于成长股，特别是小额资本的成长股。因为此时人们普遍看好市况并对经济前景持乐观态度，而小额资本较之大型工业巨人具有更大的成长性，因此，小额资本能更好地吸引买盘而使其股价更快地升位。

在多头市场的第三段行情中，股价的涨幅通常少于整个多头市场行情的 25%，而且只有极少数股票在继续上升。对应第三段行情的投资策略是，慢慢卖出次等成长股，将部分资金转移到具有多头市场里维持价位能力的绩优成长股；或将部分资金转为现金和存款。因为在此段行情中，股市涨势大部分已告结束，这时买卖股票必须具有选择性，只能买进十分绩优的成长股，以及那些在未来经济困境中仍能获益的顺应大势股。简言之，必须开始对承受空头市场的风险做好准备。

在接下来的第四段行情中，该涨的股票已经基本上涨得差不多，因此能赚到一两成就算很幸运，此间只有绩优成长股和少数可在经济困境中获利有股票才能继续上升。对应第四段行情的投资策略是，最好将持有的股票全部脱手变现，将其投放在收益较安全稳定的各种债券和存款上，以便在空头市场完结时再进行新的一轮股票投资。

▲怎样进行高价买进?

高价买进策略是投资者以较高的价格买进已经上涨了的股票，以期待股价进一步上涨而获利投资策略。

采用高价买进策略必须注意三点：

1. 购买的股票应是具有良好发展前景的股类。因为股票投资的魅力在于日后获得较好的回报。只有具有良好发展前景的股票，才能在较高的价位上再节节攀升，给投资者带来丰硕的成果。

2. 高价买进的时间必须是在行情看涨期。只要是在行情看涨期，即使目前不受投资者欢迎，也可能提早恢复股票的知名度。

3. 选择知名度周期长的股票。股票知名度周期越长，其股价持续上涨的时间也越长。

需要特别指出的是，高价买进策略是一项风险性较高的投资策略，如果尚未把握股市的通盘行情，最好不要采用。

▲怎样进行固定金额计划投资?

固定金额投资是证券投资的方法之一。

固定金额投资计划法是投资者把一定的资金分别投向股票和债券，其中将投资于股票的金额固定在一个水平上，当股价上升使所购买的股票价格总额超过固定金额定在一个水平上，当股价上升使所购买的股票价格总额超过固定金额的一定比例时，就出售其增值部分，用于增加债券投资；反之，当股价下跌使所购买的股票价格总额低于固定金额时，就动用现金或出售部分债券来增加股票的购买，使投资于股票的价格总额始终保持在一个固定的水平。

例如，某投资者将10万元资金投资于有价证券，其中，6万元资金投资于进攻型（攻击型）资产——股票，4万元资金投资于防御型资产——债券，并且将投资于股票的资金总额按变动着的市价予以固定。当所购股票的市价增至7万元时，则售出超过固定金额的1万元，使股票的市价总额仍保留在6万元的固定水平上。若所购股票的市价降至5万元，则出售部分债券，购进当时相当于1万元的股票，使之保持6万元的股价市值水平。

固定金额投资计划法的优点是容易操作，不必过多顾及投资的时机问题，对于初涉股市的新手来说，不失为可供选择的投资策略。而且，由于这种投资方法奉行了“低进高出”的投资原则，在一般情况下能够确保盈利。

但如果所购股票的行市是持续上升的，投资者不断卖出股票后就容易丧失更多的获利机会。同样，如果股票持续下跌，由于投资者要不断出售债券来补进股票，以维持事先确定的股票价格总额，从而会失去股价继续下跌后以更低的价格购进股票的机会。所以，固定金额投资计划法在两种情况下不适宜采用：一是涨势不衰的多头市场；二是跌风难遏的空头市场。

▲怎样进行固定比率投资？

固定比率投资是对股票的投资风险的一种投资组合策略。

固定比率投资法的操作是将投资资金分为两个部分：

一部分是保护性的，主要由价格波动不大，收益较为稳定的债券构成；另一部分是风险性的，主要由价格波动频繁，收益幅度相差较大的普通股票构成。这部分的比例一经确定，便不轻易变化，并还要根据股市价格的波动来不断维持这一比例。

例如，某一投资者将 10000 元资金以 50% 对 50% 的固定比率分别购买股票和债券。当股票价格上涨，使他购买的股票从 5000 元上升到 8000 元时，那么在投资组合中，其风险性部分的股票金额就大于保护性部分的债券金额，打破了原先确定的各占 50% 的平衡关系，这样投资者就是将股票增值的 3000 元，按各占 50% 的比例再进行分配，即卖出 1500 元股票，并将其购买的股票从 5000 元下跌到 4000 元时，就要卖出债券 500 元以购买股票，使债价格总额与股价总额仍然回复到 50% 的比例。

固定比率投资法基本上是固定多额投资法的变形。它与固定金额投资法的区别是：固定金额投资法是要维持固定的金额，并不注意股票总额和债券总额在总投资中的比率，而固定比率投资法则只考虑在一定的总投资额中维持债券金额与股票金额的固定比率。至于两者的比率确定则取决于投资者对前景的预期和个性的偏好。

如果投资者喜欢冒险，富于进取，则他投资于股票的份额就可能要大些；如果投资者比较稳健，则他投资于债券的份额就可能很大，相应地投资于股票的份额就较小。

▲怎样进行变动比率投资?

变动比率投资是以固定比率投资法的基础，允许证券组合中的股票和债券的比例，随证券价格的波动而适时变更的投资方法。

变动比率投资法并不要求股票和债券的比例始终维持在预先确定的固定的比率上，假定某投资者投资于股票和债券的比例以开始时各占50%，当以后股价上升超过其某种水平时，就出售股票以减少股票的比例和增加债券的比例。反之，则增加股票的比例和减少债券的比例。

变动比率投资法的基础是确定一条股票的预期价格趋势线，当价格在趋势线以上时，就卖出股票，当价格在趋势线以下时，就买入股票，并在买卖股票时，相应地买卖债券。当趋势线确定后，还要以决策线为边线，决策线反映股票的买卖。

采用变率法既克服了固定比率法中不论在任何情况下一律按固定比例保留股票和债券的呆板做法，显得较为灵活和合理。但这种方式较为麻烦，既要根据各种情况确定正确的趋势线，又需要对价格的变化进行持续的监视，以便随时调整投资的比例。

▲怎样进行等级投资?

等级投资是进行股票投资的方法之一。其具体操作是：在确定以某种股票作为买卖对象之后，继而确定所选股票市场变动的某一等级作为买卖时机，当以后股价每下降一个等级时，就买进预先确定一个单位的股数，当股价上升一个等级时，就出售一个单位的股数。

例如，某投资者选定A公司股票作为投资对象，确定股价每变动1元为一个等级，每次买卖1000股。若第一次按每股10元买进1000股，市价降低到9元时，再买进1000股，降到8元时，又买进1000股。假定现在市场开始上升，价格升到每股9元时，卖出1000股，上升到10元时，再卖出1000股，上升到11元时，又卖出1000股，其买卖结果如下表：

股票单价	买进股数	买进金额	卖出股数	卖出金额
10 元	1000 股	10000 元		
9 元	1000 股	9000 元		
8 元	1000 股	8000 元		
9 元			1000 股	9000 元
10 元			1000 股	10000 元
11 元			1000 股	11000 元
合计	3000 股	27000 元	3000 股	30000 元

根据上表所示，最终交易结果表明，共计投入资金 27000 元，卖出后收回资金 30000 元，收支相抵后尚有盈余 3000 元（未除去手续费等成本开支）。

需要指出的是，等级投资计划法不宜在股价持续上涨时运用，那么这种分段抛售的方法，就可能使投资者失去本来可以获取的更大利润，反之，如果股价不在较长时期内持续下跌，投资者要是按照事先确定的分级标准不断购买，就有可能在高价被“套牢”，而失去股票出手的机会了。

▲趋势投资有什么优点?

趋势投资是长期证券投资的策略之一。

趋势投资计划调整法的基本前提是，认定一种趋势一经形成，便会持续一个相当长的时期。因此，相应的操作方法是，投资者顺应股价走势买进股票后，应保持其市场上的占有地位，只有在股价走势反转向下的信号产生时，才能卖出股票以作观望，待股市出现好的转机趋势时，再行入市购进。

趋势投资计划法关心的是市场主要趋势或长期趋势，其优点在于，不会被证券市场的短期波动所左右，如趋势预测正确，则股市收益颇丰。

▲趋势投资有什么缺陷?

1. 投资者若错误地估计了证券市场的走势，则运用趋势投资计划法相应进行的买卖调整，将会给投资者带来灾难性的损失；

2. 即使投资者正确地估计了证券市场的走势，但证券市场的短期波动也能使投资者减少收益，不利于实现收益最大化的原则。

正因为存在上述明显缺陷，投资者往往配合使用某些公式投资计划法来进行必要的配合与协调。趋势投资计划法的类型很多，其典型方法是哈奇 10% 转换法。

第二节 如何选择长线股

▲怎样选择成长型的股票?

成长型的股票将来的报酬率一般都比较高，其公司的成长性比较好。高成长性公司的主营业务收入和净利润的增长态势通常处于高速扩张之中，并在多送红股少分现金以保证有充足资金投入运营的同时，能使业绩的递增速度追上股本规模的高速扩张。它们往往在多次大面积送配之后，其含金量和每股收益却并未因此而大大稀释。

此外，成长性股票的市场容量比较大。随着越来越多的中国人富裕起来。由于人口众多，中国市场已成为一个庞大而非常富有的市场，但是，由于行业不同，市场容量和发展空间也就大不相同。如传统的商业企业的市场容量就无法和如空调制造业的企业相比拟。在这方面，朝阳行业的企业发展空间也要比夕阳行业企业的发展空间大得多。

除此之外，成长型股票还有如下特征：首先，属于成长型工业，今后被认为是成长型的工业是生化工程、太空与海洋工业、电子自动化与仪器设备及提高生活水准有关的工业。其次，资本额较少，较易期待其成长，且可以计划增资，造成股价上涨。

▲怎样选择受到政策背景支持的股票?

一个国家政策取向对于国民经济的运行态势及产业结构的调整具有决定性作用。反映到股市当中，受到国家产业政策倾斜支持的行业，容易得到市场的认同。例如，垄断行业由于受国家特殊保护，所以发展稳定，前景看好，股民应当予以注意。能源、通信等公用事业类和基础工业类股票即是一种选择。再比如金融业目前在我国尚属一个政府管制较严的行业，现时金融企业整体而言就能获取高于社会平均利润率的利润。

▲怎样选择获利能力强的股票?

股民在选股时，应注意公司的获利能力，特别是公司的主营业务。要了解那些从事多元化经营的公司通常存在主营业务不甚突出、获利能力不强的弊端，在实践中既无法保证达到现代市场经济所必须的规模经济效益，更无法在专业化分工越来越细的今天在众多的领域保持技术、市场、人才及资金等优势。

▲怎样选择优良型的股票?

股民在进行长线择股时，应选择那些在同业中属于第一流公司的股票。这些公司的经营完善，资金雄厚，收益率比较高，处于行业的龙头地位和优势地位。因为这些公司有如下特点：

首先，在现代经济中，只有达到规模经济的企业才具有较强的竞争能力及抗风险能力。

其次，龙头企业更易得到政策扶持，并可能在目前表现为资产重组的企业在兼并浪潮中快速扩张，进而进一步扩大其市场份额，进入新一轮快速增长。

再次，改革开放以来，我国不断引进外资，但外资进来，已不仅仅带来资金和技术，也渐渐对我国民族工业构成威胁，而与世界经济接轨已是我国经济发展的必由之路，在这种格局下，政府无疑会扶持那些行业龙头企业，给他们政策优惠，给他们注资，让他们发展并占据市场，以与外国企业抗衡。如四川长虹、青岛海尔、青岛啤酒等均是此类企业。

第三节　股票套牢怎么办

▲什么是被套?

股票被套是对那些作短线投资又不能在短期内收回投资的人而言的。因此，对散户而言，如果发现股票被套，应在全面分析的基础上，权衡得失，找出最佳的解套途径。

▲何为技术分析解套法?

1. 技术分析同基本分析相结合。基本分析主要用于提供投资的方向，而技术分析主要提供买卖的时机。在运用技术分析的同时，应注意基本分析，即参考和利用基本分析所得出的预测性信息和数据，调整和修改技术分析的结论。

2. 注重对大势的研究判断，不要为短期的波动所困扰。顺势者昌，只有顺势而为，才能获得良好的操作成果。而对“势”的判断往往出自投资者的直觉。因此，投资者不能完全陷入技术分析的理论中而不能自拔，有时，凭借自己的直觉更为有效。

3. 做好技术分析的准备工作。“三军欲动、粮草先行”，技术分析结果不能凭空产生，也不是人云亦云。进行技术分析时，应做好以下几项最基本的准备工作：

首先，收集利多与利空因素变动的详细资料，将各种资料保存下来，并分门别类，从这些资料中可找出某些个股未来股价变动的蛛丝马迹，预先采取行动买进或卖出，同时再配合技术分析法则，将大大提高投资的成功率。

其次，切勿一意孤行，单纯从一种技术分析方法研究判断行情，这样最易误入技术“陷阱”，受骗上当。在采用多种分析手段和方法时，如果殊途而不能同归，投资者最好是保持观望，以减少误操作。

再次，若K线、移动平均线系统与成交量系统三大指标显示未来股价变动不一致时，应以成交量值变动情形作为预测行情的主要依据，量在价先，量逐价的情况下股价稳定上升，基础扎实。以成交量为主要评判标准，可收事半功倍之效。

▲如何识别顶部的成交量?

成交量是推动股价上涨的原动力，这是股市中的铁律。因此股市经过一段大涨运行至顶部，成交量必然随之大增，当某日突然出现空前大的成交量，而股指仅小幅上扬或迟滞不动时，这种量增价滞的现象，就必须提高警惕。若再出现股价震幅加大，当时最高价与最低价差距甚大，但当日的收盘价未必低于前一日的收盘价，但有较长上影线时，这些迹象一旦显露，就有极大可能是头部之征兆。因为庄家机构趁着人气旺盛时已在大量抛售股票，通常短则两三天，长则五六天、六七天，他们就可以出脱手中80%以上筹码。股价之所以震幅加大，是庄家大户为了卖出股票后，就会立刻出现真空状态，因此第二天股价下跌，成交量立即萎缩，这时不明真相的股民还认为回档买入，继续持股待涨。然而股价持续下跌，而后从头部下跌三五天后会出现反弹，则可能是辨认头部的最后逃命机会。如出现以下迹象，则可辨明头部已经形成：

（1）成交量在反弹中不能增加，甚至低于前几天；

（2）反弹幅度不到高峰时的一半；

（3）股价涨势不强，涨时无量，跌时放量。

此时已可判明反弹力度不够，必不能持久，头部已经形成了。而后再过几天，当大家都已认清头部形成时，成交量又会放出而形成大跌，但此时多数人的行动为时已晚，损失已不可避免。

▲技术分析有什么技巧？

技术分析主要关注股指和具体股价变化，并运用有关的技术分析理论、模型和方法来追寻这些变化，从而预测股市走势，指导股市操作，这种方法存在着一些明显的局限性。只有首先了解这些局限性，才能正确运用这些技术分析。

1. 技术分析将分析者的眼界局限于有关技术分析的理论、模型和方法上，它只关心股指和股价的变化，并以此预测日后动态，忽视了影响股市运行和发展的众多基本因素，因此，常常难以正确地把握股市的实际情况和真实走势。

2. 技术分析对日后股指股价的预测，常常根据所设定的“惯性”指标展开，而技术分析已运用的数据都是过去的数据，但股市的影响因素事实上是不断变化和更新的。因此，技术分析中能给分析者造成某些误导。

3. 技术分析强调及时的短期性跟踪和分析，虽然对进行短期投资运作方面有着长处，但运用到长期投资运作中，则很难有效发挥作用。

4. 技术分析要求有比较规范、严格的市场条件，但对许多发展中国家来说，股市的发育、成长时间不长，规范化建设还是一个较长的过程，因此，简单运用技术分析，可能因假定条件的不完备，而给分析者带来分析的困难和投资误导。

▲何为平均线摊平解套法？

首先要搞清移动平均线的概念，所谓移动平均线，是指以最近几日、几周、几月或几年的个股票价格加权平均，所求得的线性关系。

在高档操作情况下，如果要顺利解套，就应从以下几方面进行分析并采取相应措施。

1. 多头市场下，平均线不宜跌破七十二日：

（1）如果无利空消息而跌破七十二日线，可于七十二日线处加码买进。

（2）如果有利空消息而跌破七十二日线，需先在七十二日线处认赔出场，等下跌至出现阳体实线时，再进场做多。

2. 多头市场下，跌破半年线，表示该股走入空头走势，若套牢价格已高于半年线价格一两倍以上，则暂时不管其走势，应视距离除权日的远近而定。

3. 在空头市场时，万一不慎买到下跌走势的股票，应于平均线出现“岛型反转”的信号后再进场摊平。

4. 正常走势下，六日线下跌至十二日线、二十四线交叉，却不会再走下跌趋势，可于十二日线处加倍买进，并于收盘价处于二十四日平均价50%处，全部出清。

5. 如股价自高档反转，至前一波低档处，且前一波低档价格恰为季平均价，可加码买进，待上涨至前一波高档价时，再全部出清。

6. 如果季线、月线始终维持多头走势，可于每日收盘价抵达季平均价时，采取买进动作；而收盘价大于季平均价百分之三十五处，先摊平已套牢筹码。如此反复运作。

▲何为多头排列分析解套法?

所谓多头排列是指各平均线之间，呈现由上而下的排列顺序为：6日线、12日线、24日线、季线、半年线、年线与十年线格局，这代表较短期交易日股价的平均数，高于较长期股价的平均数。这种格局量显示此档股票涨势凌厉，尚无反转下跌的可能。

若依此法操作股票以求解套，当放宽视野，万一多头格局被破坏，而来不及杀出股票，且越跌越离谱，就必须静待它有朝一日反转的时机。由于跌深后，其股票与购入成本差距相当大，在不考虑其他新的解套方法下，自然于最低价一处多买入该持股，依文中方法，逐步、逐次解套。

运用多头排列进行分析可从以下几方面进行：

1. 如果为融资买进的股票，当多头排列格局被破坏一定要设停损点，暂时出场。

2. 六日平均线向下穿过十年线，为多头反转信号，应加码摊平所套牢之个股。

3. 如为空头转为多头，六日平均线必带量向上突破年线，若有较高价格套牢之股票，可于突破年线时先行卖出，待形成六日线、十二日线、二十四日线与季线成多头排列格局时，再加码买进股票。

4. 若于各短期平均线向下与年线死亡交叉时买进股票，却因行情太坏而套牢时，可于半年线与年线交会处补入套牢量之倍数，待其反转后解套之。

▲点断法的运用有何技巧？

所谓点断法就是“停损点”“停利点”办法的扩大利用。

如果股价未如预期，受到整体大盘的拖累，造成“无量下跌”的现象，也就是今天的成交量少于昨天的成交量，最近三天的成交量小于前三天的成交量；或是最近六天的平均成交量小于最近十二天的平均成交量，则股价形成下跌探底的走势。此时应于跌到 7% 幅度以内，例如买入价为 50 元下跌至 46.5 元处，先行卖出持股，或是获利情况压缩到仅剩 7% 左右时，即行卖出持股，静待反弹出现。

读者可观察股价下跌的速度，如果下跌的速度很快，当天开盘后艰险跌落平盘之下 3.5% 处，就应小心是主力大量出货。如果读者手中持有相同筹码多张，可先以定价方式卖出一张，如果在 15 分钟之内都无法成交，表示该档股票卖压沉重，此时应尽速出市价单，把所有持股全部结清，以防卖压扩大。

政府如果出面护盘，在护盘政策尚未弄清前，会出现“猜测空间”，因此通常政府出面护盘当日，股价指数通常会上扬，这时投资人应观察当日走势，如果开盘后 15 分钟内股价持续上扬，且股市委卖总张数大于委买总张数如过 35 万张以上，则可于第 16 分钟至第 30 分钟处，指数稍微下跌的时候，择机进场买入同一家公司的股票，待它上攻到一定价位时，再并同被套牢的股票卖出，虽然仍有损失。不过仍可参考政府实际做多的效果，再决定买进、加码与否。

▲误购炒高股有何解套法？

在市场上，由于盲目跟风追涨，经常错将一些被炒高的股票购入。因这类股票已属“天价”，故一旦回落，跌幅度更深且难有解套的机会。持有股票是极其危险的。因其被非理性炒高，故在走势上往往“矫枉过正”，即使大盘涨势强劲，也难扭转其下跌的势头。

坐等解套，遥遥无期。苦海无边，回头是岸。唯一的方法就是行动起来开展自救。若发现手中持有此类股票也无须惊慌失措，首先要搞清股价与大盘指数的关系，对二者进行分析摸底，若股价与股指基本吻合或相差不大，则不妨小捂几日，自有解套的机会。若股价“超前过多”，仍一味捂股就不足取了。何年何日才能出头？与其坐以待毙，不如另寻出路。一旦发现自己持有的是“高价股”，则应丢掉妄想，拿出壮士断臂的勇气快速斩仓，拖延不决只能加大损失。对这类股要快抛、早抛。当然如果其价已复到位，则无须在底部割肉了。价格炒得越高的股票，其下跌的势头就越猛，这正如同空中的东西附地一样，也会发生一定的反弹。在高位斩仓后，可密切关注此股的动向，一旦止跌，则可快速抄底，在其惯性反弹时派发。此法虽不能补亏，但多少能够减少一部分损失。

▲误购弱势股有何解套法?

弱势股，又被人们称为“龟股”。其特点是人家大涨它不涨，人家小跌它大跌，其走势不仅弱于强势股，也远远弱于大盘。弱势股分为四种类型。一是业绩差、回报低。如沪市的金杯、鞍山一工等。二是圈钱索取大于回报。如沪市有的股票，在其股价几乎要跌破净资产之时，不顾股民利益，连续进行大额配股，使其股价一跌再跌，沦为“垃圾股”，实在是咎由自取。三是业绩中等，而流通股盘子过大，导致股价跌多升少，如哈医药、广船、北满特钢等。四是绩优股但其股性不活，如福耀、金顶、青岛海尔、王府井等。

有的股民患“恐高症”不敢买高价股，选股时不分青红皂白拣最便宜的买。俗话说：“便宜没好货，好货不便宜”。股价也许有的股民会说低价股就低价股吧，大不了人家涨多一点，它涨少一点，其实不一定。有的弱势股在涨势中不涨反跌。

误购弱势股怎么办？其实答案已经出来了，那就是毫不犹豫地换股，换强势股。

▲何为利空影响解套法？

利空消息对股市的影响往往表现为偶然性和突发性。一个大的利空犹如一颗重磅炸弹，具有很强的杀伤力。此时，股市人心惶惶，股民争相割肉，成交量加倍放大，股指急剧下跌。反应敏捷者抛筹做空，行动迟缓者深度套牢。做股票，切不可忽视利空消息对股市的冲击。期望股市不受到利空影响是不现实的，关键是要加强自我保护意识以寻求对策。当利空消息充斥股市时，需先证实消息的真伪，然后再采取行动。一般说来，假利空消息持续时间短，打击的力度也有限，不久就会云开雾散，一般投资者在未弄清楚真实情况前不必仓促行事。而一旦证实为真的大利空到来时，则应毫不犹豫地清仓出货以避风险。若跌幅已深，就不必割肉了，可继续捂股等待机会。按股市一般规律，急跌之后必有反弹，这也是一次解套机会。正确的做法是，在股指暴跌之时应做好抢反弹的准备工作。一是调集新资金入场；二是选择超跌股为操盘对象，一旦止跌可快速抄底，至反弹碰顶后出货了结。大利空消息影响下的股市暴跌所引发的反弹，是股民解套的最后一次机会。机不可失，时不再来，若错失良机，就只有当“套牢族”了。

▲何为自然解套法？

股市涨跌犹如大海波涛起伏，自有其运动规律和生命周期。谷底进货，浪尖抛筹，作为一个理性的投资者，不要被股市的小涨小跌所迷惑而忙于追涨杀跌。俗话说，看大方向赚大钱，看小方向赚小钱，看不清方向难赚钱。做股票重要的就是看大势。表面看来，股市似乎涨跌无序，其实，它的走势也为其自身的周期所制约。或曰“周期”，或曰“波浪”，其道理都是一样的。

▲庄家撤庄解套有何技巧？

有些股民爱炒庄家股，以为既然有人坐庄，股价就不会跌下来，说不定还能乘机坐一回“轿子”呢。于是乎，不分青红皂白贸然“抢庄”，等着人家拔高时捡便宜。其实，这是一种误解，所谓的“庄家”并不是慈善家，他们先股坐庄的目的乃是为了获取更大的利益，他们频频拉抬指数是为了诱使散户跟进，把高价筹码传到散户手中就逃之夭夭，使跟风者饱受套牢之苦。而庄家股一旦撤庄，其跌幅远甚于其他个股。庄家控股时常出其不意地上涨，但那只是一种“表演”，对散户来说不过是水中月、镜中花，并无任何实际意义。

炒庄家股被套怎么办？这要视具体情况而可密切注意该股成交量的变化，若有连续的大卖盘出现，则可能是庄家在撤脱身，可当机立断，在庄家行动之前清仓，即使不赚或有小亏也要抛筹避险。庄家撤庄，犹如房屋抽梁，股价必将发生严重坍塌，若庄家股量小而价跌，则可能是庄家“震仓”行为，可不以予理睬，只要庄家没有出局，总还有兴风作浪的时候。

▲运用波浪理论分析解套应掌握哪些要领？

用波浪理论分析股价形态的跨度是可以随意而不受限制的，大到可以覆盖从有股票交易以来的全部时间跨度，小到可以只涉及数小时、数分钟的股走势。

然而，人们在实际运用波浪理论时往往难以得心应手，原因在于波浪理论原理简单而内蕴丰富，浪的构造不是千篇一律的。人们在数浪时极易发生偏差；同时，不同的人对浪的划分往往莫衷一是。

为了减少操作失误，提高运用成效，投资者有必要掌握数浪的原则及要领，波浪理论有两基本原则：

第一个原则是交替原则。

交替原则是指调整浪的形态，以交替的方式出现，即单式与复式轮流出现。

第二个原则是波幅相等原则。

它是指在几个推动浪中，其中最多只有一个浪会出现延伸浪，而其他两个推动浪则大致相等，即使不等长，仍会以 0.618 的黄金分割比例出现相对等的关系。

可以说波浪理论是最难以准确把握的一项分析技术，在运用过程中，要掌握其精神内涵，须注意以下要领：

1. 一个完整的价格波动周期，包括八浪，其中五浪上升，三浪下降。

2. 调整浪划分为三浪。

3. 波浪可以细分和结合。

4. 通常只有一个推动浪会出现延伸浪，其他两个推动浪的时间与幅度则相等。

5. 波浪理论主要应用于大盘，对于个股尚须考虑人为因素。

6. 波浪理论依其重要顺序，以形态为最重要，其次为比例与时间。

掌握了波浪理论的原则及要领，对股价的未来走势加以分析和判断是非常有利的。

▲何为道氏理论解套法?

道氏理论是由于叫查尔士·道尔受海浪拍打陆地受到的启发而产生的。

当我们站在海边，看着起伏不停的海浪，实在看不出当时是涨潮还是退潮。查尔士·道尔想出了一个办法。他把一块木片放在海浪达到陆地上的最远的地方，然后观察波浪的进展情形。不久，又一个大浪打上来，把那块木板带走了，于是他再把另一块木片放在第二个大浪达到的陆地上最远的地方继续观察。不久，又来了一个大浪带走了第二个木片。不久，又一个大浪带走了第三个木片……这么一直做下去，最后终于有波浪打不着木片的时候了。接着，他又跟着退下去的海潮，把木片向海浪退下去的方向移动……过了一段时间后，退潮结束了，海浪又开始能冲击到木片了。这时，道尔的观察告一段落，他从这次观察中得到了一个结论：当涨潮时，打上来的海浪会一浪比一浪离海更远，而退下去的海浪也一浪比一浪离陆地更远。而退潮时恰恰相反。这看起来似乎十分简单，但这个“简单”的理论后来却成为有关股价的技术分析的奠基石。

道氏理论主要是利用道尔自己所编的工业指数和铁路指数，根据前面所述原理进行分析、解释，来预测工商业活动的变化，因工业指数代表商品的生产情况，铁路指数则代表商品运输情况，如两者朝同一方向上升，则股市上升；如同为道氏理论即借此分析过去股票价格的循环波动，以推测工商业市场的循环演化情形。

道氏理论的基本前提是在任何时刻上，证券市场必定存在三种互相协调的移动：

1. 原始移动；

2. 次级移动；

3. 日常移动。

道尔描述证券市场的移动就好像海水涨落潮时一样：原始移动像潮流，次级移动像波浪，日常移动像波纹。

原始移动又称主要趋向或原始趋向，或者表现为长时期的下跌趋势。其特点是处于上涨期间时，股价平均数屡创新高点；处于下跌期间时，股价平均数屡创新低点。根据汉弥尔敦的计算，最长的上涨期间约为 40 个月，最短的也达到 15 个月，至于下跌趋势的最长期间约为 24 个月，最短的也有 11 个月。

长期趋势的上升通常包括三个阶段。第一阶段大多数投资人对企业业绩虽然看好，但对股票仍有戒心，仅选择投资报酬率较高的股票酌量买进，股价缓慢上升，交易量虽不大，也在缓慢上升中。第二阶段，公司业绩显著好转，股价日趋上升，交易量随之增加，投资者信心加强。第三阶段，股市受前两阶段影响，呈现一片沸腾，股价急速上涨，成交量也剧增。但不久股价接近高峰，冷门杂股仍上升，一流的绩优股反而停滞，这是多头市场结束的先兆。

长期趋势的下降通常也包括三个阶段：第一阶段，敏感的投资人见到上述股市反常现象，同时感到企业收益已达高峰，就纷纷卖出所持有股票，从而使股价下跌，一股投资大众以为回档是买进机会，再加码买进，使股价出现反弹，交易虽仍活跃，但交易量一般会减少，同时获利程度也大大降低。第二阶段，买气减弱，卖方增强，股价急速下跌，交易量大减，投资大众对股票信心动摇，形成一片倾售景象。第三阶段，在恐慌下跌之后，公司业绩恶化，但一流股票在低价位开始有人支撑，职业交易人士在判断行情后进场补进，股价下跌减缓，这是空头市场结束的先兆。

次级移动，又称为次级反应与回复。每个原始移动过后，必定有敏感的次级移动出现，使多头市场价格跌落或使空头市场价格回升达 2 周至 2 个月，这样的反方向波动即为次级移动。

次级移动如在强势市场中其回档幅度约为原始移动的 1/3，如在弱势市场则为 2/3，其成交量在上升趋势的下跌回档调整期中应“剧减”；而在下跌趋势的上升反弹调整期中应“剧增”。

日常移动又称为短期变动，是指市场内的每日股价波动，其延续快则数小时，慢则数日，但最多不超过 6 日。日常移动多系市场技术性形势造成，与经济性变动的关系较少。当技术性形势强烈时，股价上升，技术性形势软弱时，股价下跌。每个日常移动的上下变动幅度约在 15% 以内。

根据上述三种移动的特性，道氏理论可对股市进行分期分段的分析，判断股市所处阶段，从而预示股市价格变动趋向，作为买卖的参考。

▲运用趋势线分析解套有何技巧?

用趋势线分析股市行情的变化，首先是要知道什么是趋势，简单地说，趋势就是股票价格波动的方向，如果股价波动的方向一旦确定，即使出现小小的波折，股价也将大体沿着确定的趋势运行。上升行情里，股价虽然也有暂时的回落，但并不能阻止涨势，新高价不断出现；下跌行情里，股价尽管也有偶尔反弹，但跌势仍然持续下去，新低价接连出现。

趋势的方向有三个：上升、下降和水平。如果图形中每个后面的峰和谷都高于前面的峰和谷，则趋势就是上升方向；如果图形中每个后面的峰和谷都低于前面的峰和谷，则趋势就是下降方向；如果图形中后面的峰和谷与前面的峰和谷，没有明显的高低差别，呈现水平延伸，这时的趋势就是水平方向。一般说来，水平趋势在股市中占大部分时间，这种水平延伸的情况表明市场上多空双方的力量达到某种程度的均衡，通常又把这种趋势称为“无趋势”。

趋势不仅有三种方向，同时还可以按其持续时间长短或重要程度划分为三大类，即主要趋势、次要趋势与短期趋势。实际上，这几种趋势又是互相纠缠在一起的，需要股民综合地加以掌握。

主要趋势一般是指长达一年或超过一年的大趋势，股民只有了解了主要趋势才能做到顺势而为。次要趋势一般是指一个月左右的趋势。至于短期趋势在实践中通常是指 2 ~ 3 个交易周或更短的趋势。

每个趋势都是更长期趋势的一个有机组成部分，同时它也是由更短期的趋势中各次级波动所形成的，将股价在上升趋势中各次级波动形成的低点连接起来，即得到上升趋势线，将股价在下跌趋势中各次级波动所形成的高点连接起来，便得到下降趋势线。

前面讲过，股价的走势除了主要趋势以外，还有次要趋势，因而也就相应地存在基本趋势线和次级趋势线。

在股市中，股价变化为大小波浪环环产生，因而不同低点的级别并不一样，以最近两个低点相连仅是一种暂时的确定，最有意义的是同级别波浪的低点相连。以次级波动的低点构造的趋势线为基本趋势线，可用来观察股价中长期趋势变化，而以小行情的低点连成的趋势线为次级趋势线适合对短期趋势的预测，两者不可混淆。

一条正确而可靠的趋势线会对投资者的决策起到有益的参考作用；相反，一条不可靠甚至错误的趋势线则会误导投资者给股民造成不必要的经济损失。如何判断一条趋势线的有效性，有以下两个标准：

1. 落在趋势上的同级波动的低点越多，趋势线就越有效。通常，只有当第三个低点落在趋势线上并试探成功才可确认趋势线有效。

2. 趋势线过陡或过平坦，都缺乏有效性。接近 45 度的趋势线最可靠。

一条有效的趋势线一经认可，股民就可以利用这条趋势线来对股价进行预测和指导股票操作。

（1）趋势一旦显现后，结合支撑压力分析，可寻找到阶段性合适的买点与卖点，即在支撑位买入，阻力位卖出。只要确定上升趋势，每一次回落的支撑位都可视为最佳买点；只要确立下跌趋势，每次反弹阻力位是最佳出货机会。如股价进入横向盘整阶段，则可在支撑阻力的箱体内作短线买卖。

（2）趋势线一旦被有效突破后，就预示着股价下一步的走势将要反转方向。越重要越有效的趋势线被突破，其转势的信号越强烈。被突破的趋势线原来所起的支撑和压力作用，现在将相互交换角色。即原来是支撑线的，现在将起压力作用，原来是压力线的现在将起支撑作用。

▲运用量价理论进行分析解套有何技巧？

在股市操作过程中，用量价理论进行技术分析正越来越受到重视。

量价理论的内容也就是成交量与股价趋势的关系。在量价理论里，成交量与股价趋势的关系可归纳为以下 7 种：

1. 股价随着成交量递增而上涨，为市场行情的正常特性，此种量增价涨的关系表示股价将继续上升。

2. 在一段时期的涨势中，股价随递增的成交量而上涨，突破前一段涨势的高峰，创下新高价后继续上涨，然而后来这段涨势中的成交量却没有突破前一段涨势中成交量水准，则此时股价涨势较可疑，股价趋势中存在潜在的反转信号。

3. 股价随成交量递减而回升，即股价上涨而成交量却逐渐萎缩，显示出股价趋势存在潜在的反转信号。因为成交量是股价上涨的原动力，原动力不足，股价自然会放慢上涨速度甚至回跌。

4. 股价随着缓慢递增的成交量而逐渐上涨，然后走势突然成为垂直上升的喷出状态，成交量剧增，股价暴涨，紧随着此波走势却是成交量大幅萎缩，股价急速下跌，这表明涨势已到末期，上升乏力，趋势即将反转。反转的意义将视前一波价上涨幅度的大小及成交量扩增的程度而定。

5. 股价走势因成交量递增而上涨的行情持续数日之久后，如出现急剧增加的成交量，股价却上涨乏力，在高档盘旋，无法再向上大幅上涨，显示股价在高档卖压沉重，此为股价下跌的先兆。股价连续下跌后，在低档出现成交量，股价却没有进一步下跌、价格仅小幅度变动，则表示行情即将反转，是买进的机会。

6. 在一段长期下跌、形成谷底后，股价回升，成交量并没因股价上升而递增，股价上涨行情欲振无力，然后再度跌落至先前谷底附近，或高于谷底时，如第二谷底的成交量低于第一谷底，则表示股价将上涨。

7. 股价下跌相当长一段时间后，会出现“恐慌卖出”，随着日益扩大的成交量，股价大幅度下跌。继恐慌卖出之后，预期股价可能上涨，同时恐慌卖出所创的低价将不可能在极短时间内突破，故随着恐慌卖出之后，往往是空闲市场的结束。

在股市操作过程中，仔细把握上述成交与股价趋势的几种关系，预测股价变化趋势，从而更好地操作。

▲如何识别顶部的成交量?

成交量是推动股价上涨的原动力，这是股市中的铁律。因此股市经过一段大涨运行至顶部，成交量必然随之大增，当某日突然出现空前大的成交量，而股指未动时，这种量增价滞的现象，就必须提高警惕。若再出现股价震幅加大，当时最高价与最低价差距甚大，但当日的收盘价未必低于前一日的收盘价，但有较长上影线时，这些迹象一旦显露，就有极大可能是头部之征兆。因为庄家机构在人气旺盛时已在大抛储存股票，通常短则两三天，长则五六天、六七天，他们就可以出脱手中 80% 以上筹码。股价之所以震幅加大，是庄家大户为了卖出个好价位。当他们已大量卖出股票后，就会立刻出现真空状态，因此第二天股价下跌，成交量立即萎缩，这时不明真相的股民还认为回档买入，继续持股待涨。然而股价持续下跌，而后从头部下跌三五天后会出现反弹，则可能是辨认头部的最后逃命机会。如出现以下迹象，则可辨明头部已经形成：

1. 成交量在反弹中不能增加，甚至低于前几天；

2. 反弹幅度不到高峰时的一半；

3. 股价涨势不强，涨时无量，跌时放量。

此时已可判明反弹力度不大，必不能持久，头部已经形成了。而后再过几天，当大家都已认清头部形成时，成交量又会放出而形成大跌，但此时多数人的行动为时已晚损失已不可避免。

▲对 K 线形态的判断有何技巧?

在股市进入顶部区域，阳线力量多为带上下影线，中阳与长慢已少见，甚至出现带很长上影的阴线。阳线实体愈来愈小，而成交量仍维持较大的量，直到出现阴线渐多，最后出现穿头破脚的中阴线或长阴线，且放巨量下跌，头部成立。

▲如何根据庄股的动向和表现进行操作?

大凡有大资金参与的庄股，庄家往往比一般中小机构领先一步。在头部将来临时，他们往往先急拉调动人气，而后上下振荡悄悄出货。有些人喜欢做短差往往看其股性活跃，在下跌时抢先买入，头一两次可能有些差价好做，但庄家是十分聪明的，到第三次，他就以一根长黑棒将你套住，而后再拉起，你若吊低篮头补仓，他就悉数给你。所以凡接近头部区域时，庄家股会率先出货，这时大盘指数会创新高，而过去一向活跃的庄股却放量滞涨，或创新高后迅速回落，这也是顶部出现的重要信号。

▲如何从舆论导向看股市?

从舆论导向看，股评人士 90% 以上一致看好，并预测可达某某点位。须知股市中多数人的意见总是错的，真理总在极少数人手里。试想如果人人看看报纸就可以赚钱，那么，为什么总是多数人要输钱，而赢钱总是少数人呢？当舆论一致看好时，正是某些股评人士狂妄地预测多少多少点位时，千万不可盲目轻信！股市有句格言：股市在欢呼声中结束。

▲如何从政策导向看股市?

个别权威人士或权威机构已有风险警示，或明或暗地提醒股市热或泡沫过多。但纵观世界各地股市，政府无不在适当时机干预股市，调控股市，因为股市已成为国民经济发展的一个重要环节。如美国股市过热时其权威人士格林斯潘就要出来讲话，台湾地区股市暴跌时当局也拿出巨资来托市。今后我国内地股市调控，管理层可能更多用间接手段，如加快加大新股发行速度，国控股流通逐步上市或调节银行利率，或在融资方面加以限制等等。

▲什么是大盘的领导股?

领先大盘上涨的领导股涨得脱离其投资已无法再追高买入，而那些亏损股、质地欠佳的股票或冷门股居涨幅前排时，通常也是多头市场接近性尾声之信号。

▲如何寻找突破口?

缺口是股市中常见的一种反常现象。说它常见，在大盘运行中，每年都会出现一些大大小小的跳空缺口，敞开几个点的小缺口不论，几十点甚至上百点的大缺口几乎每年都可见到几次，至于个股产生的形态各异的缺口就更是多如牛毛了。说它反常，是因为它的出现脱离了股市或股票的连贯性，破坏了股市或股票原有的正常轨迹，打破了股市或股票的相对平衡，使股市运行由连续式变为跳跃式。缺口出现的原因，一般为空发性利多或利空消息刺激所致，在大量的买单或卖单的强力作用下，股指或股价脱离原有的形态产生的一种飞跃。简单地说，缺口，就是在两个相邻的交易日之间，股指或股价脱节而产生的“真空地带”。

除了专业人员外，一般股民对缺口似乎兴趣不大，对缺口产生和意义也认识不深。其实，从股市发展趋势看，缺口的出现，往往标志着新突破的开始。以缺口为依据而选择买卖股票的时机是安全有效的操盘防止被套的方法之一。

▲如何分散风险而让套子自动解开?

投资股票切不可孤注一掷，即使输了，至少也不会倾家荡产，沦落一生。

一般而言，股票投资愈分散，风险愈小。也就是在不同的时间买进卖出不同的股票，让获利和亏损二者互补之后，可保有效的盈余。

由于个人时间、精力有限，不可能熟悉太多公司，以致无法有效排除风险，获得利润；通常只能从事短期买卖，而逐渐成为追涨逐跌的投者。

所以，想要投资的人，最好还是请教专家的意见，因为经过专家数千小时的研究公司财务结构、上游材料供应商、下游经销商、同行竞争能力、世界经济景气影响，与未来各行业发展潜力之所作的分析，选择投资对象时，犯错的机会远比一般要小。

但如果参与股票市场的人都是“投资”，反倒是一个值得担心的现象。大家买了股票都不卖，一握就是5年、7年，等到想卖，却又没有人要买，这个市场将会变成一个死的市场，缺乏流通性，所以必须有各式各样的人，才会使市场活跃。

况且，投机行为并不属于某一地区的特色，马来西亚股市的情形在美国一样有，只是他们的投资人比投机人略多。

▲利用长期投资解套有何技巧?

股市有涨有落，如果投资者做长期投资的打算，就不用提心被套，只要坚持下去，最后总有解套的机会。一般的人都知道股票市场是一个巨大的竞技场。无数投资者在这里各施招数，激烈竞争。他们的投资方式各有千秋，变化无穷，但笼统说来，诸多投资流派可划分为特色迥然不同的两大流派：一派为短线进出派，另一派为长期投资派。短线进出派的投资理念是：股价趋势波浪起伏，投资者若能准确地分析、掌握短期内股价升跌的动态，就能逢低买入，逢高卖出，赚取差价。于是他们制胜的法宝是凭技术分析，或凭感觉抓住市场时机，频繁进出。他们操作手法极具投机性。长期投资派则认为，要成功地预测股价的趋势，从而掌握市场时机是极其困难的。人算不如天算，频繁进出，往往是买高卖低，极易招致损失。既然认为一国的经济，从长期的观点看，总是不断向上发展的，那么就应以适当的价格买进股票后，长抱不放，静待经济景气的到来，分享长期经济发展带来的巨大利润。因此，他们的投资理念是，一旦持股，就长期拥有，忘掉市场，不关心股价短期内的升跌起伏，或待股票的分红、派息和增资，或静候股价长期爬升后待而沽。

▲如何寻找做长线的窍门?

只有做长线投资打算，才不会有被套住的焦虑。从长线投资中获利，选股是关键，而选股时不能缺少对具体发行公司的了解，这其中的过程必须好好把握。许多文章把股票投资说得很神秘，很高深，实际上许多成功的长线投资者只是一些没有经验，对股市并没有太多研究的家庭妇女或者低层收入者，问题在于你能否找到窍门，注意到应该注意的问题。

1. 发行公司的产品是否有潜力。

2. 注意市场上的畅销品。

3. 注意投资与行情有关的股票。

4. 公司是否充满活力。

5. 注意报刊广告中的企业广告。

6. 无论是期货还是股票每年都有几次大行情，"通吃大浪抓大波"便可，平时可以养精蓄锐，增长知识，把资金安全入库，在一个高度投机的市场上应学会结束自己，把投机行为变成投资行为是一件难以做到的事，因为周围一切充满了投机气氛。而即使完全钟情于那只股票，也应在其被人合理哄抬时及时出手，如果发现其他人对所选择的股票的购买有些超乎想象时，不妨把它卖了。

7. 注意何种股票交易量变化大。

把股价比喻成经济景气的温度计是华尔街股票专家的一致看法。计取每种股票每日交易额亦作为一种估量股市的温度计。

假设有一种股票，平均每天交易额是五六万股，突然有一天增加了五六倍，到了20万~30万股，若是连续数天的话，人们都会注意这种股票了，看到这种情况，一般人很难决定应买还是应卖。交易额增高现象，这时决定买进还是卖出要以"股票箱理论"取舍了。

月成交额最高的前几名，不论当时股市景气与否，总可展望是被看好的。专门做买空或卖空的人都不会错过机会。依靠技术分析法调查交易额与股价关联的人，以之作为买卖依据。

有一种现象是没有错的，可以找出有增值潜力的股票，就是如果一家公司股票因交易额的猛升而使其他与此股票有关联的股票也跟着猛升，那么这种情形就可以看出股市的人心趋向了。

一些钢铁、建筑、电器业股票并不因交易额而提价，证实了这些股票不大受经济短期波动的影响，有利于做长线投资。

8. 注意公司年度预算。

上市公司必须就决算数字给以说明，并且剖析今后的发展及企业的现状。经营者多数会同时列出上次的发表数字及下一次的决算预测数字。这些数字是公司认可的数字，除了可以预测股票前景外，当时股票价位也会据此变化。一般来说，公司的决算都是比较趋于保守的，因为一旦来日业绩不能达到，多少对公司不利，特别是在经济不太景气时。

我们要做的是好好研究决算发表时所做的预测，现 6 个月或一年前所发表的实际数字互相比较，比较其间有多大误差。如果发表的决算是 30 亿的营业额，有 3 亿的利润，那么，当发表实际的决算数字后，股价便会大大地爬升了。相反，如果到后来只算得 28 亿元的营业额和 2 亿元的纯益，那么，股价一般都会下跌的。一般的股市老手擅长于使用这种方法。

▲如何在绝境中寻找出路?

中国人有句话："祸兮福所倚，福兮祸所伏。"其中的含义是指许多事情正在喜乐、幸福之中，祸害已经悄悄潜藏酝酿着，所以要小心乐极生悲；而当遭遇灾祸时，危机可能就是转机，或许又能绝处逢生，柳暗花明又一村。

正因为凡事物极必反，即使是股市也一样，不可能永远上涨，也不可能一直下跌，所以过度乐观或过度悲观都不恰当。一般大家总是当跌下来一段时日之后，才叹息先前的高点自己为何不能获利出场；而当涨上来一阵之后，才又抱怨之前的低点为何不会逢低买进。老实说，想要精确地抓住买卖的最低点和最高点，任何一个人都无法每次都做到。

由于一般人在实务操作上往往会太过于主观。所以股市操作方法里有一些技术指标，借由买卖的价量关系和数据来反映是否涨多或跌多，而"强迫"你去执行卖出和买进。在股市里，头部和底部的形成，都可以在技术指标上看出来。读者若稍留意股市常用的技术指标，暂且不论其计算原理和公式，你可以发现，它们也惯用指标的超买或超卖，过热或过冷来提示该卖和该买的时机。

当股市发烧，热度升高时，我们反而要考虑降低持股比重，保留较多的现金。但为了避免太早出场，不妨在股市暴大量或股价创新高点之后，三天或一周之内未见新高点或更大的量时，就可以断然出清了结。所谓头部三日，底部百日，切忌在处于账面获利颇丰时，忽略风险，而不能持盈保泰，减量经营，反过来再加码满档时，最后只要被“咬”一次就可能前功尽弃了。

另外当股票重挫一段时间，最后总会出现波动幅度缩小，连短线进出、当冲者也意兴阑珊，此时市场的悲观气氛转趋浓厚，成交量逐步萎缩，甚至为先前天量的十分之一或十分之二不等。虽然无法断言该处是否为最低点，但可以确定的是底部区已悄然浮现，若敢在此时酌量或分批慢慢地以“自愿”短期先套牢的“心理准备”买进者，届时大盘一瞬间马上悉升反弹时获利的速度将是非常快的。

关键性转折点很难抓，但相对过热或过冷，市场过度乐观或过度悲观，其实从技术指标、股价和成交量，乃至于周遭朋友的反应，都是可以一窥蛛丝马迹的。只要不太过陷入而不自觉，能够跳脱出来看，获胜的概率就比较大。

▲何为快刀斩乱麻解套法?

这种方法是将所持股票全部卖出，以免股价继续下跌而遭受更大损失。该法适合于以投机为目的的短期投资者，或者是持有劣质股票的投资者。

▲何为换股解套法?

这种方法就是将手中弱势股卖出，换进市场中刚刚发动的强势股，以便通过涨升的强势股的获利，来弥补套牢中所受的损失。该法适合在发现所持股票已为明显弱势股，短期内难有翻身机会时采用。

▲何为拔档子解套法?

这种方法是先停损了结，然后在较低的价位时予以补进，以减轻或扎平上档解套的损失。

▲何为向下摊平解套法?

即随股价下挫幅度扩增反而加码买进，从而拉低购股成本，以待股价回升获利。采取这种方法的前提是必须确认整体投资环境尚不变坏，股市并未由多头市场转入空头市场。否则，极易陷入愈套愈多的困境。

▲为什么说不卖不赔也能解套?

股票被套后，只要尚未脱手，就还只是浮动亏损，而不是实际亏损。如果所持股票均为品质良好的绩优股，且整体投资环境尚未恶化，股市走势仍未脱离多头市场，则大可不必为一时套牢而惊慌失措，此时应持股待升，静待解套之时。

第四节 股票买卖方法与技巧

▲新股民如何申购新股?

由于新股申购是股市中获利丰厚的一个板块，所以其成为股市资金角逐的一个重点。现在投资者可同时参加一级市场申购和二级市场配售，并且在二级市场配售时无须预先缴款，这就使得每一位投资者同时参加一级市场申购二级市场配售成为可能，从而最大限度地提高资金的使用效率。长久以来，虽然有很多人都有申购新股的经历，但是其中有相当一部分人对新股申购的细节问题还是不甚了解，因此为了便于投资者操作，增加中签的机会，以下将就投资者在新股配售程序中需注意的问题加以说明：

T–2 日，刊登招股说明书概要，投资者可以了解到新股的发行价格、发行方式、发行时间和拟上市地点等，作出是否参与新股配售的决定。正确计算上市流通证券市值。

T–1 日，刊登发行公告，投资者可以了解一二级市场投资者配售新股的数量、相应申购代码、向二级市场投资者配售新股的数量及申购上限等。投资者可在所开户的证券营业部查到可申购新股数量。

T+0 日，投资者根据自己所持有的上市流通市值和申购上限，在证券营业部自愿申购新股。投资者在申购时，应遵循如下交易规则：每一股票账户最高申购量不得超过发行公司公开发行总量的千分之一；申购数量必须为 500 或 1000 的整数倍，且只能申购一次；投资者的申购一经确认，不得撤销。申购时不进行扣款和冻结资金。

此外投资者还应注意不同发行方式应使用不同的申购代码，上海以 730 的申购代码认购上网发行部分，以 737 的申购代码认购新股配售部分；深圳以 0 代码认购上网发行部分，以 8 代码认购新股配售部分。

T+1 日，摇号抽签，投资者可在所开户的证券营业部查到申购配号。

T+2 日，公布中签结果，投资者可向证券营业部查询中签情况。

T+3 日，申购中签者股票到账，未中签者资金退回。根据上述程序，投资者同时参加二级市场的新股配售和一级市场的新股申购这远比单一的一级市场新股申购更能提高资金的使用效率，投资者的申购号多了，中签的机会自然也就多了。因此对于那些新股申购专业户来说，只要能选择到合适的证券品种作为参加二级市场配售的桥梁，那么投资者在从事专业申购时将会更加得心应手，并最终取得丰厚的回报。

▲如何进行分散投资？

当新股民对股市的行情走势不能准确把握时，若投资者将全部资金一次投入购进某种预计会上涨的股票，那么当该种股票的价格确实大幅度上涨时，投资者可以获得十分丰厚的利润；但如果股价反而下跌，新股民就会蒙受较大的损失。为了防范这种风险，新股民可以采取分散投资。

分散投资是说不要只买一种股票。万一发生什么情况不会损失太大。当然也不要品种太多，初学者资金不太多时以买上两三只股票为好。选择确实有潜力的股一直做下去，定会有所收益。

当你对一只股票把握不大时可先投入一部分资金，如 10% ~ 20%，如果看准了它确实上涨再逐步增加。但涨得越多越要少投，因为风险大。而下跌时越低可以买得越多。

当股票上涨到相当程度，获利不少时就该考虑是否该抛出了。不少人喜欢算账，算我已赚了多少钱，殊不知这也正是你该准备抛出的时候到了。只有到了袋中才是真正赚到了钱。一旦股票下跌，你原可到手的钱却又都从手中飞走了。

为了保险起见，你可以在股票上涨一定程度后先抛出一部分，随着上涨，逐步抛出，这样虽然看起来少挣了些，却是实实在在挣到了钱。

▲为什么说不要追风？

新股民往往手上拿了钱就痒痒，恨不得马上变成股票给自己赚钱，尤其在看到别人的股票赚了钱时就忍耐不住，赶紧追了过去，却被套在那里解不了套。所以在买入股票之前一定要三思而后行，一旦看准方向，即使暂时被套也不慌张，耐心等待解套时机到来。如果我们确实是在低谷时买了好的股票，那就不用担心它涨不起来，而且一定会有可观的收益。一年之内做上几次足矣，比整天泡在股市里强得多。而当股票抛出以后也不要急于赶快买进，而是耐心等待下一次时机的到来。如果碰上大熊市，还可以买进国债放在那里，既可以拿到利息，又可等待转机。许多人一天到晚卖了这种股票买那种，一段时间以后结算起来却没有赚多少钱，反而浪费了好多的精力，反而不值。

▲什么是分批买卖法?

这种方法对新股民来说很是保险，分批买卖法是指在某一价位时买入第一批，在股价上升到一定价位时买入第二批，以后再买入第三、第四批等。在此过程中，一旦出现股价下跌，投资者既可立即停止投入，也可根据实际情况出售已购股票。分段买入法的优点是能有效地降低风险，但同时也存在着减少投资收益的缺陷。如果市场行情一直看涨，采取一次投入的方法就会比分段买入法获取更多的收益。

在股价下跌到可以入市购进时，新股民认为股价会继续下跌，仍然持币待购，等到股价强劲反弹上来时，又后悔莫及，坐失入市良机。另外，当股价上涨到应该脱手时，还认为股价会继续上扬，而等股价下跌时，不仅卖不出好价钱，有时甚至还难以脱手。

由于分批买卖法进行的是多次买进和多次卖出，故而当股价下跌到某一低点时，新股民就可以毫不犹豫地予以买进，即使是买后股价继续下跌，新股民仍可陆续予以购买。同样，当股价涨至某一高点时，新股民也不会因贪心而舍不得卖出，因为即使股价继续上涨，新股民仍能通过不断卖出而获利，故而不会错失良机。

运用分批买卖法，新股民最好根据一些技术分析的手段来予以确定。通常的确定方法是，当一种股票的相对强弱指标低于 20 时表示该种股票价格已经较低，其反弹的可能性很大，此时宜入市分批买进；而当相对强弱指标达 80 以上时，表明该股票的价格已处高位，其下跌可能性极大，此时应毫不犹豫地将所持股票分批抛出。你就可以享受成功的喜悦了。

▲什么是交替买卖法？

交替买卖法是在证券公司在交易所市场同时办理同一种股票的买入和卖出业务的交易方法。

交替买卖是适应股市上的巨额交易而产生的。一般来讲，当某种股票在市场上以数百万以上的数量买进或卖出时，容易引起股价发生大幅度波动，股票交易价格脱离正常轨道，从而给股市发展带来一定的负效应。如果证券公司买进或卖出大宗股票时，采用交替买卖法，事先找好适当的卖主(或买主)，然后将买卖双方同时推上市场，这样就既能完成巨额交易，又不会引起股价的大幅波动。

交替买卖法的另一个好处是，它可成为某些公司实现规定目的的手段。这主要表现在，当经济处于不景气时期，财务状况恶化的某些公司，在出现既不想失去手持股票又不得不出售股票以填补亏损和补充周转资金的同时，又用信用交易予以补进。

此外，有的公司为使其新上市的股票提高知名度和流动性，也委托证券公司采取交替买卖的方法有意买进和卖出，以造成该种股票在市场上的热络气氛。

▲什么是静待时机法？

这个方法又称冷门股投资法，是投资者买入长期无人理睬的冷门股耐心持有，等待股价大幅上扬后，再行卖出的投资方法。冷门股大都因为公司业绩差，或者多种问题无法解决导致无人炒作，价位低迷。这种股票如果已有解决问题的希望，或董事会进入有力的新领导改变经营策略，一旦公司业绩改善，股价也会大幅上扬，这时抛出赢利可观。当然炒作这类股票要非常小心，首先不要倾其全部资金买冷门股，只能把它作为投资组合的一部分，然后要经常注意该公司的业绩债务情况，如果资不抵债这类股票就难以翻身，不应持有；最后要有耐心等待的习惯；这种方法一般为股市高明的老手所为。小股民在有把握的前提下不妨一试。

▲什么是股票买卖的买进期权技巧？

买进期权交易是指买主在期权有效期限内，向期权的出售者按事先规定的协议价格和数量买进某种股票的交易。一般来讲，购入这种买进期权的大都是对股票价格持看涨态度的投资者。如果股票市场真如投资者预测的那样，在购进看涨期权后，股价出现大幅度上涨，致使股票市价大大高于协议价格加期权费之和时，期权购买者便可按协议规定的价格和数量购买股票，然后按市价出售，或转让买进期权获取利润。

例如，某投资者向证券商购买了某种股票的看涨期权，其期权费用（期权价格）为500元，该期权的合同载明，期权购买者在6个月内的任何时间都可按每股40元的价格购入该种股票100股，如果该种股票在6个月内涨至每股50元，投资者即可行使购买权，仍以每股40元的价格购进100股，并转手将这100股以每股50元的市场价格卖出，每股可赚10元的差价收益，而100股的差价收益则是1000元，当减去购买看涨期权的费用500元时，仍可获利500元。但如果与投资者预测的完全相反，当购进看涨期权后，股票的市场价格不是升到每股50元，而是下降到每股30元，此时投资者若行使买进期权，以每股40元的价格购入100股，则每股损失10元，100股合计损失1000元，再加上买入期权的费用500元，总共亏本1500元。在此种情况下，投资者可放弃买进期权，这时的损失仅是购买期权费用500元。

由此可见，买进期权交易，既能使投资者在股价大幅上升时获取一定的差价收益，又能使投资者在股价大幅下跌时减少损失的低风险投资策略。

▲什么是股票买卖的卖出期权技巧？

卖出期权交易是指买主在期权有效期内，向期权的出售者按事先规定的协议价格和数量卖出某种股票的交易。一般来讲，购入这种卖出期权的大多是对股票价格看跌态度的投资者。如果股票市场真如投资者预测的那样，在购进卖出期权后，股价出现大幅度下跌，致使股票市价大大低于协议价格加期权费用之差时投资者便可按市价购进一定数量的股票，然后按期权合约中规定的股票价格卖给出售期权的证券商，从而获取差价收益。

例如，某投资者向证券商购买了某种股票的卖出期权。其期权费用（即期权价格）为500元，该期权的合同载明，期权购买者在6个月内的任何时间，都可按每股40元的价格卖出该种股票100股。如果该种股票在6个月内下降到每股30元，投资者即可按市价每30元的价格购进100股后，转手以期权协议规定的每股 40 元的价格，卖给出售卖出期权的证券商，获取每股 10 元的差价收益。这样，卖出 100 股后可赚取收益 1000 元，当减去购买卖出期权费用 500 元时，仍可获利 500 元。但如结果与投资者预测的完全相反，当购进卖出期权后，股票的市场价格不是下降到每股 30 元，而是上升到每股 50 元时，此时若投资者行使卖出期权，以每股 40 元的价格卖出 100 股，则损失 1000 元。再加上购买卖出期权的费用 500 元，则要亏本 1500 元。在此种情况下，投资者可放弃卖出期权，使损失限定在购买卖出期权的费用加佣金的范围之内。

由此可见，卖出期权交易是使投资者用较小投资获取较大利润，且能在事前把损失控制在一定限度内的低风险投资策略。

▲什么是股票买卖的双向期权交易技巧?

双向期权交易是指股票投资者在同一时间内，同时购买某种股票的买进期权和卖出期权，以扩大其股票投资的选择范围。投资者购买了双向期权后，在期权有效期内，当股票市价超过了价格加期权费用之和时，可以行使看涨期权；反之，当股票市价低于协议价格减期权费用之差时，可以行使看跌期权。当股票市价先涨后跌或先跌后涨且涨跌幅度都很大时，可轮流行使两种期权，从而获得较大的差价收益。双向期权交易适合于投资者对股票行情走势把握不定且股价频繁波动时采用。

双向期权交易的优点是，投资者可以用行使看涨期权的收益来对冲购买跌期权的损失；或者用行使看跌期权的收益来抵补购买看涨期权的损失，从而避免和降低风险。

此种交易策略的不足是，由于购买双向期权的费用要大大高于只买看涨期权，或只买看跌期权的费用，从而使其在多数情况下的获利程度会随着风险的降低而得到相应的减少。

▲试盘买卖法是怎样操作的?

试盘买卖法的操作方法是，在进行证券买卖之初，先以挂牌方式（作买进时，先以委托价格挂进一张；作卖出时，先以委托价格挂出一张）少量进出，并以 10 分钟为限度，试验该档价格的股票是否容易买卖，如果上述挂牌的买卖委托很快成交，则表明该档股价应作观望修正。相反，如果上述挂牌价成交艰难，则代表判断可能正确，再以市价委托进行买卖。

▲投资三分法的操作方式是怎样的?

投资三分法的具体操作是：将全部资产的 1/3 存入银行以备不时之需，1/3 用来购买债券、股票等有价证券作长期投资，1/3 用来购置房产、土地等不动产。在上述资产分布中，存入银行的资产具有较高的安全性和变现力，但缺乏收益性；投放在有价证券的金融资产虽然有较好的收益性，但却具有较高的风险；投资于房地产的资产一般也会增值，并可用做投资亏本时保本翻本之用，但又缺乏变现力。如将全部资产合理地分布在上述三种形态上，则可以相互补充，相得益彰。

在有价证券的投资上，也可以实行三分法。一部分购买债券或优先股票，另一部分投资于普通股，再以一部分作为预备或准备金，以备机动运用。在这种三分法中，投资于债券的部分虽然获利不大，但比较安全可靠。因此，许多国家的投资者一般都愿意在手头拥有这部分安全可靠的债券。购买股票虽然风险较高，但往往能够获得比较优厚的红利收入，甚至还能获得较为可观的买卖差价收入。因此，也颇受投资者欢迎。而保留一部分资金作为准备金，则可以在股票市场上出现较好的投资机会时进行追加投资，也可在投资失利时，用做失利后的补充和用做承担损失的能力准备。

证券投资三分法兼顾了证券投资的安全性、收益性和流动性的三原则，是一种可具参考性的投资组合与投资策略。

▲如何分段获益?

股票价格波动很快，其行情走势对于一般新股民来说很难准确把握，如果投资者将全部资金一次性地投入某只股票，当这只股票确实大幅度上涨时，投资者通过抛出变现后，就能获得十分丰厚的利润；但一旦预测失误，股价不是上涨而是反转下跌时投资者就会蒙受较大的损失。

由于一次投入存在较大的风险，所以不少投资者往往在股价上涨的过程中，将资金分次分段逐步投入市场。这样一旦行情出现反跌，投资者立即停止投入，以减少损失。

分段买高法的优点是能有效地降低风险和减少投资损失，但同时也存在着减少投资收益的缺陷。如果市场行情是一直看涨，采取一次投入的方法就会比分段买高法获取更多的收益。

分段买高法比较适合进行中、长线的股票投资。

▲什么是以逸待劳法?

当牛市来临时股价东蹦西跳，出现轮涨行情，此法主张投资者不去追逐那些已涨升得较高的股票，而是选择涨幅较小，甚至价格不动的股票，静心等待有人抬轿时顺利脱手；或者采取不买卖的策略，坚持持有原来的股票，因为轮涨行情不会在一两天内结束，只要持有的是良好的有潜质的股票，到头来主力大户总会大量购进。当然这种策略需要投资者做周到的基本分析，并有极好的心理素质。

▲什么是箱形买卖法?

此法基本来源于股票箱理论，这个理论认为：股价的运动就像箱子里的皮球上下跳动，当球落到箱底时遇到支撑就会反弹起来，当然升到箱子顶部时遇到箱盖的阻力又会回档下落。在一定的时间内，球会在箱子里维持这种运动，股价也一样。

投资者可将股价波动的高点连成直线，将此线称为压力线；又将股价波动的低点连成直线，将此线称为支撑线；当股价上升到压力线时可卖出股票，当股价跌到支撑线时，进行补仓。如果出现新的情况，股价突破了支撑和压力线，投资者就要设置新的股票箱，据此进行买卖。

▲什么是信用交易?

信用交易指的是投资者买卖股票时，只提供总的购买额的一部分现款或股票，余下部分的现款或股票则由经纪人提供的交易方式。

信用交易一般分为保证金买入交易和保证金卖出交易两种形式。保证金买入交易是投资者在买进一批股票时，按保证金比率支付一部分现款，其余部分现款由经纪人进行支付的交易活动。保证金卖出交易则是投资者按保证金比率向经纪人借出一定量的股票出卖，然后再买回该种股票归还经纪人的交易活动。

在信用交易中，保证金比率是一个极其重要的因素。投资者根据不同的保证金比率，可以相应扩张他的投资额，保证金比率越低，扩张的投资额越大，投资者的收益和风险也越大；反之，保证金比率越高，扩张的投资额越小，投资的收益和风险也就越小。

例如，某投资者有1000元，想做某种每股10元的股票的信用交易。如果需要交纳的保证金比率为20%，那么他用1000元的现款就可做5000元的买卖，从而买到股票2000股，他的收益和风险也就只扩大了2倍。保证金比率的规定也有所不同，从世界范围来讲，在早期一般都较低，在15% ~ 30%，进入80年代后一般都有所提高，大约维持在50%。

进行信用交易的主要好处是，当投资者对行情走势预测正确时，能够用较少的投资，获取较大的差价收益。例如，某投资人预测股价将会大幅度上涨，在保证金比率为40%的情况下，用现款1万元可做2.5万元的买卖，可购到每股为25元的股票1000股，如果当股价涨到每股50元时，投资者可赚取差价收益2.5万元，为自有本金的2.5倍（未扣除佣金、利息和税收）。但另一方面，从事信用交易也存在着极大的风险。当投资者对股票行情走势观测失误时，损失也是十分巨大的。不仅有可能使投资者交纳的保证金丧失殆尽，严重的还有可能导致投资者倾家荡产。因此，投资者在对股市行情走势把握不定时，做信用交易一定要十分谨慎。

信用交易只是对那些敢于冒最大风险的投资者才具有更大的吸引力。

▲什么是股票买卖的套利交易技巧?

套利交易是投资者利用不同地区、不同市场的股票价格差异进行的买进和卖出的交易活动。也即是，从价格较低的市场买进某种证券，又在价格较高的市场将其卖出，以此获得低进高出的差价收益。在现代社会中，尽管随着信息业的高速发展，各证券市场的价格已呈现出较小的差异，但由于价差的存在是一个客观的事实，因此，只要投机者买进卖出的价差大于交易费用，就能够从中获利。例如，某上市公司的股票如果在深圳证券交易所的每股价格为10元，而该种股票在上海证券交易所的每股价格为13元，这时，股票投资者如果在深圳买进1万股的同时，又在上海卖出同种股票1万股，就可获取毛利3万元。进行套利交易，既可以即期交易的方式进行，也可采取期货交易。投资者在进行套利交易时，一般应具备的前提条件是：

1. 熟悉各证券市场的交易状况和价格波动的走势。

2. 在进行套利的地区设有代表机构或代理商，因为在证券价格瞬息多变的市场上，没有准确及时的信息和必要的机构就无法进行套利活动。

3. 在进行国际间的套利交易时，还必须了解汇率的变动情况。因为汇率变化对套利交易具有重大的影响，有时按现行汇率计算时，套利交易可能有利可图，但汇率的变化也有可能将利润抵消，甚至造成亏损。套利交易策略一般只适合资金庞大的金融机构或其他机构投资者使用。

▲什么是股票买卖的板块涨跌法?

随着市场的扩容，深沪两地股市规模越来越大，各种股票越来越多，同类型股票往往形成“板块结构”，如“浦东概念股”“收购概念股”“商业股”“地产股”“家电产品股”等等，同时在操作中可以根据板块结构进行灵活操作，如某种新股上市涨升，那么同类新股也可能随之升涨，你可及时买进刚上市的此类新股。在相同行业的股票中，如甲种股上升，乙种股的升势也即至，可以跟进，遇到跌势其道理相同，使你在股市上不会“顾此失彼”。

▲如何运用市价委托策略?

市价委托是最普遍最容易执行的一种委托指令，是客户只要求经纪商按交易市场当时的价格买进或卖出证券的委托形态。

采用市价委托策略买卖证券有两个好处：

1. 成交的速度性，因为这种委托没有规定买卖的具体价格，有时在委托单交给经纪商几分钟后，即可成交。

2. 成交的把握性，只要没有意外情况发生，该种委托一般都能得到执行。市价委托策略一般在客户急于买进或急于卖出股票时采用，通常更受那些急于在跌势中出售股票的客户所欢迎。因为在市场股价处于下跌时，往往股价下跌的速度比股价上涨的速度来得更快，因此，采用市价委托策略则可更有效地减少损失。

市价委托策略的缺陷是，当市场价格波动较大，且所有的卖价较高或买价较低时，容易出现高价买进或低价卖出的情况。因此，投资者在选用此种委托策略时，需权衡利弊而后用，以避免造成不必要的损失。

▲如何运用限价委托策略?

限价委托是指投资者在提出委托买卖订单时，限定其买卖价格的委托形态。

经纪商在接到客户这种委托后，只能按客户提出的限价或低于限价买进证券，按限价或高于限价卖出证券。如果市场上的证券价格符合客户的限价要求，经纪商就可立即成交。如果其价格不符合要求，经纪商则要耐心等待。

例如，某客户要求以每股不超过20元的价格购进某种股票，当股票价格为21元时，经纪商就不能执行其指令，只有当股票价格低于20元时客户的限价指令才能被执行。客户发出的限价指令通常有时间限制，超过其限定时间，指令将自动作废。

采用限价委托策略的优点是：投资者可以低于市价的价格买进证券或以高于市价的价格卖出证券，从而获得较大利润。

限价委托的缺陷是，当限价与市价出现偏离时，容易出现无法成交的结果，即使限价和市价持平，但若同时有市价委托出现，则市价委托就会优先成交，从而容易降低成交率。

采用限价委托策略，最要紧的是合理确定好限定价格。例如，在买入证券时，如果限价过高，就起不到限价的作用，如果限价过低，则难以成交而坐失购入良机。一般来讲，委托的价格是以现行市价为基础并根据市场短期形势来灵活加以固定。目前，我国的上海证券交易所和深圳证券交易所都采取了限价委托方式。

▲如何运用停止损失委托策略?

停止损失委托策略，又称阻止性指令策略或停止委托策略。它是指投资者委托经纪人在某种股票涨跌至其给定的上下限价格水平时，将其买卖自动转为市价委托的策略。

停止损失委托可分为停止损失买进委托与停止损失卖出委托两种。

停止损失买进委托是指投资者委托经纪人，在股价上涨至某一水平或以上时，就买进股票。这种委托规定的买价必然高于当前的市价。例如，某投资者预测股价将会大幅下跌，他以每股30元的价格卖出了某种股票100股，并期望在今后能以较低的价格予以补回。如果该种股票在不久下跌到每股20元，则每股可盈利10元。这时如果投资者既期望股价继续下跌，以获得更多的利润，又担心股价会反转向上，使他无法在较低的价位上予以补进时，可向经纪人下达停止损失委托，要求经纪人在该种股票价格上涨到一定程度时，就立即予以买进。如果这一指定价格为 22 元，那么，即使价格出现上涨，在一般情况下，他仍可获得每股 8 元的差价收益，如果股价不是上涨，而是继续下跌，他就可在更低的价位上予以补进，从而获得更多的收益。

与停止损失买进委托相对应的是停止损失卖出委托。停止损失卖出委托指的是投资者委托经纪人，在某种股票的价格下跌到某一水平或某一水平以下时，就为其卖掉股票。这种委托规定的卖价必然低于当前的市价。例如，某投资者以每 40 元的价格买进某种股票 1000 股，不久股价涨至每股 50 元，投资者为保障其大部分既得利益，委托经纪人在股价跌至 48 元时予以卖出。如果股价跌至每股 48 元，投资者仍可每股获利 8 元，若股价不是下跌，而是继续上升，则投资者获利也将继续上升，并不受停止损失卖出委托的影响。

▲什么是排列组合法?

这个办法要求投资者科学地将股票的价位与类别进行全方位的组合，据此进行买卖。

一般来讲股票可分成四种类别：

1. 潜质好，价位高；
2. 潜质好，价位低；
3. 潜质差，价位高；
4. 潜质差，价位低。

这里所讲的潜质包括公司的盈利能力、行业类别、前景展望等。第一类及第四类的股票因为潜质与股价挂钩不会有大的波动，第二类及第三类股票因为倒挂，将有调整出现。由于资金总是流向投资回报高的地方，所以此时你最好卖出第三类潜质差、价位高的股票，购进第二类潜质好、价位低的股票。这种投资组合的调整，会给你带来意想不到的收获。

▲什么是赚 10% 计划法?

这种投资策略的简单操作方法是：投资者设定一个 10% 的涨幅为获利

目标，只要所购股票的涨幅超过10%，就立即予以卖出而不去考虑其他相关情况的变化。

由于股票市场是一个波动的市场，在一两个月内，一些股票的波幅超过10%是很正常的事，因此，短期投资者只要选择好所持股票，有效地把握10%的上下限，在恰当的时候购进，便很容易在短期内获取利润。

但使用这种方法也有缺陷，主要是如果投资者在售出股票后，其股价继续上扬，则有可能失去获取更多利润的机会；如果股价上涨长期达不到设定的10%的幅度，则往往会使投资者的资金长期被绑在股票上而不能灵活运用。

此外，需要指出的是，采用赚10%计划法时，还必须考虑税收和佣金因素，如果这些成本高于或接近股票投资所获利润，就不适用于此投资法了。

▲什么是进三退一法?

这种办法是投资者在买卖股票时设立一个获利点的停损点，当股价上涨三成时就获利了结，下跌一成便认亏卖出。这个方法操作简便，纪律严明，对于有丰富经验的投资者来说也许并不适用，但对股市新手来讲却很实在，既能保住已获取的利润，也能在行情反转向下时避免大的损失。这个方法对于热衷短线操作的股民也很合适。短线操作如不设立获利点和停损点是非常冒险的。

▲什么是平均成本投资法?

均价成本投资法，又称金额平均法、平均资金投资计划和固定投放法。它是在一定时期内，固定一定量的资金分期平均购买某种股票的投资方法。

均价成本投资法的具体操作是：选定某种有长期投资价值，且价格波动较大的股票，在一定的投资时间内，不论股价是上涨还是下跌，都坚持定期以相同的资金购入该种票。

例如，某投资者每月投入1000元（或大约1000元）用于购买某种股票，5个月后所购买的股票情况如下所示：

购买时间	市价（元）	购入股数	累计购入股数	投资总额	所购股价总额
1月	40	25	25	1000	1000
2月	50	20	45	2000	2250
3月	30	33	78	2990	2340
4月	50	20	98	3990	4900
5月	60	16	114	4950	6840
	……				

以上说明，由于各个时期的股价不同，所购的股票的数量也不相同，5个月的每股平均市价为$\frac{40+50+30+50+60}{5}$=46（元），而投资者每股的平均资成本为$\frac{投资总额}{累计购入股数}=\frac{4950}{114}$=43.42（元），这样，投资者的每股平均购价就低于每股的平均市价。造成每股平均购价低于平均市价的原因在于，每一时期的投资总额为一定数，而当股票市场较低时，购买的股票数量就较多，其结果必然是在总的股数中，低价所购的股票所占的比例较大，而高价所购的比例较少，所以，其平均购价就会低于平均市价。

均价成本投资法的优点在于：

1. 方法简便，投资者只定期定额投资，不必考虑投资的确定问题。

2. 既可避免在高价时买进过多股票的风险，又可在股票下跌时，有机会购进更多的股票。

3. 少量资金便可进行连续投入，并可享受股票长期增值的利益。

采用这种方法应注意三点：一要选择经营稳定，利润稳步上升的公司的优良股票；二要有一个较长的投资期间。如果期限较短，则效果将不很明显；三要选价格波动幅度较大，且股价呈上升趋势的股票，如股价一直处于跌势，则会发生投资亏损。

均价成本投资法适合于那些有定期、定额来源的投资者。

第九章
Chapter9

如何避免遭受损失

第一节　遭受损失的原因

▲上市公司的哪些情况影响了股票价格?

1. 上市公司经营业绩差

这是致使股票价格变化的因素，也是致使新股民遭受损失的重要因素。因为，经营业绩好的公司，股票价格一般会上升；经营业绩差的公司，其股票价格通常会下跌，涨跌幅度太大。

2. 上市公司违规被处罚

上市公司由于违规而受到各种处罚，往往使股票价格大幅度下跌，从而使投资者遭受损失。

▲投资者自身的一个重要原因是什么?

许多投资者在较高价位上购买股票后，欲等行情继续上涨到有利可图时再迅速卖出，但如果高价捧到手后而抛不出去，就会被套牢而蒙受损失。

第二节　股市风险的防范与衡量

▲什么是股市风险?

在股票投资活动中，由于存在市场信息的不完备性、人的理性的有限性、经济领域知识的专门性及技术的复杂性等不确定的因素，使投资者决策行为的实际结果与预期结果可能出现偏离，从而导致投资收益落空，甚至投资本金损失。这就是我们所说的股市风险。

从本质上说，股票是一种价值符号，其价格是市场对资本未来预期收益的折现，而预期收益受利率、汇率、通货膨胀率、所属行业前景、经营者能力、个人及社会心理等多种因素的影响，难以准确估计，表现在股价上具有较强的不确定。中国股市产生并发展于计划经济体制向市场经济体制转轨的过程中，旧的体制尚未完全消退，新的体制正在建立，股市不仅具有以上那些成熟证券市场所具有的一般风险因素，更具有经济转轨时期特有的体制性的风险因素，主要表现为：

首先，机构投资者利用经济转轨时期法律法规制定和执行过程中存在着的种种不完善，利用新旧体制交替过程中管理方法方式，甚至管理权限中出现的某些真空地带，利用旧体制下形成的权力系统对新体制的合法干预等，人为地操纵市场，兴风作浪，牟取暴利以及“寻租”行为造成证券市场的振荡。

再者，由于相当一部分股票发行企业业绩较差，缺乏对股票价格的业绩支持，造成股票市场基础不牢固而酝酿潜在风险。

最后，由于各行业企业与经济走势之间密切的相关关系所造成的证券市场较高的系统风险。

可以说，上述几点构成了目前中国股市风险的总体特征。同成熟的证券市场相比，我国证券市场起步较晚，尚处于初级阶段，因此，上市公司、证券公司、投资者等各方面市场参与者都应该提高自身素质，加强风险意识，尽量避免不必要的损失。

▲什么是上市公司风险?

在证券市场上交易的股票本身没有使用价值，仅仅具有交换价值，其交换价值大小取决于上市公司本身的经营状况。上市公司的经营是有风险的，它的业绩具有不确定性，由此造成的股票投资收益也具有不确定性，这就是股市上的上市公司风险。

在我国，近年因亏损、违法、违规而导致暂停上市、ST处理的上市公司不乏其例，净资产收益率达不到同期银行1年存款利率的更不在少数，这直接影响了股票的市场价格，甚至给投资者造成了巨大的经济损失。归纳起来，目前我国上市公司风险主要有两方面的原因：即“上市前风险”和“上市后风险”。

所谓“上市前风险”是指企业为了上市，过度包装，导致上市后出现业绩大幅滑坡甚至亏损的现象。1999 年 7 月 1 日《证券法》实施以后，以核准制为核心的市场化发行原则体系将逐步建立，据此上市公司发行时的情况应该是真实的，业绩应该是优良了。发行价格应该是市场化的，投资者在这方面遭受的风险将大大降低。

“上市后风险”则是指企业上市后，由于上市公司在经营、管理及环境等因素的不确定性，造成公司业绩大幅滑坡而导致的股价下跌。

事实上，在中国证券市场一个业绩不错的上市公司一下子跌入亏损行列已非偶然了。有些上市公司不是立足于维护和增加股东权益来不断更换经营机制，不是通过不断开发新技术和改善经营管理以实现公司盈利最大化，从而给股东带来丰厚的投资回报，而是将证券市场当做低价筹集不还本资金的场所。为从股民手中获得更多的资金，公司在自身经营机制没有得到真正转换，经营业绩并不理想的情况下，虚报有关公司业绩的信息，蒙骗股民，结果造成不明真相的股民成为受害者。随着《证券法》的出台，监管制度的不断完善，上市公司风险会逐步降低。

▲什么是系统风险?

系统风险，又称不可分散风险，是指由于某种因素使股票市场上所有的股票都出现变动的现象，给一切证券投资者都会带损失的可能性。例如，国家某项经济政策变化，有关法律的制定，甚至政府成员的更换等，都会影响整个证券市场股票的价格。

这类风险的主要特点：一是由于共同的因素所引起；二是影响所有股票的收益；三是不可能通过股票证券的多样化来回避或消除。其来源和表现主要有购买力风险、市场风险和利率风险。

▲什么是非系统风险?

非系统风险，又称可分散风险，是指某些个别因素对单个股票造成损失的可能性。它同系统风险不同，是专指个别股票所独有并随时变动的风险。

这种类型风险的主要特点：一是由于特殊因素所引起；二是只影响某种股票的收益；三是可以通过股票多样化来消除或回避。其来源和表现主要有企业风险和财务风险。

▲什么是市场风险，如何防范?

股票市场的风险，是指因政治、经济的宏观因素，股价仅供参考公司的微观因素，以及技术、人为因素等个别或综合作用于股票市场，致使股票市场的股价大幅度波动，从而给投资者带来经济损失的风险。

投资者防范和转嫁市场风险的办法有多种多样，最重要的有以下四种。

首先，要掌握趋势；其次，搭配周期性股；再次，选择好买卖时机；最后注意投资期限。

▲什么是购买力风险，如何防范?

购买力风险是物价上涨，货币贬值而使投资者遭受损失的可能性。

减少购买力风险的防卫策略是：

1. 将长期债券和优先股转换为普通股，因为长期债券和优先股的风险要大于普通股；

2. 投资动产与不动产，如房地产、黄金、艺术品和其他各种类似的有价值资产，因为这些资产的价格会随着通货膨胀的上升而提高，抗通货膨胀能力强。

▲什么是利率风险，如何防范?

所谓利率风险，是指市场利率的变动影响股票的市场价格，从而给股票投资者带来损失的风险。

避免股票利率风险的方法是尽量了解企业营运资金中自有资金的比例，做到心中有数，一旦利率发生变化时，应尽快作出反应，如了解到银行将提高利率时应从股票投资转向银行存款，以防止收益下降和减少投资损失。

▲什么是企业风险，如何防范?

企业风险，是指投资者由于受到股票发行企业经营的好坏而产生盈利能力的变化，造成收入或本金减少或损失的可能性。企业风险主要包括以下三个方面：

1. 企业盈利下降的风险；

2. 企业经营亏损风险；

3. 企业解散或破产倒闭风险。

其相应的防范措施有：

（1）在购买股票前，要认真分析有关公司的财务报告，研究现在的生产经营情况，企业的竞争状况和未来发展计划与前景，并作出透彻的分析和准确的判断。此外，还应考虑企业以往的盈利情况和盈利增长以及计算企业过去收益的标准差。

（2）当企业能够提供一个有吸引力的收益时，就购进股票，而吸引力减弱就要适时转让，以防不测。

▲什么是财务风险，如何防范？

财务风险是与企业及其融资方式相联系的风险，它是由于企业资金困难，采取不同的筹资方式而带来的风险。

投资者可以通过对企业资产负债表的分析，判断财务风险大小，有效地将投资集中在债务负担轻、偿还能力强、股息红利高的企业，以回避财务风险所造成的损失。

▲什么是高一线风险？

在多头市场，当大势对多头有利，就应坚决做多，或长多短空；在空头市场，当大势对空头有利，就应坚决做空，或长空短多。在牛皮市、平衡市中，则需要波段操作。当成交量极度萎缩，KD 和 RSI 处 20 以下，指数远离各均线下方，一个又一个支撑位被击穿，众人看坏时，则应坚决做多，甚至满仓。当成交量温和放大，KD 和 RSI 上了 50 以上，指数与各均线黏合，众人都看高一线时，则应谨慎做多，减为半仓或三分之二仓。当成交量急剧变大，KD 和 RSI 上了 80，指数远离各均线上方，一个又一个阻力位被攻克，众人皆言向上突破时，则应坚决减仓，直至空仓。

▲怎样识别证券结算风险？

证券结算的核心是买卖双方能够按照约定条件足额、及时履行交收责任。因此，证券结算的风险归根到底表现为交收责任不能正常履行的风险。从形成的原因来划分，证券结算的风险有四类：信用风险，流动性风险，操作风险和系统风险。

1. 信用风险。它是因交易一方不履行或不能全部履行交收责任而造成的，这种无力履行交收责任的原因往往是破产或其他严重财务问题。信用风险可进一步分为本金风险和重置风险。如当一方不足额交收时，另一方有可能收不到或不能全部收到应得证券或价款，造成已交收的证券或价款的损失，即本金风险；违约方违约造成交易不能实现，未违约方为购得股票或变现需再次交易，因此可能遭受因市场价格变动不利而带来的损失，即重置风险。

2. 流动风险，它是因交易一方不能及时履行交收责任而造成的。同信用风险比较，流动风险是交收的时效性不够而引起的风险。流动性风险一般不会产生本金亏蚀，但会增大重置风险，给被违约方造成严重的经济损失。资产是讲求流动性的，如果所购得的证券或账面上的现金不能动用，会极大地限制所有者的资产支配权并给其带来损失。

3. 操作风险。它是因结算运作过程中的电脑或人为的操作处理不当而导致的风险。这种人为的风险，即有可能来自证券营业部的工作人员，也有可能来自股民自身。由股民自己操作失误造成的风险，只能自己承担责任。

4. 系统风险。受上述三类风险的影响，可能不止一个、两个当事证券公司或当事人，有时可能对整个证券业，甚至整个经济领域产生连锁的不利影响，这时候市场就会产生系统风险。

目前，我国证券市场的中央结算模式，结算公司作为买卖双方的中介机构，采用净额清算和 T+1 交收制度，完成与会员间的日常结算，对于控制结算风险起到了一定作用。

▲如何以 β（Beta）系数衡量风险？

β 系数是风险的估量或计量方法之一。用 β 估量风险叫 β 分析。β 系数就是用来衡量个别股票受包括股市价格变动在内的整个经济环境影响程度的指标。测定其风险程度的具体算式为：

$$\beta=\frac{\text{某种股票证券的预期收益}-\text{该期收益中的非风险部分}}{\text{整个市场股票证券组合的预期收益}-\text{该期收益中的非风险部分}}$$

▲如何以标准差衡量风险？

对于“离差”的衡量，可用来衡量风险，该项衡量称为“标准差”，即一种现象可能呈现的离差。把统计上标准差这一指标，作为估量个别股票投资风险大小的尺度。标准差大的股票，表示其风险大，相反，其风险小。而且，由于有数量的规定性，因而不同股票之间各自的风险可以对比。

标准差之所以能表示风险的大小，理由是风险产生于对未来收益的不确定性，这种不确定性产生预期收益的变动性。变动性越大，不确定性也越大；变动性越小，就比较容易确定其价值，标准差的作用在于度量一个数量系列变动性的平均大小。

计算方法是，首先计算股票投资收益率的历史平均值，以此作为该股票投资的预期收益率，然后再计算历史上各个时期的投资收益率与比预期值的偏差程度（即两者的离差），接下来就可将之平方累加起来，再加以平均，最后对平均值开方即可得出标准差来。风险公式为$\sqrt{\frac{1}{n}\sum(x-\bar{x})^2}$。

▲怎样识别舆论与风险？

在连续涨势或连续跌势中，当85%以上的股评人士看多或看空，甚至出现看高或看低的惊人指数目标，表明大多数人已满仓或空仓，应警惕大盘逆转。报刊上众口一词推荐的个股，价格必处高位，正是主力出货的良机，不应追涨，而应出货。对传媒、分析师的铁口直断之意见，应先作评鉴，去芜存精，择优参考，并从实际走势中加以验证，用逆向思维和智慧去研判运作股市。

▲如何看政策取向？

当报刊接连宣传金融政策从禁止非法资金入市、清查机构违规、查处透支、打击过度投机时，大机构必然会相继从股市中抽离资金，导致股市的暴跌。此时，应果断地做空避险。当报刊接连宣传经济金融形势向好，管理层高度评价股市的地位和作用，股市日益稳定和规范化，走势基本正常要人们消除疑虑，树立信心。此时，必然会有大机构通过震仓，陆续进场，导致上升行情，故应果断地做多趋利。对此，不能置若罔闻，一意孤行，与政策和趋势相抗衡。

▲怎样分析阳线与风险？

如果指数短期内连涨30%，仓位就不能过半；连拉周阳线后在高位出现第一根阴线，且周成交量创天量，表明大势逆转，是暴跌的前奏。暴跌之初，应壮士断腕，切勿用平摊法，越跌越买，而应耐心等待。至多用拔档法，但不宜重仓。当连续跌势达 20% ~ 30%，日、周成交量创地量，连续周阴线后出现第一根周阳线，亦是转势信号，就不应再割肉，而可用金字塔法建仓，并用部分筹码低吸高抛，做波段。在多空趋势不明朗时，宁可观望。只要能保住资本金或阶段性成果，就不愁以后没有赚钱的机会。

▲为什么原始股不宜炒?

假如你买入的股票是企业未经国家批准私自发行的股票，这种股票是一文不值的；假如你买入的是定向募集公司的“原始股”，那么这种法人股股票只能在法人股市场（北京的 STAQ 系统或 NETS 系统）上市，法人股上市的差价利润比深沪个人股市场要少得多，而且在法人股市场上市也需经国家批准；假如你买入的是社会募集公司的社会个人股（原始股），只有等该公司经国家批准转为上市公司后，你的股票才可能去深沪个人股市场交易。需要指出的是，你若买入的是上市公司的法人股“原始股”，还是不能去深沪上市；你若买入的是上市公司的内部职工股“原始股”，上市时间要比社会个人股晚一年。即使你买的是国家 1995 年、1996 年面向社会公开发行的上市公司新股（社会个人股“原始股”），你依然要承担下列风险：“原始股”发行价为溢价发行价，加上股票认购表中签成本价。倘若中签成本价较高，你能中签的“原始股”又是大盘股或效益较差股票，那么股票上市价格很可能跌破你的“原始股”成本价。尤其新股一般在发行结束半年或一年后上市，倘若赶上“熊市”，赔本的可能性更大。比如沪市大盘股“青岛啤酒”“上海石化”深市“皖美菱”，在股市低速时上市，上市不久甚至当日就跌破各自的原始股认购成本价，一两个月都“翻不了身”。

▲为什么 B 股概念股不宜炒?

“B 股概念股”，指股本结构中含 B 股的股票，如沪市的“氯碱化工”“第一铅笔”等。由于持 B 股的外国股东愿意要红利，送配股不感兴趣，而持 A 股的中国股民的意见却与 B 股股东相反，所以维护 B 股股东的利益，已公布的含 B 股票的送配方案往往不能令 A 股股民满意。

▲如何寻找长短线之间的最佳平衡点?

如何在这两极端间求平衡，主要根据个人选股能力而定，有能力挑出“值得一捂”的公司股票的人不多（不过经过正确的训练、鼓励，随时睁大眼注意，应该有更多人办得到）。很多是依赖你本身的个性及特质的。

不过最佳的平衡点，应该是长期投资占3/4。这里面其实没有什么通则，但以下各点颇值得参考：

1. 对表现太差的个股不必太有耐心。

2. 预先决定获利价位。

3. 到了获利点先别卖，持股紧抱（全神贯注！），到多头动力耗竭才卖。

4. 如果能熬，就别设获利点，长期紧抱表现很好的持股。

5. 如果股票在很短时间内就涨1倍，若需要卖，卖一半（或2/3）就好，其他都留着。

▲如何按照自己的方法投资?

选择适当的投资方法时，个性可能是更重要的关键。

1. 了解你自己

美国人类行为学大师哈洛·李维特将领袖分为三种类型，每一种领袖都能发挥极大的建设效能（或者很大的破坏力），但所用的方法也各不相同。

2. 第一型梦想家

这种类型的领导者，几乎是大多数人最期待的，作风大胆，想法的创造性极具群众魅力、非常显眼出众，但行事诡秘，而且顽固毫不妥协。这类领袖往往一言挑起群众对现实的不满，同时带来一幅美妙远景，让大伙乐意跟随。这类人包括耶稣、甘地、丘吉尔、撒切尔夫人这类领袖对现实的洞察力非常敏锐，对未来则有革命性的梦想。在群众面前，他们能言善辩，很能煽动人心。但到了该落实理想时，梦想家领袖往往因为不切实际而一败涂地。

3. 第二型分析者

这种类型的领导者也非常抢眼、很吸引人，不过他们依赖的不是满脑子的理想、幻想，而是非常明确的数字和事实。这种人可称为理性主义者，他们认为“能简化为数字的事物才有意义，否则根本没有意义。”分析者对事物倾向二分法，不是黑的就是白的，其间黑白不分的灰色地带很小，他们认为只要能搜集充分的事实，并加以分析，任何问题都能找到答案。分析者光凭数字和会计方法，就能把一个庞大组织管理得井井有条。政治界里的分析者比较少，像美国前总统吉米·卡特和克林顿即属此类。分析型领导者大都集中在商业界，如 Clement Atlee、Owen Green 爵士和 Robert Macnamara 等人都是。

4. 第三型实行家

这类领导者是行动的天才，名实相符的实行家、实用主义者。他们对空谈理想、观念没兴趣，也不爱搞分析、推理，遇到事情马上纠集各种力量，握紧拳头边打边看。历史上这类人物不少，例如《圣经》中的诺亚、亚历山大大帝、恺撒、法王路易十四、斯大林、艾森豪威尔等人。

对大多数人而言，个性当然不可能完全标准地刚好属于其中一种，一点都没有其他类型的特质。不过就领导者来分析，几乎每一个人都能找到一些主导特质，能够明确地加以分类。

在选定某种投资方法之后，如果个人特别偏好某种方法，觉得它可能更适合你，谁也不能阻止你。不过这个方法对你必须是确实可行，而且只能专注于一种投资方法。还有该特别谨慎的是，如果你的资金有限或投资期限不长，在选用风险较高的投资方法时，一定要非常小心。

不管你选用哪一种投资方法，都必须密切注意比较操作绩效和大盘的表现。从比较结果，就能看出你所选用的投资方法，是否真符合自己的投资逻辑及个性。

▲如何看待别人的成功投资方法?

大多数投资专家都希望大家能用他们的方法来投资，但这根本没有用。英国维多利亚女皇时代，虔诚的基督教徒为了吸引印度人皈依上帝，曾邮寄《圣经》给那些印度教徒，这有用吗？投资专家说服大家用他的方法也是如此。

成功的投资，是种非常个人的事业。成功的投资人，不管是在操作方法、投资经验、对股市的了解及专业知识上，必然都有自己的一套。像乔治·索罗斯和沃伦·巴菲特这些投资专家，怎么可能只是看他们如何操作，就能像他们一样武艺高强？难道把温网的实况背起来，就能成为一个网球好手吗？

事实上要学习那些投资大师的投资方法更是困难，因为他们常在不同的地方说不同的话，甚至会作出与先前所言相反的决定。投资大师对投资的看法，常常前后不一致。如果不只相信一位投资大师，结果可能更惨。不同的大师有不同的建议，可能还相互矛盾，光是分辨谁对谁错就忙死了。

▲什么是持股操市？

在我国，根据有关证券法规，任何法人直接或间接持有上市公司的股份达 5% 时，应立即向该公司以及证交所和证监会作出书面报告。且任何个人不得持有一家上市公司 5% 以上的股票。这些政策法规都是为了防止股市机构中的大户频频坐庄，恶炒个股，而中小股民只有风险的不公平竞争的情况。防止个别庄家随意操纵股市，使股市暴涨暴跌，风险加大。可是偏有些公司或个人利用各种名义，在没有预警的情况下持股超过国家规定，操纵市场。

▲如何乘机出货？

在中高位买进强势股、庄股、投机股，不应先想它能够涨到什么价，而应先计算好 7% 的停损点在哪里。经深思熟虑后买进的股票，不涨反跌了 7%，次日开盘即应果断斩仓，小赔强于深套。因为，其后可能跌 15% 以上。许多投资者在个股上深套 40% ~ 50%，即是因为不懂设立停损点，以致陷入泥潭，不能自拔。同时，在市场处弱势时，不宜买已宣布 1 送 1 的股票，不参加高价配股的股票。因为，主力通常不会参加配股，而是乘机出货，套牢的总是散户。

▲如何逃顶避险？

当指数位于 5 天、10 天、20 天 30 天线上方日远，KD 和 RSI 指标处于 80 以上，日，周成交量创巨量、天量，便是顶部应果断逃顶避险，宁可留一段给别人赚赚。反之，当指数位于 5 天、19 天、20 天 30 天线之下日远，KD 和 RSI 指标处 20（弱市 10 以下），日周成交量创低量、地量，便是底部，应大胆抄底利，宁可买进的是次底部筹码，暂时被黏，也不必在乎。

▲怎样才能做到忍者为王?

就近十年来的观察，平均每一年的大盘加权股价指数最高点和最低点至少有二千点的差距，至于每次转折的高、低点发生时间是较无迹象、规律可循，但是很显然的，若去掉鱼头和鱼尾，我们光吃中间段的鱼肉，一年大约赚个一千点的差价，似乎也就很够本了。

假设每一年股市都有提供这样的多或空转折机会，那么若能把握一两年勇敢的进场，想要有所斩获就轻而易举了。这要掌握的原则是没有低点就不买，没有高点就不卖。但是问题来了，该如何在适当的时候勇敢地进场或出场呢？我们可以就现象和当时环境发生的状况来研判。

1. 波段操作买进时机

（1）股价指数水平相较之前或去年的高点已有很大的差距，可能已经差上 50% 或以上都有可能。以黄金分割率计算，有时弱势反弹会到三分之一，强势反弹可到三分之一，主要的原则是选择跌深的状态进场。

（2）每日成交值明显萎缩，股市惨况屡上报纸头版，像证券商营业员不能维持生计，或有投资人不堪亏损而跳楼等等。

（3）政策面利多纷纷出炉，政府不断加力和做多，短期拆款利率持续低于 5% 以下，显示市场资金相当浮滥。

（4）在营业厅看盘的投资人稀少、场面冷清，营业员闲嗑牙、没事干。

（5）公司大股东公开呼称自家股票股价不合理了，或实际进场买回自家股票。

（6）人人谈股色变，市场悲观气氛浓厚，大多数投资人都处于亏损状态。

（7）上市公司的本益比 P/E 低于 10 以下。

（8）日、周或月 K 线图的技术指标处于低点，属于超卖区。

大致上，当以上的情形有多项重叠出现时，表示买进的时机越来越接近，你若能准备一些钱，选择当时市场认同或一些投资机构平常推荐的公司股票做买进，之后就暂不在意短期内的波动，静待股价的反弹，准备收割。积极操作者还可以选择融资做多。一般来说，有可能一阵子或马上，短则一周到一个月，长则半年到一年，通常不必等到一年那么久，股市就会出现跌深反弹或正式回升的行情。这时候我们要考虑的就是何时出场了，订定获利满足点的报酬率是方法之一，只要达到 10% ~ 20% 或再高一些，至少绝对超过一年期定存，就获利出场，毫不恋战。如果要赚足明显的一个波段利润，那么这里也提供卖出时机的判断指标。

2. 波段卖出时机

（1）股价水准距前波或最近的低点已有一大段差距，差距可能在 50% 以上了。

（2）每日成交量激增，可能从原先的四五百亿冲到一千亿或一千五百亿以上，而且股价屡创新高，常上报纸头条新闻。

（3）政策面偏空，官员喊话，认为股市过热。短期拆利率扬升至 8% 以上，甚至 10%。当政府开始做空时，通常股市热度一时还无法立即冷却。

（4）营业厅人数爆满、气氛热烈。

（5）公司大股东持续申请报转让持股，不过对股价暂时还没有明显的影响。

（6）街头巷尾、各行各业，人人皆谈股票，到处找名牌。投股业的会员人数大增。

（7）上市公司本益比 P/E 高于 30 以上。

（8）日、周、月线圆的技术指标处于高点，超买区。

只要上述情况出现一种或更多种现象同时出现，股民就可以开始出场了，积极操作者甚至可以融券放空，而且就不要管它再上涨多少，因为可能过一阵子，或许是马上，股市就要回档下跌了，这时候持有现金就是最幸福的人。

富在险中求，一点也没错，股市常常会超涨或超跌，当你在上述的状况下，做和市场反向的买进或卖出时，旁人一定会投以异样的眼光，这时候就当做英雄总是孤单寂寞的来看待自己即可，否则为什么每次赢家总是少数，而输家总是多数呢？忍者为王不无道理。

▲怎样才能做到知足常乐？

当股市处于多头趋势，上涨的日子明显较下跌日多的时候，或是短期就很轻易地赚到股市的钱时，千万不要在兴奋中冲昏了头，唯有在整场战役能够保住战果，才算是股市中真正的优胜者。

股市里一场完整的战役，是从上涨到下跌再盘整，而保住战果主要是在下跌时，如何避免受伤，这会比你前半段沉醉于纸上富贵的甜美果实更加重要。真正的关键处在于你能否知足常乐，和逢高逐步降低持股的比重。简单、白话一点地说，就是算算当时的报酬率多寡，而能适时“强迫”自己，将获取的利润拿回来存在银行，剩下一小部分再继续搅和。到时就算这一小部分全赔掉，也不伤及根本，而把早先的利润全吃掉。若再看不对劲，最后一笔也可从容出场，这就算完美结局了。

▲如何了解你的个性?

对大多数人而言，个性当然不可能完全标准地刚好属于其中一种，一点都没有其他类型的特质。不过就领导者来分析，几乎每一个人都能找到一些主导特质，能够明确地加以分类。

在选定某种投资方法之后，如果个人特别偏好某种方法，觉得它可能更适合你，谁也不能阻止你。不过这个方法对你必须是确实可行，而且只能专注于一种投资方法。还有该特别谨慎的是，如果你的资金有限或投资期限不长，在选用风险较高的投资方法时，一定要非常小心。

不管你选用哪一种投资方法，都必须密切注意比较操作绩效和大盘的表现。从比较结果，就能看出你所选用的投资方法，是否真符合自己的投资逻辑及个性。

▲为什么不能凑热闹?

股市里除了极其少数的偶发事情外，总是存在着多空互异的分歧看法，欲求所选择的股票有着较佳的获利空间，必须看好买进的人多，而欲出脱的卖亏较轻，若是潜在的卖盘汹涌如潮，难以估计，保险的操作就是离它远点。

遇到“炒作”的股票，则应评估买卖双方的实力，计算获胜的概率，然后选择胜算较高的一方作为操作的方向，也就是说即使不能掌握十成的胜算，也必须有较高的胜算，才能下手，若是胜负机会各半的话，稳健的办法则是继续观望，以持等较明确的情势出现时再下决定。

在股票市场上，许多投资者认为：“凑热闹似乎更有安全感”，“这么多人都买这种股票，可见其买盘实力之强，不会跌价的”。中国当今的股票热中，有许多人都是这么认为，所以也这样去做。当然，他们没有想到，股票涨到一定价位时，早晚要跌下来，而且涨得越高，跌得越狠。如果投资人对行情不明，不了解上市公司和股市行情，只凭热情盲目跟进，有朝一日会摔得爬不起来。在股市上，每个人的财产、毅力都不同，对股市的动态与结构了解、分析不同，上涨的股票中可能有大户或主力作手在操纵，一旦机会成熟，他们就乘势脱手，惨的只是盲目跟进的散户。散户追随大户，依据大户购进股票，也随其购入，也许会获得一些甜头，但由于散户的消息无法与大户相比，往往跟不及大户出货，在高价位被套牢，造成损失。

▲为什么不能抢反弹？

由于近年来中国股市出现了一种连续几十个交易日单边上升的“缓上急落”波段，指数在急落时往往跌势猛，幅度深，主力不顾一切地杀跌，兑现获利盘。许多看不懂这种凶险走势的人，往往在见顶后的第一根“大黑棒”时就去抢反弹。这好比是在半空中用手去接从高空掉落的一把尖刀那样地不合时宜。结果十有八九伤（套）。随后，就采用摊平法，越跌越买，在下跌第一波中就耗尽了资金。以致眼睁睁地看着下跌第二波、第三波的发生，直至底部时已无法动弹，陷入极其被动的境地。在波段顶部区域指标钝化时，或“下跌休息区”中，不善于持币观望的人，往往会铸成大错。

▲如何见好就收？

股价虽然持续上升，卖出的机会也再三出现，只是因为期待股价会再攀升而坚持不卖，没料到却因此失去卖出良机，此后股价一蹶不振……有这种经历的投资人一定不少。

投资股票对利益的衡量取得必须是合理的，虽然有时能随着行情走势的强弱作调整，但绝不能越涨越看好，而总是贪得无厌地去追逐最后一个远逾合理位置的高价，更不能在股价涨到离谱时刻，因走势强而追高，毕竟股市行情走势的强弱，往往是在一夕之间突变的。

任何股票都随着本质来衡量股价，当然以目前的股市状况，可以参考盈余以外的预期成长能力，甚至考虑资产条件等，但不论以什么角度来评估，都不能超过合理的价位太多，即使在所谓势好时刻，也应稍作调整。

通常，价值50元的股，在低于50元时当然操作起来得心应手，但是股价涨逾100元时，再希望它涨到哪里就难以掌握了。大势好的时候固然可能继续上升，但若大势隐入盘旋整理的时刻，自然就会表现出“高处不胜寒”的现象，万一大盘走软的话，由于下档空间大，跌幅必然可观。

其次从主力操作心态来看，股价处于低档时，行情下档有限，操作起来自然有恃无恐，气势上比较勇猛，但若是在涨幅已相当可观的情况下，不论是主力继续操作，或另有新主力介入，都因为上档可预期的涨升空间有限，而显得不够踏实，在大势佳的情况下或顺势玩个几天，若大势一转弱必然弃守抢出，以避免高档套牢。

而散户亦是如此，因为投资人在持有的股票涨升一大段之后，必须评估是否具有继续持有的价值，千万不能越涨越看好落得一场空。而原先空手者更是切忌在涨幅已大的情况下追涨，落得“肉给别人吃了，而自己啃骨头却把牙崩断”的境地。

做股票生意贪心，这几乎是不可避免的欲望，在操作过程中，往往也会因为贪心，造成很多操作上的心理障碍。

最常见的情况，就是不断提高对股价预期的高点，而且往往知股价达不到预期的高点而下跌时，投资者不能觉醒，而引起一连串错误的判断最后由赚大钱变为赚小钱，由赚小钱变成不赚钱，甚至反而被牢牢套住。

股价经过长时期大幅上升后，其价格不易长期维持在高档，因为主力继续操作的成本和风险都大，而一般散户也基于风险意识追价意愿降低，在主力和散户都心虚的情况下，自然不易有持续性的涨升气势，所以投资人对于超过合理价位太多的股标，应有见好就收的心态，即使少赚了也当是留一点给别人，求个心安理得。

▲为什么不能贪图小差价？

在人气甚旺的时候，许多新股民就迫不及待地入场。小赢了几次后，就自我感觉良好，迅速作出满仓的决定，生怕资金搁着，浪费了利息，而不仔细研判大盘是处于波段底部，还是中部，或是顶部，以致先赢后输。即使是一些老股民，包括机构，也往往因为对形势、政策、供求关系、上市公司状况判断不准，或受人性弱点的支配，在缩量的波段底部，人气散淡时，恐惧杀跌清仓；在放量的波段中部，人气恢复时，从众建大半仓；而在放巨量的波段顶部，人气鼎沸时，贪婪、追涨持满仓。这种错误往往是“致命”的。

当大盘或个股价经三大波下跌见底后，拔档主力为了拣回低价筹码，往往会反复振荡筑底，甚至将股价“打回老家去”。许多人往往心态不稳，将抄底筹码在赚到几角钱小差价后，就拱手相让。有的套牢者见股价出现反弹，便忙不迭地割肉，指望再到下面去补回来。岂知，主力采取连拉小阳的手法建仓，将底部筹码一网打尽，便一路拔高，甚至创出新高，使之演变为“黑马”。很多人就是因为贪图小差价而痛失底部筹码，甚至在走出底部时割肉，酿成了与“黑马”交臂失之的悲剧。

▲为什么不能趋同操作？

当股市连连飙升，放巨量、天量，黑马乱蹦，新股涨得离奇；指数远离于 5 天、10 天、20 天均线之上，满街都是获利盘，大盘加速上扬，KD 和 RSI 指标在 80 以上甚至钝化；利空政策开始出台，但市场毫不畏惧，反而视之为利好，并到处传利好；证券公司大厅人头攒动，排长队买股票，一致盼涨，媒介出现“××点不在话下”的惊人口号；多数人唯恐股票太少，资金放着浪费，害怕踏空。此时的股市，其实已经没有机会，或者很少有机会，反而风险甚大。就不应趋同操作（追涨），而应反向操作（逃顶）。

▲如何小心行盘？

在股市中厮杀就如同置身在战场上，一定要保持清醒的头脑，以冷静的内心，坚韧不拔的信心来买卖股票。同时也要告诉大家，充满斗志，抱着必胜的态度固然是很棒，不过一定要沉得住气，小心方能驶得万年船。套牢很正常，犯错也很容易，赔钱更是常有的事，但绝不能浮躁。

▲患得患失有何危害？

多数人买进股票后，抱着“非赚不卖”的理念，心往一处（上涨）想，劲往一处（上涨）使，而害怕思考“亏损怎么办”的问题。以致指数或个股从顶部下跌 5% ~ 7% 时，仍死捂不放，不甘心割肉认赔。哪怕指数或个股一跌再跌，也不愿及时作出反应。直到市场出现恐慌，账面损失扩大到个人能力无法承受的地步，才如梦初醒地杀跌出局。而此时，股价往往已接近底部。刚割肉不久，股价便出现了大涨，变成了杀跌杀到“地板上”。

▲只买名牌股有何危害?

有些人买股票就像买保险。认为凡名气很大的股票，既说明以往赚钱的人多，也说明这家公司可靠，保险系数高。正因为此，1998 年初，很多中小投资者专买长虹、海尔、发展等名牌股，而忽视了如今这些股票价格高、盘子大、股本扩张能力差、政策不倾斜、行业无优势、成长性差的缺点，结果接了最后一棒，成为以往已获取暴利的中长线买家撤退的垫脚石。看似最安全的股票，往往是风险最大的股票，所受的损失大大超过了指数下跌的幅度。而 1998 年股市的市况却是，以往几年名气最坏、受损最多、业绩最差的股票，借助于资产重组而群体升空，远远跑赢了大盘。

▲优柔寡断有何危害?

一般而言，只有主力介入的股票才会有较好的表现。但有的人见强势股露出端倪，嫌它只涨了 1 ~ 2 元，就犹豫再三，不敢追；冲高回档并盘整将尽，反弹将临，仍不敢进；直至放量飙升，股份翻了倍，才如梦初醒，想入非非，大胆买进。随后，当高位量增价滞，或量增价跌时，分明是主力在出货，却不果断抛出，结果在跳水后被深套，在连跌后才割肉。殊不知，隔天便回升，被人拣了便宜货。有些人对盘中状况反应缓慢，动作总是慢半拍。这往往与优柔寡断的个性有关。

▲怎样培育“黑马”?

股票与世界上任何事物一样，没有“恒强”或“恒弱”的状态。但主力、庄家往往在顶部或次顶部时鼓吹“强者恒强”的口号，并以凶悍的狂拉，以便扩大个股的盈利，打开上行空间，在高位尽可能多地把筹码倒给跟风的中小散户。然后在振荡、压低、杀跌中，利用人们抢反弹的心理，乘机出脱获利筹码。而在底部或次底部时，主力往往鼓吹“弱者恒弱”的口号，并用凶猛的拔档、炸盘手段，引发大户、中小散户割肉盘的涌出，打开下跌空间。

为此，他们总是在大盘上涨时，肆意打压某弱势股，而在大盘下跌时，再狂炸某弱势股，使人们对此彻底丧失信心，主力却不动声色地建仓，再拉高台阶横扫割肉盘。当大量筹码到手后，主力便将它培育成未来的“黑马”。而许多人所犯的错误正是于顶时，在“恒强”“超强”的“黑马”上追涨吃套，而在底部时，总是与“恒弱”、潜在的黑马告别，割肉杀跌。如此操作，岂有不输之理！

▲为什么要见好就收？

贪婪主要表现为：在多头市场，总想以更低的价格买入；在空头市场，总想以更高的价格卖出。这样往往坐失良机。该勇敢地介入的时候，犹豫不决，该果断地退出的时候，优柔寡断。在多头市场中，每一次回档都是进货的良机，贪心不足的人总奢望股价再回到上次低点让他买进后再涨；在空头市场，每一次反弹都是出货的良机，贪心不足者总希望股价再恢复到上次最高价，让他卖出后股价再跌。这是何等的可笑。股市自有它自身的运动规律，不可能让你在最低点买进后再涨，也不可能让你在最高点卖出后再跌，这就是贪婪者失败的原因。

俗语说，见好就收。这应当成为每一个股票投资者的座右铭。

贪婪几乎是每个人都具有的共同心理现象，也是人性的弱点之一。股市中的人面对金钱很少不起贪心的。但是，无数事实证明，要在股市立足并取得成功，不除去贪婪是不可能的。贪婪是股市获利的最大拦路虎。所以说，空头能赚，多头也能赚，唯独贪婪不能赚。

▲为什么会选股不当？

随着扩容的展开，所有股票一起大涨的局面，已一去不复返。只能是一部分热点、板块的个股有较强的表现。

如果选股选错了方向，游离于热点，强者不敢买进，弱者却捂在手中，大盘指数上涨了许多，可是，与你手中的弱势股无缘；或者大盘指数下跌得不多，你手中没有涨过的弱势股却跳水更厉害。如此操作，即使一两年牛市积累下来的成果，亦所剩无几。关键在于，不能在不同的时期确定不同的选股原则。

▲迷信他人股评有什么危害?

许多人总以为自己资金量小、经验不足，人微言轻，把握不了大势。遂将对大势的判断权交给了股评人士、机构测市的栏目，迷信占89%比例的观点。其实，这往往是错误的。须知，股评人士和咨询机构的发言人，也有人性的弱点，也有思想上的片面性，也有利益驱动（有的本身就有主力、庄家的做多或做空的背景）。有些人往往在技术指标处底部，均线呈空头发散式排列、成交量极易萎缩、人气低迷时看空，称“还要探底”“要跌到×××点”；而在技术指标处顶部、均线呈多头发散式排列、成交量放巨量、天量、人气鼎沸时看多。

这种机械的技术分析和“金玉良言”，往往是市场走势滞后的反应。主力正好与此反做。不然，大机构在底部怎么拣得到大量割肉筹码，在顶部又将获利筹码去抛给谁？对于这种历史上曾一再发生的情况，若盲目信从，追涨杀跌，便会蒙受重大的损失。当然，也有这样的情况，股评人士、咨询机构在犯错后，根据新的情况，及时修正了观点，而大众并不知道。因此，对“迷信”他人者而言，丧失了“主权”，就等于把自己的资金的“生杀”大权，置于一种十分危险的境地。

▲什么是炒小盘股?

小盘股，通常指流通股在1000万股左右的股票，如创业板、中小板的股票多数如此。

一种股票的炒作需要“大成交量”换手作为股价上升的推动力，一般换手率至少需要这种股票个人流通股的5% ~ 10%。显然，炒小盘股比炒大盘股耗费资金少，容易得多。市场主力往往通过轮炒中小盘股，带动大势向上，获取差价。作为短线股民，这意味着你的资金，很可能会被炒不动的大盘股“套牢”。

▲放大利多是什么意思?

许多人把实事求是原则机械地搬用到股市，将利好和利空消息都作实事求是的理解和贯彻，结果屡屡上当。殊不知，股市中的重大利好，如降准降息、奥运会、每年的人大会议等，都被市场当做利空来对待；而重大利空都被市场当做利多来对待。

个股的利多和利空，在市场上亦往往呈现相反效应。上市公司业绩大幅增长，大比例送股的利好消息公布之日，股价却不涨反跌，无不拉出放量长黑，主力乘机出货，跟进者十有八九套牢；而上市公司业绩下降、送股“泡汤”，甚至业绩亏损的利空消息公布之日，股价却不跌反涨，并放量拉出长红，主力乘坏消息进货，杀跌者十有八九踏空。主要原因是信息披露不规范。数月前已走漏风声，被主力获取，在股价走势中早已提前作出反应。以致消息正式出台，走势便出现逆反，“不是股价跟着业绩和方案走，而是业绩和方案跟着股价走”。在多头市场中，利多会被无限放大，而利空会被无限缩小；在空头市场中，利空会被无限放大，而利多会被无限缩小。不知原委的投资者，往往会被利多或利空消息的相反效应，弄得晕头转向。

▲为什么要把“鱼头鱼尾”留给别人?

从事股票投资的人，大都梦想着在最低价买进，最高价卖出。但是，股市诡秘多变，人的认识能力又受着各种因素的制约，十分有限，股市在何时何处出现最低价，何时何处出现最高价在事先是无从知晓的。即使是高明的股市分析专家，也只能认定股市大致的发展方向，低买高卖已属不易，要想在最低价买进，最高价卖出，简直是难上加难。

投资于股市的人，在经过一段时间的体验后，随着股市经验的丰富，都会感到股市的变化无常，更能体会到行情的难以捉摸。有经验的股市投资者决不会抱着完美主义幻想，当股价下跌到一定程度，还无法判断是不是最低点时，就开始逐渐购买有潜力的股票，等到行情反弹上升到一定程度，很难有大的涨幅后就出手获利，决不会贪卖最高价。事实证明，如果投资者能掌握低买高卖的要领，就已经不错了，如果真的最低价买进，最高价卖出，那就很幸运了。

最低不买，最高不卖是股票买卖的经验之谈，也是立足股市的法宝之一。

▲为什么不操作也是最好的操作?

有人刚发现股价上涨，就盲目追高，生怕错过获利机会，未进行必要的观察和了解，没有深入的研究作基础。刚刚追买尚未出手，股价即下跌，结果惨遭套牢，也有人发现股价下跌，慌忙抛出持股，没有看到突破的真假和有效性，结果刚刚割肉又踏空，股价反而上升，后悔不迭。

这两种情况都源于经验不足，心情浮躁。在新股民中较多，老股民中也有。

一个人耐心太差不宜玩股，在股市中恰好你刚买入股价就上涨了，或者你刚卖出股价就下跌的情况是较少的，多数情况下都会有些意外波动，或原地盘整一段时间，这时需要稍安毋躁、耐心等待，只要情况没有突然恶化，完全不必要惶惶不可终日。

股价是不断变化的，但投资者不应该企图把所有差价利润都得到而不间断地进出操作，把拿到每一次差价作为目的是不现实的，实现不了的。不间断进出操作又会增加损失的可能性，增加利润的可能性则很小，必须有耐心，学会休息，等待战机。

在买与卖的操作之外，在股市中要学会第三种“操作”——不操作。这也是一种操作，并且是相当重要的操作。不操作作为买卖行动之间的转换形式，是一种停止状态或说中间状态，它不仅提供了休息时间，更重要的是提供了判断所需的时间，判断的时间越充分，把握越大；其次提供了等待时间，使投资人可以等待消息面的情况变化，等待技术面的转化等等；它还提供投资人改变行动的可能。股价的变化是需要时间的，这要求投资人必须学会等待，学会耐心。这样看来，不操作有时是最好的操作。

▲怎样把握买入心理？

每一个投资者的买入心理，都是希望买入的点位、股价比较低以便能实现避险获利。买入心理的实质是一种对买点进行感知、理解、判断的心理过程，在一般的股市实战中，主要是对投资者在实践中对大盘与个股买点的识别、理解、判断及选择的心理过程。对大盘买点的选择主要依据两个办法：一是从技术上来判定趋势线的变化，上升的趋势会使投资者在心理上产生买入心态；二是通过基本面变化与股市技术面变化的搭配来进行把握，逐步改善的基本面和技术面会使投资大众从心理上产生做多心理认同。

众所周知，操作股票的最基本的形式就是买入与卖出。由于投资者个性差别很大，所以良好的买点选择是很不容易的，而不良的买点选择是经常存在的。所以投资者买入心理的塑造包括两个方面：一是合理买点的把握。

这里需要入市者付出较多的主观能动性和努力研判、识别、评价才能办得到。对于多数投资者来说，这一点是不容易把握的。二是克服买点的错觉。实际中的买点错觉主要包括两个方面：想象中的不良点和实际中的良好买点；想象中的良好买点与实际中的不良买点。前者可以使投资者错过良好的买入机会，后者则可以使投资者导致套牢或亏损。这些情况可引起投资者的不良心态，进而引发贪婪与恐惧。这就需要投资者对买点规避错觉，要学会通过忍耐来避险获利。

▲怎样把握卖出心理？

当预期某某股票在一定价位或大盘一定的点位不具备持有价值时，就要抛出。投资者追求的良好的买卖效果就是希望卖个好价钱。这个问题所说的是投资者在股市操作中，如何进行卖点选择的问题。

在股市操作中，投资者对大盘或个股买点的选择是很重要的，但获利必须以获得良好的卖点选择为前提。这里就是说当投资者预期到手中的筹码继续具备持有的价值或持有的股票价值减少、失去时，则应果断抛出。俗话说，会买的为徒弟，会卖的为师父。所以说，以股市操作中，良好的卖点选择是很不容易的，但可以增加投资者的入市需要和兴趣。而不良的卖点选择是经常存在的，不良的卖点会影响投资者的心态。需要投资者经常注意的不良卖点主要有以下几种情况：一是卖早了，错过了较多获利机会，使投资者从心理产生后悔、心痛等心理负担；二是卖迟了，或放过了已经取得的成果，或出现由套牢变亏损，由浅套变深套等，可以减少入市者的投资需要和入市兴趣。

▲追在大盘稳定时是什么意思？

能不能跟风追涨，首先要看大盘当时的运行情况。若大盘呈现总体上涨趋势，可大胆下单追涨，即使暂时下跌也无须惊慌。个股的涨跌终将与大盘保持一致，只要大盘不下，终有获利的一天；若大盘呈盘整状态，追涨时则要加倍小心，此时方向不明，涨跌难测，追涨时进出要快，同时投入的资金也不宜过多；若大盘为已确定的下跌单边市，则要坚决摆脱诱惑，控制入市的欲望，否则会造成不必要的经济损失。据有关统计资料表明，大盘上涨时、盘整时和下跌时，追涨个股者的成功率分别为2/3、1/2和1/3。跌势追涨失败的概率远大于成功。再好的股票也难敌大势，跌势追涨实为炒股之大忌。

▲怎样利用时机顺势追涨?

追涨，是不少股民常用操盘手法之一。盲目追涨不足取，但完全放弃追涨，往往也会坐失良机。追涨失误会加大风险，追涨得当则可增加收益。对于那些具有冒险精神并喜欢追求刺激的股民来说，追涨无疑是极具诱惑力的。对于追涨，不能简单地肯定或否定，而要视股市具体情况而定。只要时机把握得好，追涨时，同样可以减少风险，增加收益。

▲怎样把握好股票买卖方向?

人总是自私的，当你卖掉一家股票后，总求神保佑希望那家股票立刻跌个七横八竖，以证明你的卖出是一项多么明智的决定。如果天不从人愿，股价不但不跌，还继续向上蹿，你往往在火冒三丈之余，会来个“多翻空”，继续加码卖出，与市场作对。

这种做法是危险的，但大多数人都有这样的弱点，如何去克服呢？给你一个忠告，那就是不要在一次决策失误后再紧跟着作第二次决策，如果行情不是很大很急的话，可以想些别的事干，研究一下别的股票，等心情彻底平静之后再去想买卖的事。理由很简单，当你在第一次作了错误的决策后，已经给自己担负了压力，受了这种压力的影响，会增加你一再犯错的机会。

因此，建议投资者在卖出某种股票后，就不要老是耿耿于怀，应暂时把注意力转移到其他的股票，才是上策。

投资者见到自己的股票连创新高，总是忧喜参半。喜的是自己已经买了一些，忧的是懊悔买得不够，在这个高价位上不知道能不能再进货。其实，买票能创一年来的新高价，固然是好现象，但也不必因太过兴奋而冲昏了头，应以平常心待之。

一般人常会抱着这么一个逃避现实的想法：“股市大势这么好，我的股票怎么可能不动，等稍稍涨一点以后再来卖吧！”须知其一，等它涨 1 点时，买别的股票可能已经赚了 10 点了；其二，一旦股市回跌，它极可能又是一马当先，“跑个第一”。因此，如果不幸挑到了这种股票，绝不可等闲视之。

▲怎样理解追在股票初涨时？

追涨成功与否的一个因素便是进场时间的选择。涨势初期追进，风险小，收益大，而涨势末期追进，则可能接最后一棒而亏得血本无归。

▲会追时机有什么好处？

股价真涨假涨，一看量便尽知端倪，机构坐庄为了顺利出货，在抛筹前往往先拉抬股价，诱人上当。若不慎跟进了筹码，庄家逃之夭夭后，自己则被深套，充当替死鬼。若某只股涨，可先冷眼旁观，视其进出成交量后再采取行动，如股价上涨时量不能有效放大，则股价不能持久，若上涨量缩，下跌量增，必为庄家出货无疑。这可以分时成交量和买卖盘变化中看出。天量出天价是股市的定律。能否追涨，看成交量是最简单也是最实用的方法。

▲会追庄家有什么好处？

某只股票若有人坐庄，其股价就会易涨难跌，若能追涨，可顺便坐一回轿子。判别庄家股一是看成交量，二是看其在逆势中的表现。冷门股无庄家，只有那些成交量和震幅都较大的股票才有可能是庄家股。由于庄家投入的资金较多，股票下跌必将蒙受较大损失，故庄家会不遗余力拉抬其股价。

▲为什么说当行情呈现最高或最低时，暂不要插手？

利用股票投资赚钱，就是在谷底价时买进，然后在高价位时卖出，但是这说起来很容易，实际上做起来却不容易。投资人往往根据个人的经验，直觉以及K线来判断股价正处于谷底而买进，或判断已经到达天价而卖出。然而行情常常会受到人气的影响，常常在一般人认为已经到达谷底价位时，却又突然地挫跌；反之，当大家认为是天价而卖出时，却又突然大幅地上升。

任何人在看到行情的前景有上涨的趋势时就会想要买进，等行情到达饱和点而想要卖出时，行情可能急转直下到达谷底了。这个时候一般买进的股票不要卖出，而那些在谷底价位盘旋的股票也不要买进。虽然在此之前在买卖的动态，但是大众投资人如果在未探究行情之前就贸然行动，往往会丧失获利的最佳时期。

这就意味着，自古至今在股票盛行的时候，大众传播媒体都会不断地传出消息，而只有那些家庭主妇或外行的投资人，才会对一些普通的股票持不关心的态度。

当股市恐慌，股票都低于实际价值时，应该放手买进。所谓的恐慌就是以 1929 年的世界性经济不景气为模型，后来在 1965 年年头不景气的状况下，也有好几个大企业纷纷倒闭。这也就是说，当经济危机不景气时期到来，导致股票市场暴跌，全盘的股票都以低于实际经营状况的价位卖出，在这个时候如果买进就可望获得大利。纽约市场在大恐慌时期，投资人以每一股 17 日元买进美国钢铁，后来以每一股 200 日元卖出，据说也因此使得美国的肯尼迪总统家庭成为大财阀。由此可见，这句格言的意义就是在说明股票获利的真正时机。

▲股票市场会不会急剧发生变化?

对投资人来说，股票投资最重要的就是必须了解导致大亏的暴跌，会在哪一天突然发生，但事实上这是很难掌握的。因为股价暴跌往往是在不利因素的突然发生下产生，投资人也在晴天霹雳的情况下，笼罩在恐惧之中，而将持有的股票全部抛售。

在这种意义之下，暴跌是很难预测得到的，如果能够预测的话，相信每个人都会快速地卖出。当然如果没有多数人仓皇地卖出，也许就不会造成股价的暴跌，这和行情激涨的情形是一样的。其实通常在发生急剧变化之前，市场早就出现征兆了。

例如当市场呈现一片热闹时，证券界和投资人都会表现出一副得意的模样；然而过度的上涨很可能就是使全体投资人悲伤的前兆。

▲为什么说股票的炒作就如昙花一现?

所谓的股票炒作，也就是大户或做手将特定的股票故意拉高后再脱手卖出以求获利。日本有许多证券公司都是采用这种方式。

他们拉抬的大多数是属于与业务实际状态完全无关的股票，用人为炒作的方法以资金能力促使股价上升，并在短期内大幅上扬。但是就投资人的立场而言，他们一旦看到已没有值得跟进的价值，就会改变目标；如果只是盲目跟随，风险当然不小。

这种股价炒作的方式，人气只是短暂的，追求稳健利润的投资人绝对不可以抄捷径，否则会一败而不可收拾。

▲为什么说买上涨的股票不如买可成交的股票?

所谓可以成交的股票，是一个市场用语，指那些每天成交量非常多的股票。一般而言，成交量多的股票就是投资人想要抛售持股时，可以立刻脱手的股票。

这句格言告诉我们，虽然投资人在买进股票的时候，都只是考虑行情上涨的尺度，但是也最好能够考虑这种股票将来是否可以随时卖得出去。因为实际上常常发生以下的事情：当投资人买进了某种冷门股之后，虽然股价大幅上涨，但等到想要卖出时，却卖压沉重，产生想要卖而卖不出去的情形。

特别是全体市场呈现暴跌时，冷门股当中往往仅有一些可以卖得掉，结果使得这种股票变成无价，最后出乎意料地又大幅度无量挫跌，使得买进这些股票的投资人，在一夕之间遭遇到破产的悲惨命运。投资人在了解了这点之后，就应该知道在选择投资股票时，必须选择可以随时脱手求现的股票。

▲什么是“骗线”的陷阱?

在股市上，很多股民主要靠技术分析中的线图来判断股票买卖时机，一些股市操纵者就通过股票价格，使技术分析图中出现虚假的买卖时机，让一些不明真相的投资者上当受骗。

技术分析中的线图看似简单，实则不然，但却被许多初入股市者奉为法宝。那些看线图投资股票的人被称为线仙。骗线就是要人为地在股市上制造一些股票价格，而这些价格正是线仙根据一般的线形的规律所判断出的该买入或该抛出的价格，从而中计。骗线之所以得逞，就是在于线仙们过于依靠图表，当图表显示使他们认为股票即将出现新的高价时便大量买进，以待上涨，而其实制造这种错误提示的主力机构却在出货。反之，当线仙们误以为某种票势在必跌时，主力必在偷偷吸进。总之，投资人若能识破主力“骗线”之计，利用时间差跟进坐轿，其收获也必然不小。

▲怎样识别上市公司自炒股票的陷阱？

发行公司买卖自身股票的陷阱是指发行公司为了维持或抬高本公司的股票价格，以垄断的方式买进自己公司的股票，待公司股票价格在市场上回升之时，再把所买进的股票卖出。

有些股票公司的老板为了使自己公司的股价上涨，以公司的名义参与了股票市场的短期投机行为，炒高公司的股价，赚取短期投机利润，大发营业外之财。有一家公司的老板，在他所控制的两家上市公司之间大玩杠杆游戏，当他持有第一家公司的股票较多时，便将第一家公司的原材料高价卖给第二家公司，使这一家公司的获利水平大为增加，其股价也跟着水涨船高，而第二家公司的股价因公司获利减少而下跌，此时，他就高价卖出第一家公司的股票，购买第二家公司的股票。然后再把第一家公司的原材料压低价格卖给第二家公司以提高其获利能力，如此反复，老板就能大发横财。

▲怎样识别“巧用”资产评估的陷阱？

发行公司在发行股票时，要报送经资产评估机构签署的资产评估报告和会计师事务所签证的验资报告。而经过批准上市的发行公司要在每个会计年度，向证券主管机构报送中期财务报告书。在这里，有些上市公司为了自身利益，想方设法在财务报表上大做文章，一是遗漏重要情况，二是通过会计师事务所等资产评估机构在资产评估上弄虚作假。

在我国，由于评估的范围涉及资产出售、中外合资、股份制经营、企业兼并、资产租赁、企业清算、抵押担保等十多种经济行为，资产评估的难度大，因此资产评估作为一个新兴的行业，在客观上存在着许多漏洞。

而一些企业主观上对资产评估的期望值又很微妙；有时希望“高成”，有时又希望“低就”。刚搞股份制改造时，希望把资产评低一些，这样职工分红就多些。而有时企业又希望把资产评高一些，尤其是在企业与别人合资时候。因为这样可以使企业在其实际投资额并没有发生改变的情况下，仅通过较高的资产评估就达到在自己注资的企业中资产份额加大的目的。总而言之，不管是为了何种目的，一些上市公司利用资产评估的漏洞弄虚作假，从而使不知内情的股民在购买股票时大上其当。

▲怎样识别“马路消息”的陷阱？

一般来说，股票市场的马路消息在多头市场出现的时候最为流行。因为在此时，买气旺盛，一般人又习惯于听信消息而追进，这就间接地助长了该股的涨势，于是，原本纯属子虚乌有的消息，会因投资者盲目听从而达到了推波助澜的目的。投资者则由于相信传闻而获得一两次利润，进而更加相信市场传闻或马路消息，而不愿花时间和精力去研究上市公司的本质了。只依据传闻从事股票投资是不明智之举。市场消息或许有其出处，但绝对不能用来当做投资股票的唯一依据。因为传闻本身具有“以讹传讹”的不确定性，而且很难求证消息的来源，尤其可怕的是如果市场传闻是源自有心人士的蓄意制造，那么，毋庸置疑，听信这些市场传闻抢进抢出的投资人，必将成为市场传闻的受害者和牺牲品。

在我国，股票投机者通过散布谣言来抬高或压低股价，以达到渔利的目的，这种事件也是经常发生的。新股民一定要冷静地分析公司提供财务报表等有关资料，在没有弄清是其真实的情况时，切不可下手。

▲怎样识别“障眼法”的陷阱？

一些喜欢短线投资的人，非常重视市场里的“多空”态势，尤其是自称是有观察市场形势能力的人，很容易被炒手玩弄的障眼法所蒙骗。

若干年前一位著名的市场做手，在炒作一只纺织股时，一路上都相当顺手，市场跟进的投资者非常踊跃，整个股市的行情也颇能配合，使得这支本质并不突出的纺织股的股价节节挺升。但是，由于这只纺织股的本质并不突出，跟进的投资者也怕大户开溜了结，所以在操作上也是步步为营，且战且走。在这种情况下，虽然炒作这只股票的大户相当满意股价上涨的程度，但却为如何顺利出货而感到困扰。

有一天，这只纺织股临收盘时突然涌现出强烈的卖盘，股价也急速滑落，跟进的投资者自然积极探听原因，经过多方查证后，所有的进出数据都显示这位大户仍有买进，卖盘则是来自市场的一个丙种经纪人，而且他宣称是错卖，这位丙种经纪人把大户临收市时电话通知不限价买进 100 万股听成卖出 100 万股，次日，一些刊物也以显著版面报道了这段“内幕”。

“精研”市场的人立即判定丙经纪人错卖的 100 万股必须立即补回，在有主力照顾，而且空头待补的情况下，股价必有突出的表现。果然，这只纺织股当天就因积极的抢进而快速涨停，大户临收市时再以涨停价大量挂进，使得收盘后这只股票的涨停板挂进数量极为惊人。这样，很自然地这只纺织股接连几天在投资者的抢进中高挂涨停板，只是成交量逐日扩大，这位大户也就顺利地出货获利了结，这只纺织股往后的发展，当然不太好，接二连三的跌停板使得那些自称有研判市势能力的投资者个个损失惨重。因此，投资需要分辨炒手的障眼法，以免掉入陷阱之中。

▲怎样识别指数陷阱？

在股市运作过程中，一般的投资者习惯于以股价指数作为分析了解股市行情的依据，特别是对股票没有深了解的人，更是以股价指数的升跌来判断涨落。殊不知，这种做法有很多盲点。因为，股价指数的上升，并不一定表明所有股票的股价都是上涨的，可能是少数股票大涨，其他股票原地踏步，甚至一些股票不涨反跌。同时，由于股票除权、除息的关系，使得股价指数一直往上攀高，造成股价指数的虚增假象。因此，投资者要透过股价指数这个一般的现象，去分析各个公司股票个性特征，千万不要被指数盲点遮住了视线，要对个别股票的价位多作分析。

当然，并不是说已经涨了的股票就缺少投资价值，也并非没涨的股票就一定具有投资价值，只是投资价值是一个相对概念，随着股价的不断上升，投资价值因而相对递减，使得有些涨得少或不涨的股票其投资价值看好。因此，仅凭股价指数来决定投资策略是不很科学的，往往会使投资者蒙受不明不白的损失。

▲什么是只算老账的陷阱？

目前，深市和沪市中，有很多投资者都十分重视股票发行公司上年度的盈利。其表现是以当前的股价与过去的股利来计算本利比，并将之作为评估股票好坏的标准。其实拿过去的股利与当前的股价计算本利比，就犯了一严重的错误。因为股票投资者所衡量的基准，照理应该是以目前的股价与未来的股利相比，推算出本利比，这个本利比才具有较高的参考价值。

投资者选择股票的第一参照要素应是股票发行公司的获利能力。然而一般人所看到的公司的财务情况都是过去的。公司去年获利能力只代表去年，不能说明今年，更不能说明明年。当然并不是说公司过去的财务情况毫无参考价值，作为着眼于未来的投资者，应算新账而不能只算老账，把目光放在未来良好的股票上，而不能频频回顾过去的辉煌纪录。

股票投资专家对于估算公司未来盈余情况有以下几种主观与客观相结合的推算方法：

1. 以上市公司过去盈余，参考目前市场的经济景气指标来估算。

2. 以上市公司同期的营业额的增减情况，并参照其产品售价来做估算。

3. 如果上市公司去年最后一个季度业绩有显著好转迹象，且本年第一季度盈余继续增加，此种股票很可能便是成长股。

因此，投资者千万不要钻进公司过去的账表中，而要采取向前看的态度，要不算老账算新账。

▲如何警惕主力暗中拔档子？

“拔档子”一般是小额投资者在被套牢时，先寻求松绑再伺机解套的方法，是投资者在股价下跌时，用以降低成本，将损失尽量减少，甚至有可能转败为胜的方法。主力大户在股价涨势中，有时也会利用这种方法。

主力大户喜欢在股价上升看好的过程中，运用“拔档子”作为技术性的调节操作。主力大户在股价涨至某一价位时，以“拔档子”的手法，将手中握有的股票先卖出一些，给上升的股价降点温，使之冷却下来，等股价回低后，再予以补回，在这一过程中，要运用高度的智慧与技巧，主力一路吃进的最大目的也是要将股价炒热，但如果只顾一味地抬高股价，不但过于明显外露，跟进者也可能发现其中有蹊跷而中途退去，对有心炒作的主力，坐轿子本来就不是很安稳，操作的成本在无形中也增加了许多。所以主力常会在炒得过热的股票上来点技术性的“拔档子”。

因此，小额投资者在股价一路攀升时，应警惕主力暗中“拔档子”。

▲如何提防引玉抛砖设置的陷阱？

股票市场运作过程中，在些股票大户以小额买卖的方法，连续操作多次，以损失少量金额达到压低或抬高股价的目的，此种做法叫以小失换大利。

作为一般的投资散户对付这种操纵手段的办法是：要注意观察投资大户，如果看到某大户在短期内不断地以小额抛出或买进同一种股票时，投资者就千万要小心了。当投资大户不断以少量股票抬价买进时，应看准时机将同类股票抛出。而当投资大户以少量股票压价购进时，你不妨也买进些同类股票。在这种浑水摸鱼中，只要运气好，或许能摸条大鱼。

▲如何跳过轧空的陷阱？

轧空是主力大户利用市场预期回档的心理，对付市场空头，或与之作对的经纪人、上市公司董事、监事所使出来的撒手锏。

一般主力长期操作一只股票，拉升至相当的幅度后，必然会略作整理，“回档”让意志薄弱的“短多”下轿，蓄势发动另一段行情。轧空就是针对这种预期回档心理，设下“陷阱”，反向操作，根本就不给空头还手的机会。

主力做手选定轧空的股票，通常是以资本规模较小，流动筹码有限，或者是业绩表明不很突出的股票作为对象，诱使释出大户垫款质押的股票，或公司董监事偷卖的股份，并吸收空头持有的筹码。

“轧空”的先期信号是大户发动之初，主力股的成交量大幅增加，市场的交投热络，尽管空头不断放出筹码，却始终压不过多头的力量，以高价或涨停板的价格收盘，且持续的时间相当久，成交量却日渐萎缩。

通常主力操作股票，都会向市场的“空头”垫款，居心不良的“空头”等到主力把股价位拉到相当高的幅度后，自行或垫股给他人在市场做空，另一种情况是，业绩不理想的公司董事、监事禁不住高股价的诱惑，抛出持股，主力在估量市场的筹码，发现此情况后，当然不愿善罢甘休。

大户对“空头”放空反击的方式，是在估计筹码多已落入自己手中时，便筹集款项向“空头”要求购回质押的股票，由于已在市场中卖出，不得不买进补回，至于公司董监事的放空，大户则以入主公司经营权，或议价转回股票，两种方法择一而行。使得“空头”和公司董监事不得不追高股价。

在股票市场中，轧空的情况并不多见。但投资人如能掌握适当时机，眼明手快，仍可顺势搭轿。不过主力动向，诡谲多变，一般的散户还是小心为是。

▲如何提防主力诱君抬轿？

股票投资者往往会把同类型的股票价格作比较，不同类的股票但同价位也作比较，同一集团的股就更要比了。于是，市场做手便利用投资散户的“比价心理”先拉抬甲种股票的股价，然后再拉抬乙公司股票的股价。

事实上，投资大众的“比价心理”未必合理。虽然是同一类型的股票，但彼此的本质、财务结构不同，产品的性质与市场不同，经营能力不同，配息、配股政策不同等等。因而许多方面是无法比较的。而同价位、不同类型的股票也是无法比较的。因为今天虽然同价位，明天就有可能因彼此行业景气的转变，而出现“你升我跌”的情况。至于同集团（包括同一实力的）股票，又何尝不是这样！

然而，当做手将甲股拉高后，获利已丰，跟进抬轿的人逐渐减少。于是便转向拉抬乙股。这也就是投资散户为什么总能从广播节目主持人口中听到“××股的股价已到达××元，而××股（正要炒作的）仍然只有××元，实在是太委屈了”的道理。

所以，一般的投资者注重股票的个性分析，不要单凭“比价心理”去处事，否则会一败涂地。

▲如何识别做手的炒作题材?

做手炒作股票，最常用的炒作题材是“处理资产”（包括“转投资”）。但这种处理资产的方法，往往数十年后却始终“原封不动”，只是形式上的、口头上的处理，而实际并未处理。当做手炒作时，便是“利多”，上市公司十有八九闷声不响，等到做手炒得差不多，钞票已“落袋为安”的时候，再由公司当局发表“严正声明”：“绝无处理资产或迁厂计划。”比如某家公司在某处有一片地皮，处理了十几年，而地皮的所有权还是原封不动。

因此，作为投资者应当具有独立的分析能力和判断力，遇事三思而后行。

▲怎样识别虚假交易?

虚假交易是指某些大户利用不同的身份，在不同的证券公司开立几个户头，互相转账，做成虚假的交易记录；或分别委托两个经纪人，由一方买进，另一方卖出，以便拉高或压低股价，从中获利。

例如：某投机者以甲乙丙三个不同的姓名分别在三个不同的证券商处开账户，他为抬高某种股票的价格，先以该股票当时的市价（假定每股10元）买入10万股存入甲账户，然后以每股12元将甲账户的10万元股转入乙账户，再以每股14元的更高价格从乙账户转入丙账户，以造成一种虚假的需求，无形中便把股票价格抬高，以届时再乘高价卖出。反之，投机者亦可用同样的方法将股票的价格压低。

▲怎样识别假消息?

股民要赚钱，必须通过股价的不断涨跌来实现。可偏偏很多时候股票价格的走向与一些股民的期望背道而驰。而能够改变股市走向的除了经济因素之外就是那些各种各样的消息。

某些心术不正的投资者就从消息二字上打起了主意。既然天公不从人愿，那么他们就玩起“人定胜天”的把戏，没有有利于他们的消息就编造一个，通过散布谣言来哄抬或压低股价，从中渔利。在这方面的例子真是不胜枚举。

▲怎样识别压低进货与拉高出货?

操纵者卖出股票并散布不利谣言，造成恐慌，于是人们纷纷卖出手中股票，使股票供过于求，股价下跌，大户则暗中趁机大量买进。而一般这种反复买卖股票者只做短线持有，其目的并不是在于长远投资而是赚取买卖差价，所以压低进货之后他们要做的就是千方百计的拉高出货了。大户以庞大资金收购股票并故意散布对他有利的消息，诱使一般人跟进，股票求大于供，股价大幅上升，当股价达到一定高点时，大户已在暗中分批或集中出货，造成股价突然回跌，致使跟进买到高价的人被套牢而亏损累累。以上就是所谓的拉高出货。

无论是压低进货还是拉高出货，无非都是大户在利用人性的弱点。前者是针对投资者抢反弹的心理，后者针对的则是投资者盲目追高的心理。这些大户或主力利用手中强大的资金支持玩出各种花样，令许多小投资者防不胜防，深受其害。

除此之外，他们还常常利用小投资者的逆反心理来反向操作，真真假假，虚虚实实，最终引得小投资者上钩为止。主力机用少量资金高价买入一点深星源，做出欲拉高出货的假姿态。使广大中小股民更加坚定了出货的决心。主力机构在低价位上吸进了不少这种股票。此后主力机构又真的开始拉高出货。加之有业绩的支撑，股价开始飞涨。最终主力机构在高价区抛售完毕，完成了操纵过程。

主力为了拉高出货，还有一招，叫做声东击西。即选一些市场筹码少较易涨的股票，运用压低再做高的技术，急速将其拉高，造成买方气盛的假象。一般人以为股市将活跃，纷纷买进其他种股票，而主力大户的目的是卖出其他种的股票。在股市上，投资者往往将相关股票归为同一板块，声东击西者就是先炒高板块中的一只股票，从而带动同一板块相关股票的上涨，然后分别将两种股票派发于高价位，完成一轮行情。

▲什么是透支交易?

由于我国的股票市场还很不规范，许多投机者也利用证券商把自己资金卡上的少量资金进行放大，买卖股票，这种投机行为使得巨额透支成为股市上危险的黑洞，加大了股市的风险。且容易造成一种恶性循环。对证券商来说，透支做股票交易的失败只能使其自食恶果。无论是面对负债累累的透支大户，还是证券商自营的失败，他们都只能“牙齿打落往肚子里吞”。因为他们搞的是违法行为，自然没有胆量公开，也找不到人来赔偿他们的损失，所以他们只好再次将目光投向股市，企图以更大规模的交易来弥补上一次的损失。

▲什么是违规买卖交易?

不仅仅是在我国，一般国家在证券业中都有从业人员不得买卖股票的规定。即使是券商有自营业务，也必须在遵从有关方面的严格规定的情况下进行。这样做无非是为了避免券商利用自身优势给其他投资者造成一个不平等竞争的环境，而在券商违规买卖股票的诸多表现之中，承销证券的承销商违规截留本应公开上市的股票就是比较典型的一种。

有些承销商在承销发行量较少的“热门股票”时，他们并非像正常情况下出售给公众，而是将大部分新发行的热门股票分配给内部人员，如：合伙人、亲属、高级职员及其他证券经纪商，或者等股票价格扶摇直上时再加价出售。

▲如何自我防范风险?

中小股民投入证券市场的每一分钱都来之不易。确保投资的安全是每一位投资者时常考虑的问题。因而，每一位股民都应该做到正确的自我防范风险。

1. 看清股价运行的主导趋势，勿与大势趋向背道而驰

对宏观经济要全面的分析，对各项可能出台的政策要有充分的预估，由此判断大势，并在投资交易中做到顺应市场，做与市场运行方向（大势）一致的交易。

2. 以上市公司的实质价值与合理划算的支付价格决定投资行为

不盲目听信个股消息，不投资自己不了解的上市公司。投资前需对上市公司的经营现状和财务情形、所处行业地位与产业政策做好谨慎、透彻的研究，并客观评估其发展前景。切忌贪婪追高或恐惧杀跌。少做短线进出，以合理价格对绩优股进行中长期投资。

3. 正确对待消息

在中国股市中，消息经常成为暴涨的诱因，消息对股市的影响非常大，一些突发消息甚至改变了大势的原来方向。从历史上来看，“三大政策缺口”“四不缺口”“国债期货缺口”等等，众多缺口的存在，反映了中国股市作为“政策市”自有其一定的合理性。实际上，世界各国股市无不受到政策消息的影响。在消息之外，还有各种各样的谣言、传言，也常令投资者无所适从，关键在于怎样正确对待种种传言和消息。

在此，给股民朋友提出 4 点建议：

（1）牛市持续一段时间后，要重视利空传言，反看利多传言；熊市持续一段时间后，要重视利多传言，反看利空传言。

（2）突发消息需要消化，预期出台反向转化。任何消息明朗化时，反会因人人皆知而失去消息的作用，这就是“利多出尽反成利多，利空出尽反成利空”的由来。

（3）正规消息正确对待，小道消息小心处理。对于正规渠道公布的消息，投资者应下工夫研究，直至把每个字都研究透。而小道消息则需要小心处理，不可信其无，也不可信其有，自己要作认真的分析。

（4）从敏感程度判断市场的强弱。如果市场对利空传言敏感，一有风吹草动就下跌，表明市道软弱；如果市场对利多传言敏感，一出消息就上涨，表明市道较强；若市场对利多利空处于麻木状态，则表明大势变盘在即，要注意突破方向。

4. 培养良好的炒作心理素质

学会自律，保持心情愉快，遇事要果断，要谦虚，要有认错的勇气，要有独立判断分析的能力，不怕，不悔，不贪，不急，善于总结，只有具备了这些炒股的基本心理素质，才能适时作出正确的决策，从自规避危险。

第十章
Chapter10

炒股自我保护

第一节 学会自我管理

▲为什么人赚我亏?

新股民无须先问“股市中怎样才能赚钱”以及“你是怎样交学费的”，这里不妨列举几种新股民亏钱的通病。

1. 杀跌追涨

当连续暴跌，市场空头气氛浓重时，有的新股民，唯恐还有最具杀伤力的一跌（C浪），口袋里的钱全部输掉，遂跟风杀跌。结果，割肉割在“地板”上。明明在利好政策的干预下，大盘已止跌趋稳，仍心有余悸，不敢买进，或少量买进。或者，刚走出底部，只赚到一两毛“葱姜钱”，就赶紧拿下。而当连续暴涨、市场多头气氛浓重时，唯恐踏空了最具爆发力的“主升浪”，遂跟风追涨，加码买进，满仓甚至透支，结果，套在“天花板”上。可谓“赢是几百、几千，亏是几万、几十万。”

2. 选时失误

当指数远离5天、10天、20天均线上方，KD和RSI指标在20或10以下，日周成交量处低量、地量时，不是选择买进，而是卖出。这就好比列队操练时，别人“一、二、一”，他却“二、一、二”，踏错了节拍，显得很别扭。

3. 选股不当

随着扩容的展开，所有股票一起大涨的局面，已一去不复返。只能是一部分热点、板块的个股有较强的表现。

如果选股选错了方向，游离于热点，强者不敢买进，弱者却捂在手中，大盘指数上涨了许多，可是，与你手中的弱势股无缘；或者大盘指数下跌得不多，你手中没有涨过的弱势股却跳水更厉害。如此操作，即使一两年牛市积累下来的成果，亦所剩无几。关键在于，不能在不同的时期确定不同的选股原则。

4. 进出犹豫

一般而言，只有主力介入的股票才会有较好的表现。但有的人见强势股露出端倪，嫌它只涨了 1 ～ 2 元，就犹豫再三，不敢追；冲高回档并盘整将尽，反弹将临，仍不敢进；直至放量飙升，股份翻了倍，才如梦初醒，想入非非，大胆买进。随后，当高位量增价滞，或量增价跌时，分明是主力在出货，却不果断抛出，结果在跳水后被深套，在连跌后才割肉。殊不知，隔天便回升，被人拣了便宜货。有些人对盘中状况反应缓慢，动作总是慢半拍。这往往与优柔寡断的个性有关。

5. 乱搏消息

股市中消息不断，传言特别多。明明大盘处于顶部，到处都在传利多消息；明明处于底部，到处都是利空消息。此时，若跟消息操作，十有九亏。每年有两次财务报表要公布，个股的小道利好更是提前满天飞。若某股处于底部形态，又有业绩大幅提高，或 1 送 1 的朦胧消息，经查证财务报表，观察走势，在刚开始启动时，适量跟进，未尝不可。问题是，许多人在消息朦胧时将信将疑，待 1 送 1 的消息公布后才恍然大悟，以为股价太便宜，必能涨到 ×× 元。岂知，主力早已掌握此消息，并提前拉高几波到位，等消息公布，人气最旺，接盘最多时，便倾巢而出，次日还压低出货。许多人不解地问："这么好的业绩、这么好的方案、这么低的价位，主力为什么要出货？"其实，主力建仓的成本很低，加上几次除权，现 12 ～ 13 元的价位，复权后实际上是 38 元。此时不出货，更待何时？而许多中小投资者亏就亏在利好消息公布后再进货。还有一些人搏到的是假消息，自然更是亏损累累了。

6. 固执己见

例如，决定买某股时，过于斤斤计较，"地雷"埋得太深，非跌到某超低价不买，经常只差一分钱未成交。随后又不肯修正，提高价格买进。结果，错漏了一次行情。心态不好者往往到顶部时去追涨。而卖出股票时，又人为设计了一个超高价，根本无法成交。明明该股量增价不升，或量增价跌，出现了转势信号，也不愿随势修正期望值，结果获利如数揩去，甚至吃套。

可见，忽略了股价变动的客观标准，固执己见，主观武断，也往往会葬送本可到手的成果。

7. 想赚钱，要先知道为什么赔钱

在教你怎么做之前，先提醒你不要做什么。成功的投资有许多不同的方法，如果能找到适合的方法，任何人都能赚钱。相反的，虽然到地狱的道路标示得很清楚，还是有很多人踏入陷阱。赢的策略有很多，但很难预测哪种最有效。输的方法很少，但只要一碰上，就输定了。所以，不管你运用的是哪一种赢的策略，永远要小心路上那些相同的陷阱。

8. 股市切勿太“贪”

（1）分析“身在股市岂能不贪”

股谚有云：“做多做空都能赚钱，唯有贪心不能赚钱。”但也有相悖的论理：“做股票如果不贪心，还不如把钱存银行，赚利息，该贪不贪，赚不到大钱。”这两种说法，背道而驰。究竟哪一种理念是对的呢？

笔者不反对做股票有一点贪念，该贪时则应贪。但必须适度、合理，才能成为大赢家。但问题是：什么叫该贪？什么叫不该贪？

在笔者看来，以投资的心态入市，应该贪。美国股市大亨巴菲特忠告投资者：“买到好的股票，就紧捂不放！”华尔街也有一句名言：“不要三心二意！”这里的“紧捂不放，三心二意”，便是贪心的同义语。既谓投资，就应贪，即获取最大的利润。这个贪，应理解为长期分享上市公司的成长性和股本扩张性。如美国百岁老太从 500 美元入市，经过 41 年投资，尤其是认准小盘时的可口可乐股票，紧捂不放，最终成为拥有 2200 万美元的富婆。这样的贪，非但不应谴责，而且值得赞赏。因为，它是属于一种投资胜算和预测，是追求效益的最大化。其中包含着中长线投资理念。

但是，以投机的心态出放入市，则不能贪。因为这种贪心非但赚不到大钱，反而还会亏本。例如，当行情大涨，明明已到了顶部，但人气火暴，万人期待“主升浪”，争取更大的“辉煌”。此时，如果你贪更高价，就可能在顶部追涨吃套。又如，当行情大跌，连杀数根甚至数十根阴线，明明已到了底部，但人气悲观，万人期待“下跌 C 浪”，争取抄大底。此时，如果贪更低价，就可能在底部杀跌踏空。再如，人人心仪神往的黑马，最充满着欺诈。有时，主力不惜“赔钱”，蓄意培育一两只“样板戏”，连续做五六个、七八个涨停板，目的是激发人们的贪欲。以后，人们只要见到一两个涨停板的个股就敢追。但这时，主力却不再连拉涨停板，而是压低出货，跳水出货，让人栽到他的陷阱里去。很多聪明的人自以为能跟着主力“乘轿”，到时定能够安然无恙地“下轿”，而决不会“抬轿”。但最终仍然充当了“轿夫”，使贪婪梦成为“镜中花，水中月”。

目前中国股市中，真正的投资者很少，绝大多数人都在投机。结果如何呢？虽然，每年指数都有大幅上涨的机会，但是，到年底时分，有多少人资金卡能涨 50%？据说，白忙一场尚属幸运，把 1996、1997 两年牛市成果统统输光者也不在少数。早知今日，还不如存银行，多少还能增值。原因何在？还不是贪婪这一人性弱点在作祟？可见，投机投市必须戒“贪”！

（2）留一点给别人赚赚

人说“股市最难是卖出”，此言不差。但是，这个“难”，是与“贪”联系在一起的。人人都想卖在顶部，赚饱捞足，满打满算，天底下哪有这么好的事！事实却是：卖得早了，踏空一段，卖得晚了，被深度套牢。

解决“卖股票难”的问题，固然要靠技术，但关键还在于要有“留一点让别人赚赚”的心态。

为什么要“卖出”？无非是，或者认为股价已涨到顶，或者认为差价已经赚到手。但是，你是否想过，如果你想卖在顶部，股价高到赚无可赚时，有谁会来接你的“棒”？只有当接棒者认为还有一点可赚进，你才卖得出。所以，你卖股票时，只有先想到“利人”，才能“利己”。

从趋利避风险的角度看，能“留一点给别人赚赚”，风险就比较小，你抛股后少赚的部分，就是你不愿承受风险所花的代价。而接你的盘的人，虽然还有一点赚赚，但这是风险收益。因为，他买进的成本比你高，风险与利润应成正比。

从因果报应的角度看，如果你抛在顶上，就等于把风险全部抛给了别人，害人而利己。虽自以为得计，但在以后的操作中，定会遭到被套牢的因果报应。别人也会把风险抛给你，让你尝尝深度套牢的滋味。因此，不能把“留一点给别人赚赚”认为是抛得太早了，甚至认为是亏了，而应该念：“阿弥陀佛！善哉！善哉！”这样，你就会时时保持一颗平常心，以后的机遇将会源源不断而来。

实际上，卖股票卖在顶上，只有持股少的散户才有可能做到。对于持仓量大的主力和大户来说，在顶峰抛出股票，近乎幻想。见顶回落后才抛，等于打落自己的股份，自掘坟墓。唯有在往顶部上升的过程中，即在“上升左半球”的次顶部，当众人均看好后市，买气旺盛时，才有踊跃的接盘。此时，才比较好卖，且可卖得出足够的数量。虽然，你此时卖出，是让了一段利给别人，却可以靠数量来代替质量，获利的总值是一样的。因此，“留一点给别人赚赚”，这不仅是一种股市心理哲学，而且也是一种卖出技术。

问题是：什么时候才是“留一点给别人赚赚”的最佳卖出点。根据笔者的体会：在强势市场，当 KD 和 RSI 在 70 ~ 80，指数和个股在 5 天、10 天、20 天均线上方发散，成交量比较大（而不是最大）时，便可考虑卖出。在弱势市场，当 KD 和 RSI 在 60 ~ 70，指数和个股站到 5 天、10 天、20 天均线上方，成交量放大到一定程度时，即可开始卖出。以个股的股价为例，在黄金分割的 0.618 位卖出，最易成交。比如，一只股票大家预期还能涨 2 元，就可在涨 1.20 ~ 1.30 元时出手，别人接去还可赚 0.70 ~ 0.80 元。大家赚赚，和气生财。观察一下交易分价成交表，便可以发现：在通常情况下，当天的最高价和最低价附近的一二档，总是成交稀疏，有行无市。如果我们执意等到最高价时才肯卖出，连成交 1 万股都难。

“留一点给别人赚赚”，最重要的是要有良好的心态。有时，你想留“一点”，结果却留出“一大段”，甚至漏掉了“黑马”，会感到是很大的遗憾。但这正是以后犯大错误的致命伤。下次你会千方百计想截住这“一大段”利润，尽量想少留一点给别人，以至于抛晚了，结果却被套住了更大的“一大段”。因此，“留一点给别人赚赚”，非但不能吃懊悔药，还应为别人庆幸，反正早抛也是赚，已经赚了还要怎么样？这么大的股市，机会多的是，钱永远赚不完。如果你每一次都按“留一点给别人赚赚”的既定方针办，那么换来的则是：资金卡上不断做“加法”，与“吃套”无缘。

（3）冷眼向洋看“新高”

在新兴的股市中，差不多每年都有一次创新高的机会。按理，在这几年中，多数投资者都应成为大赢家。然而，环顾左右，大多数人却是输家。此为何故？关键在于，对指数创新高，缺乏清醒的认识，期望值太高。

诚然，创新高通常被市场视为一种喜讯。从技术层面讲，股市已冲破了乌云盖顶的各种压力带，扫除了阴霾，挣脱了樊笼，使幕天变成席地，前景一片广阔。

但是，创新高的喜讯，同时也可能是一个最高的转折点。这正如事物在一定条件下，总是朝其相反方向转化一样。世界上没有一个股市不是从最高点上重摔下来的。不知有多少人是在人气鼎沸的创新高中接了最后一棒。因此，创新高，既是股指和股价的创新高，也是风险的创新高。

9. 股市中易犯的其他通病

在日常工作中，任何人都免不了会犯错误。在股市中，由于千百万人受经济利益的驱动特别强烈，因此，犯错误是在每时每刻之间。或者是因主观不符合客观产生的片面性所引起的错误，或者是因贪婪、恐惧、从众、固执等人性弱点所引起的错误，或者是掉进主力制造的多头或空头陷阱所引起的错误。

有一句人生格言："错误是伟大的导师，要使自己变得聪明起来，就必须向错误和挫折学习。"尽管股市没有记忆，同类的错误总是沉渣泛起，使人一犯再犯，但是，弄清股市操作中的通病，经常以此为镜，也是走向股市赢家的阶梯。

根据多年来股市正反两方面的经验、教训和笔者的切身体会，特将股市中易犯的通病剖析如下：

（1）忽视每年的振荡箱

许多人仅根据宏观经济面向好，就一相情愿地指望股市一涨再涨，而忽视了扩容的压力和政策调控，淡化了箱形观念。以上海股市为例，每年实际上都有一个缓慢上移的振荡箱，即股市成交量主要发生的区间和股指主要运行的区间。

（2）在"下跌休息区"争着抢反弹

由于近年来中国股市出现了一种连续几十个交易日单边上升的"缓上急落"波段，指数在急落时往往跌势猛，幅度深，主力不顾一切地杀跌，兑现获利盘。许多看不懂这种凶险走势的人，往往在见顶后的第一根"大黑棒"时就去抢反弹。这好比是在半空中用手去接从高空掉落的一把尖刀那样的不合时宜。结果十有八九伤（套）。随后，就采用摊平法，越跌越买，在下跌第一波中就耗尽了资金。以致眼睁睁地看着下跌第二波、第三波的发生，直至底部时已无法动弹，陷入极其被动的境地。在波段项部区域指标钝化时，或"下跌休息区"中，不善于持币观望的人，往往会铸成大错。

（3）在顶部区域想入非非

不善于在上升左半球冲顶时分批了结。多数人在大盘个股处顶部分区域时，总是对利好有较高的预期，受旺盛的人气和巨额成交量的迷惑比较大，对指数和个股创新高的期望值过高，急于扩大战果，以求暴利。因此，明明顶部区域征兆十分明显（如日周成交量放巨量、暴量，大于前五天均量的两倍以上；KD和BSI有80以上钝化；指数远离各均线的上方甚远），也不甘心于在上升左半球时分批了结。而到了见顶回落后，在下跌右半球之初，明明盈利已减少，仍不忍心下手获利了结，乃至顶部反抽时，又异想天开地指望“再创新高”，以致再次贻误了平仓出局、落袋为安的良机，导致了在顶部套牢。

（4）在波段中位，不善于做高抛低吸

通常从波段底部涨到中部，主力必然会进行振荡洗盘，甚至筑双底，以提高市场平均持股成本，并降低自己的持股成本。很多人一看到放巨量后，就断信“主力进场，股市必涨”这一种可能性，而看不到放巨量后也有主力在出货以及大盘回头的可能性。以至于明明有较大的获利，却迟迟不肯拿下，便逐步化乌有，甚至变成套牢。意志不坚者误以为反弹结束，便割肉出局。先期在中部未高抛的人见股价又上来了，便吸取上一次的教训，及时了结。谁知，这次股价真的上去了，遂造成了踏空“黑马”的错失。

（5）不问市道强弱，一味想赢大利，而看不上“小利”

许多人总是铭记着1996年、1997年大牛市时指数动辄赢30%，个股动辄赢3～5元、7～8元的辉煌历史，垂涎别人的成功，以此套用到振荡市、箱形市、平衡市、牛皮市乃至弱市的盈利期望值。面对一两天内就获利10%，面对涨停板，贪欲遂起，不肯将获利成果全部“拿下”，或“部分拿下”。岂知，此乃“脉冲”行情而已。次日便一路下挫，机会错失，由账面盈利变成了实际亏损。在平衡市中，不善于在资金卡上做“小加法”的人，是不可能在资金卡上做“大加法”的。

（6）吃不透每年的热点变化，以旧观念选股

股市热点年年岁岁均不同，无不是与当年的经济、金融和股市政策取向和上市新股的主流品种和价格定位相关。

（7）选股时受“强者恒强，弱者恒弱”的形而上学误导

股票与世界上任何事物一样，没有“恒强”或“恒弱”的状态。但主力、庄家往往在顶部或次顶部时鼓吹“强者恒强”的口号，并以凶悍的狂拉，以便扩大个股的盈利，打开上行空间，在高位尽可能多地把筹码倒给跟

风的中小散户。然后在振荡、压低、杀跌中，利用人们抢反弹的心理，乘机出脱获利筹码。而在底部或次底部时，主力往往鼓吹“弱者恒弱”的口号，并用凶猛的拔档、炸盘手段，引发大户、中小散户割肉盘的涌出，打开下跌空间。

为此，他们总是在大盘上涨时，肆意打压某弱势股，而在大盘下跌时，再狂炸某弱势股，使人们对此彻底丧失信心，主力却不动声色地建仓，再拉高台阶横扫割肉盘。当大量筹码到手后，主力便将它培育成未来的“黑马”。而许多人所犯的错误正是于顶时，在“恒强”“超强”的“黑马”上追涨吃套。而在底部时，总是与“恒弱”、潜在的黑马告别，割肉杀跌。如此操作，岂有不输之理!

（8）靠打听“绝密消息”和别人的推荐来选股

很多人原先凭自己独立研判来选股，虽然难以捕捉到“黑马”，但也不同程度地获利。后来，感到这样做，资本增长太慢，不如凭消息或报刊推荐追涨黑马见效快，就改弦易辙，开始注重打包票的“绝密消息”，或报刊上的信息来选股。果然也成功几次，便视为灵丹妙药，而不研究其基本面、走势和所处位置。明明已在顶部清仓，但得到“绝密消息”后，就以重仓介入一只“黑马”股。岂知，主力见跟风者一多，就震仓洗盘，并因大盘走软，而改为往下拔档，使听消息者被深度套牢。

其实，从总体而言，股市中所谓的“绝密消息”，既然能广为流传，就已谈不上绝密，往往是“药头”，被证明是错的。即使最终被证实是对的，股价往往已提前涨到位。因此，有一句股谚说得很对：“消息多的人反被消息误。”

（9）不敢买无量创新低或无量创新高的股票

在连续跌势后，多数投资者熊市思维严重，对那些有潜在业绩，或有资产重组题材的股，仍抱着传统的偏见。有的个股在底部横盘一段时间后，明明是主力炸盘，无量假破底，却吓得不敢买，生怕还要跌；而有的个股连连走高，并无量刚创新高时，更不敢追涨，生怕被套牢，结果失去了一段大涨行情。其实，对于一些小盘股而言，无量就能破底或无量就能创新高，说明筹码大多数集中在主力手里，主力是在设置空头陷阱或多头陷阱，后市定有大行情。对付它的最好办法是，乘回档缩量时，适量介入。

（10）只敢买名气很大、家喻户晓的股票

有些人买股票就像买保险。认为凡名气很大的股票，既说明以往赚钱的人多，也说明这家公司可靠，保险系数高。正因为此，1998年初，很多中小投资者专买长虹、海尔、发展等名牌股，而忽视了如今这些股票价格高、盘子大、股本扩张能力差、政策不倾斜、行业无优势、成长性差的缺点，结果接了最后一棒，成为以往已获取暴利的中长线买家撤退的垫脚石。看似最安全的股票，往往是风险最大的股票，所受的损失大大超过了指数下跌的幅度。而1998年股市的市况却是，以往几年名气最坏、受损最多、业绩最差的股票，借助于资产重组而群体升空，远远跑赢了大盘。

（11）挂单时分分计较，以致错失良机

由于在底部区买进时，双方撮合的机会较小。但很多人看到盘中显示过自己报出的价位，便以为成交。次日当发觉并未成交时，股价早已面目全非，就不敢再作行动，以致失去了大的获利机会，或导致亏损加重。其实，既然是底部买进，就可提高几分钱确保成交。既然是在顶部卖出，就应压低几分钱强行成交。这样做，实际的成交价往往比你所报的价更令人满意。

（12）见利好追涨，见利空杀跌

许多人把实事求是原则机械地搬用到股市，将利好和利空消息都作实事求是的理解和贯彻，结果屡屡上当。殊不知，股市中的重大利好，都被市场当做利空来对待；而重大利空都被市场当做利多来对待。

个股的利多和利空，在市场上亦往往呈现相反效应。上市公司业绩大幅增长，大比例送股的利好消息公布之日，股价却不涨反跌，无不拉出放量长黑，主力乘机出货，跟进者十有八九套牢；而上市公司业绩下降、送股“泡汤”，甚至业绩亏损的利空消息公布之日，股价却不跌反涨，并放量拉出长红，主力乘坏消息进货，杀跌者十有八九踏空。主要原因是信息披露不规范。数月前已走漏风声，被主力获取，在股价走势中早已提前作出反映。以致消息正式出台，走势便出现逆反，“不是股价跟着业绩和方案走，而是业绩和方案跟着股价走”。在多头市场中，利多会被无限放大，而利空会被无限缩小；在空头市场中，利空会被无限放大，而利多会被无限缩小。不知原委的投资者，往往会被利多或利空消息的相反效应弄得晕头转向。

▲投资股票的“五不”法则是什么？

成为一个股市投资者很容易。但要想成为一个股市赢家，则是一门大学问。因为，影响股价涨跌的因素很多。除了供求关系的状况、多空实力的对比以外，还包括国际和国内的政治、金融、经济、政策和主力行为等多种不确定因素。

市场中各方人士对行情的判断，各有特点、风格和习惯。有人注重基本分析，有人偏重技术分析，有人熟谙财务分析，有人专靠打听消息跟风操作。但多数人最终总是套牢、亏损，或得而复失。这是人的思维通病所致。特约述投资股票的“五不”法则。

1. 不能以点带面

如果只掌握某一特定的利好，而忽视政策面、供求面上的利空，便是“管中窥豹”。例如，1997 年 5 月，多数人因香港回归，即判断沪市定能涨到 1800 点，深市定能涨到 8000 点，结果却“失之毫厘，差之千里”。诚然，在沪市 1000 点、深市 300 点时，利用市场对香港回归时股市的普遍预期，顺势而为操作，会有不小的收获。但是，当 1997 年 2 ~ 5 月，沪深股市连拉 14 根周阳线，连涨 80 多天，一路涨到 1500 点和 6000 点时，满街都是获利（累计）盘，利空消息连连失效。这就使香港回归时股市和社会稳定的矛盾突出了。此时，管理层必然花大力气进行整肃市场，打击过度投机和违规，遂推出调节供求关系的新举措（如 359 亿新股额度）。许多投资者只从小范围考虑自己做的某只股票跌不下去，认为香港回归时股市必然是莺歌燕舞，足以有出货的机会，却忽视了管理层正在抑制狂热，在香港回归前两天上市 16 只新股，回归后两天又上市 10 只新股的新动向。以至于沪深股市连续大跌 5 天，市场弥漫一片悲观跌气氛，使部分主力原先计划好的出货时间和指数位置，顿时化为泡影。类似的情况，也同样出现在 1997 年 9 月十五大召开前后，以及 1998 年 6 月下旬美国总统克林顿访华前后。此即为“人算不如天算。”

2. 不能以小论大

不能仅凭一小部分信息，就判断大势将由多转空，或由空转多。例如当市场多头力量强大，人气旺盛，主力刚建仓不久，并有继续加大力度之势时，若拘泥于某一具体的利空，马上坚决做空，就很可能会错漏一段多头行情。当市场空头力量强大，人气悲观，主力刚离场不久，并想利用反弹继续打压建仓时，若拘泥于某一具体的利多，马上坚决做多，就很可能会被套牢一段指数。这就是小环境难以改变大环境。

3. 不能以偏概全

中国股市相当崇拜题材、概念、板块、行业效应。如浦东、房地产、家电、化工、纺织、购并、资产重组、高科技等概念，都曾风靡过一阵。但有的人跟风赚了钱，有的人跟风却输了钱，此为何故？因为，在再好的题材、概念、板块、行业中，也有劣绩甚至亏损的公司；在再差的题材、概念、板块、行业中，也不乏黑马的产生。

4. 不能过于主观

诚然，投资股票是需要主观的，即在独立思考、仔细研判后下定夺。不然，就成了人云亦云的芸芸众生，难以有大的成就。

但是，从主观到主观主义，只有一步之遥。成就大的人容易居功自傲，思维敏捷的人容易妄下结论，聪明的人容易自大，主观性强的人容易固执己见，一相情愿，也免不了会犯错误。

因此，投资股票切忌过于主观。买进时，先不要想会涨多少，而应先研究一下可能跌多少，免得高位追涨。急于卖出时，也应仔细想想有没有回升的机会，免得低位割肉。但是，不少市场人士操作股票时，不顾客观条件之变化，一开始就定了既定的目标："一定要涨到 ×× 元才出货"，结果，跟进者一路派发，主力却还在自拉自唱，直至达到目标位，见顶回落后才想出货，却接盘全无。即使费尽九牛二虎之力做振荡，但成本越做越高，筹码越吃越多，陷入泥潭，假如操作灵活些，在大众尚认可的价位，在上升途中，在买盘踊跃时，就逐步让利派发，让跟进者也有一段获利空间，并多做几个来回，不同样也可以获利？且这样做，既不吃力，又不显眼，何乐而不为？

5. 不能趋同操作

在多数领域都应相信大多数，唯股市中只能相信少数。

当股市连连飙升，放巨量、天量，黑马乱蹦，新股涨得离奇；指数远离于 5 天、10 天、20 天均线之上，满街都是获利盘，大盘加速上扬，KD 和 RSI 指标在 80 以上甚至钝化；利空政策开始出台，但市场毫不畏惧，反而视之为利好，并到处传利好；证券公司大厅人头攒动，排长队买股票，一致盼涨，媒介出现" ×× 点不在话下"的惊人口号；多数人唯恐股票太少，资金放着浪费，害怕踏空。此时的股市，其实已经没有机会，或者很少有机会，反而风险甚大。就不应趋同操作（追涨），而应反向操作（逃顶）。

▲怎样学会自我管理？

股市中抄底是一种自得，坚信往后会出现一段上升行情。逃顶也是一种“自得”，坚信往后会出现下跌行情。对于期间所经历的上升休息区和下跌休息区的小打小闹，处之泰然，忽略不计。应学会休息、静观，而不为外界的干扰和短期的变化所心动。不会休息的投资者，算不上是成熟的投资者。在抄底时，准备套一二十点和套一套时间，叫做“自得”；逃顶时准备再涨一二十点、再涨一段时间，留一段给别人赚赚，也叫“自得”。有时，在场外或事先想好的计划、方案和作出的判断，比场内临时的决策更为“自得”。达到预期的目标叫“自得”，离预期的目标还差一点点也叫“自得”。股市中十全十美不为美，美中不足方为美。达到这种境界更是难能可贵。其实，赚百万和赚千万都应一样“自得”。因为，对一个已不为生计所困且不奢侈的人来说，最多只用上面几张纸（钱）而已，二者的实际意义是一样的。若能达到这样的境界，还有什么不知足呢？

但股市中不能只自得其乐，也应有一点忧患意识、痛苦意识和羞耻意识。若没有忧患意识，而只求个人安身立命和供自己受用的“境界”，也不可能算是真正的“自得”。一个人只有在参与社会实践中经历痛苦、磨难和耻辱，经过感情的升华而达到“自得”的境界，才算是真正地获取自由。

因此，想成为一个成功的投资者，不仅要自己“自得”“安身立命”“终身受用”，也应给大众提供“自得”“安身立命”“终身受用”的境界。为此，就应敢于提出问题，争论问题，解决问题；既讲机会又讲风险；敢于矢志不渝地讲真话，既报喜又报忧；敢于追求真理，弘扬和坚持真理；敢于既肯定自己，又超越自己；敢于在创造性活动中既表现自己，又将自己的创造性活动对象化，“显性以弘道”，“凝道以成德”；并善于在认识股市、战胜股市的交互过程中，锤炼自己的境界，改变自己的命运，实现自身的价值。

总之，在笔者看来，欲想战胜股市，莫如战胜自己！

第二节　学会自我保护

▲什么是股民权益？

股民权益是股民因购买上市公司股票而成为上市公司股东以及参与证

券市场所享有的各项权利的总称。股民权益具有综合性，既包括实体法方面的权利，也包括程序法方面的权利，更包括经济利益。

股民权益的核心是股东权益，是公司的资产减去负债之后的余额，即公司的净资产。如果公司的经营业绩较好，总资产大于总负债，净资产余额大，股民的权益就有了根本保障；反之，公司经营较差，资不抵债，此时的股民权益消失殆尽，公司近乎完全丧失保障股东利益的基础。

▲股民权益包含哪些内容?

一般而言，股民权益包括 5 个方面：一是股本，即按照账面价值计算的股本金；二是资本公积，包括股票发行溢价收入，法定财产重估增值收入，接受捐赠资产价值等；三是盈余公积，又分为法定盈余公积和任意盈余公积。法定盈余公积按公司税后利润的 10% 强制提取，目的是应付经营风险。当法定公积累计达到注册资本的 50% 时，可不再提取；四是法定公益金，按税后利润的 5% ~ 10% 提取，用于公司的福利支出；五是未分配利润，指公司待以后年度分配的利润或待分配利润。

股东权益有两项基本的原则：一是股东有限责任原则，股东仅在认购股份的范围内承担出资义务，也只是在这个范围内对公司的债权人负责；二是股东平等原则，公司的任何股东享有平等的权利，承担平等的义务。因为股东权利的大小取决于持股数量，所以，股东平等原则实际是股份平等原则。

除了上述权益之外，股民权益还包括参与公司利润分配权、股东大会出席及表决权、建议及质询权等。

▲什么是股民对证券营业部的知情权?

证券经营机构在股票交易中具有双重身份，一是可以作为交易者，以自己的名义使用自有资金从事股票交易的活动；二是作为公众投资者的经纪人，从事股票买卖的经纪业务。在经纪业务中，证券经营机构作为委托代理人，帮助投资者完成股票交易。这一过程应该是完全透明的，换句话说，就是股民享有委托——交易——查询——清算交割诸方面的知情权。

为保证股民资金使用的透明度，杜绝券商挪用客户保证金的行为，《证券法》第 132 条规定，“综合类证券公司必须将其经纪业务和自营业务分开办理，业务人员、账务账户均应分开，不得混合操作，客户的交易结算资金必须全额存入指定的商业银行，单独立户管理，严禁挪用客户交易结算资金。”

为防止证券经营机构其他环节的欺诈行为，《证券法》第73条规定，“在证券交易中，禁止证券公司及其从业人员从事下列损害客户利益的欺诈行为：

1. 违背客户的委托为其买卖证券；
2. 不在规定时间内向客户提供交易的书面确认文件；
3. 挪用客户所委托买卖的证券或者客户账户上的资金；
4. 私自买卖客户账户上的证券，或者假借客户的名义买卖证券；
5. 为牟取佣金收入，诱使客户进行不必要的证券买卖；
6. 其他违背客户真实意思的表示，损害客户利益的行为。”

▲股票分红派息如何领取？

上市公司分配利润有两种形式，一种是派发现金红利，另一种是送红股（包括转增股本）。

派发现金红利是指对股民的投资回报以现金红利的方式来实现。沪市全面指定交易实施后，上海证券中央登记结算公司将红利款自动划至证券营业部，然后由营业部即时划入投资者资金账户。深市派发现金红利一直采用券商直接划入股民账户的办法。

分红派息期间，股民通过打印交割单或查询资金变动情况可以得知红利是否已划至自己账户，如果逾期未到账，股民可先找券商问明原委，如券商解释不清，股民可直接到当地的证券登记公司查询。

送红股是上市公司按比例无偿向股民赠送一定数额的股票。沪深两市送红股程序大体相仿：上证中央登记结算公司和深圳证券登记公司在股权登记日闭市后，向券商传送投资者送股明细数据库，该数据库中包括流通股的送股和非流通股（职工股、转配股）的送股。证券商据此数据直接将红股数划至股民账上。根据规定，沪市所送红股在股权登记日后的第一个交易日——除权日即可上市流通；深市所送红股在股权登记日后第三个交易日上市。上市公司一般在公布股权登记日时，会同时刊出红股上市流通日期，股民亦可留意上市公司的公告。

▲股票被错卖错买怎么办？

在日常股票委托交易中，因股民和券商疏忽大意，有可能造成股票的错买错卖，分析其主要原因大致有以下几个方面：

1. 报错、输错股东账户。这会导致该卖的股票卖不出去，不该买的股票却在其他户头买进。

2. 报错、输错股票代码。

3. 买卖反向。在股市大幅波动时，券商误将股民委托买入变卖出，卖出变买入。

4. 报错、输错股数。在实际操作中，电脑报盘员很容易多输或少输一个“零”，如买进 1000 股误为“10000”股。

5. 报错、输错股价。

可见，股票错卖错买原因复杂，处理起来也难度很大，不能一概而论。

▲股票未成交造成的损失由谁承担？

有股票交易中，股民经常碰到这样的怪事：自己的申报价格曾在盘中出现过，可是最终却没有成交。他们不禁心生疑问：“这样的损失谁来负？”

根据现行有关规定，电脑故障属不可控制风险，股民向券商索赔缺乏直接的法律法规加以援用，取证和举证难度都很大。

▲如何办理配股缴款？

配股权是股民享有的一项基本权利，主要包括两方面的含义：

一是股民享有流通股的配股权，称 A1 配，二是股民还享有国家股、法人股东放弃配股而转给个人投资者的转配股权，又称 A2 配。

上市公司增资配股时，股民应首先认真阅读配股说明书，了解募集资金投向、配股价格、比例，以确定是否参与配股。若股民决定参加配股，则应在公告的配股缴款期限内尽快缴款。下面举例说明配股缴款方式。

配股缴款时，多数营业部采用书面填单委托方式，所以股民须亲临证券营业部办理有关手续。

如果营业部自助委托系统可以接受配股委托，那么股民也可采用自助委托方式，根据营业部设定的电脑配股缴款程序输入指令。

股民需注意的是：①股民在配股委托时填写相应的交易代码，事后应及时办理交割手续，确认自己的配股、转配股是否委托成功；②如有差错，应在缴款期内到缴款的证券营业部更正；③按有关规定在缴款期内未办理缴款手续的，其配股权作自动放弃处理，不再办理补配手续。

▲如何进行股民权益的自我保护?

在证券市场上，中小投资者处于相对弱小的地位，其合法权益容易受到侵犯。近年来，我国证券市场中的一些不规范行为就曾严重侵犯部分股民权益，如虚增利润的“琼民源案”，虚假包装上市的“红光实业案”，等等。那么股民如何保护自己的合法权益呢?

首先，股民应该学法、知法、懂法。1999 年 7 月 1 日起正式实施的《证券法》就是以保护投资者的合法权益为立法目的之一的大法。保护投资者合法权益就是指法律为投资者创造一个良好的投资环境，保证证券市场投资的公开、公平、公正，打击各种违法行为。

《证券法》对证券发行、上市、交易、信息披露等各个环节作了规定，明确了证券市场各主体包括上市公司、证券经营机构、中介机构、监管者等责任权利，同时对应承担刑事责任的行为作了规定，所以，投资者只有认真学习该法，才能做到心中有数，有法可依。

其次，股民应勇敢地拿起法律的武器，维护自己的合法权益。对于股民打官司，这里有三点忠告：

一、要及时。在证券、期货纠纷案中，人证成分很大，有力、有利的证据能以收集，对及时处理纠纷是十分必要的；

二、要寻找有经验的律师事务所及律师；

三、要充满信心，不惧怕困难和压力，密切配合律师的工作。